KB189168

역사 속의 원효와 『금강삼매경론』

역사 속의 원효와 『금강삼매경론』

이병학 지음

혜안

원효대사 진영 원효는 신라 중고시대(삼국시대)와 통일기(신라 중대)를 살았으며, 전쟁으로 지쳐가던 민을 위무하고 지식인으로서 신라 왕실을 지원하기도 하였다. (일본 高山寺 소장)

 역사는 한 사람의 행적과 기록을 객관화하여 그에 대한 이해를 풍부하게 한다. 따라서 역사의 효용 가운데 하나는 특정 인물에 대한 다양한 해석을 통해 기존의 편견에서 벗어나게 하는 것이라고 말할 수 있다. 즉 역사는 인간의 본질에 대한 깊은 해석을 가능하게 하여 인류의 정신세계를 보다 윤택하게 하는 학문이라고 볼 수 있다. 원효 역시 '사람의 사람에 대한 편견'으로 상심했던 승려이다. 그는 불교계의 비주류였으며 주류에 섰던 이들의 질시의 대상이 되었다. 원효는 대승보살계를 견지하여 요석궁 공주와의 혼인을 통해 설총을 얻고 재가보살(거사)이 되기도 했다. 또한 민의 일상이 이루어지는 세속의 거리에서 종교인의 상례에 벗어난 제도행(무애행)으로 중생을 위무하고 존경을 받았다. 이러한 활동은 신라 승려의 일상과는 매우 다른 것으로 편견을 유발시킨 것이다.

 또한 신라 골품제의 정점인 진골 귀족이 아닌 육두품으로서 바라던 입신을 도모할 수 없었던 그는 고뇌했을 것이다. 천부적 자질을 지녀 '스승을 따르지 않고(學不從師)' '만인을 감당할 수 있었던(萬人之敵)' 원효는 아마도 좌절했을 것이다. 이 같은 청년기의 갈등으로 입당유학을 계획하게 했을 것으로 보인다. 하지만 이마저도 순조롭지 않았다.

국가의 전폭적 지원을 통해 유학을 추진했던 진골 귀족과는 달리 원효는 현실적 어려움에 직면하게 되었다. 결국 그는 신라로 돌아와 학문과 권력의 중심이 아닌 비주류가 되었다. 그런데 신라 권력의 주변인으로서 그는 중심부에서 결코 볼 수 없었던 혜안이 생기게 되었다. 원효는 이 눈을 통해 신라 불교의 지향점을 직시한 실천적 선구자가 된 것으로 보인다. 이는 기득권에서 벗어난 자유로운 주변인이 갖게 되는 일종의 혜택인 것이다. 원효는 삼국 통일전쟁을 수행하면서 고통을 겪는 민중을 종교적 교학과 신앙에 입각해 위안을 주었다. 원효가 세속의 최고위층에 안주했다면 그의 재능은 어쩌면 발휘되지 않았을 것이다. 그의 신분적 고민은 신라 사회의 지표를 마련하게 하는 원천이 된 것으로 이해된다.

이렇게 세상의 비주류이자 주변인은 세상을 바꾸어 왔다. 조선의 교산 허균은 스승 이달의 불우한 일생을 자신의 아픔으로 승화시켜 기꺼이 세상의 비주류가 되었다. 공고한 신분제의 벽을 일신의 힘으로 타파하고자 혼신의 정성을 다하였다. 그리고 그는 역사에 길이 기억되었다. 비주류의 눈으로 역사의 발전과정을 갈파한 것이었다. 지금 세상은 역사의 비주류였던 허균이 꿈꾸던 세계와 가까운 것이다.

　구한말 도산 안창호도 소외받던 서북출신이며 기독교인으로서 당대 주류인의 문제점을 정확히 간파하고 있었다. 그는 국망의 원인을 정직의 부재로 보고, 성실을 통한 실력양성을 주장하여 실의에 잠긴 민족을 고취하고 모든 독립운동가의 우러름을 받았다. 예능인 서태지도 고교를 중퇴하였으므로 제도권에서 벗어난 비주류 학생 중의 하나였다고 생각된다. 그는 한국에서 주류가 아닌 음악이었던 '랩'을 구사하였다. 이를 통해 당시 청년의 심성에 감응하여 역대 최고의 입시 경쟁률에 힘겨워 하던 많은 학생들의 위안이 되었다. 이는 비주류 역시 주류를 능가할 수 있다는 하나의 증거가 될 수 있을 것이다. 이들은 모두 자신에 대한 편견에 무척 힘겨워 했을 것으로 보인다. 허균은 자신에 관한 혹평에 대해 "인간의 법도보다는 하늘의 도리에 따르겠다"고 저항했다. 원효 또한 자신을 핍박했던 이들에게 "백개의 서까래에 들지 못하다가 결국 하나의 대들보가 되었다"라고 포효하였다. 이는 모두 자신에 대한 몰이해와 편견에 항거한 것이다.

　요컨대 필자가 바라는 세상은 자신과 다른 생각을 가진 이에게 관대한 사회다. 자신과 상이한 의견을 관용으로 대하고 포용함으로써 세상은 보다 건강해지고 행복해질 것이다. 다양한 의견을 수용함으로써 사회 문제에 보다 효율적으로 대응할 수 있으며, 갈등을 최소화할 수 있기 때문이다. 원효가 '화쟁(和諍)'을 통해 희구하던 세상도 이와 다르지 않을 것이다. 또한 원효라는 인물을 공부하며 한 가지 깨달음도 얻을 수 있었다. 암흑을 연상시키는 곤경을 겪더라도 작은 불빛은 반드시 찾아진다는 것이다. 이와 같이 원효도 당시 기층민이 처한 전쟁의 공포와 경제적 궁핍이라는 고통 속에 '희망의 빛(元曉)'이 되었을 것이다. 대중을 감쌌던 그의 춤과 노래에서 민은 소생의 빛을 발견했을 것임이 분명하다.

이 기회를 통해 필자를 학문의 길로 이끌어 주신 김두진 선생님께 감사드린다. 선생님은 훌륭한 학자이자 교육자로서 많은 감화를 주셨다. 무엇보다 필자의 늦은 결혼을 항상 걱정하며 자상하게 일상에 대한 조언을 아끼지 않으셨다. 필자의 인생의 스승이다. 또한 힘겨웠던 필자에게 항상 따뜻한 격려로써 기운을 주셨던 문창로 선생님의 정성도 결코 잊을 수 없다. 그리고 학위 취득을 진심으로 축하해 주셨던 정만조 선생님께 마음속 깊이 감사드린다. 또한 연구자가 지녀야 할 자세를 몸소 보여주신 남동신 선생님과 김수태 선생님께도

8

머리 숙여 감사를 표한다.

　그리고 부모님은 필자에게 모든 것을 내어 주셨다. 오늘의 이 영예와
축복은 모두 그분들의 것이다. 부디 건강하시어 필자가 쌓아갈 업적을
오래도록 지켜보시길 바란다.

　필자는 내성적 성격을 지녔으며 남 앞에서 이야기하는 것을 무척
어려워했던 유년기를 보냈다. 학창시절부터 문과를 지망하였으며,
미국의 인권운동가인 마틴 루터킹의 연설문을 좋아하는 감수성이
있는 학생이었다. 대학에 진학하자 혼자 도서관에서 방황하는 일도
많아졌다. 고교와 현격히 다른 환경인 대학 신입생 시기의 자유에
압도되어 혼란스러웠기 때문이다. 그때부터 수업이 끝난 이후 혼자
책을 읽는 시간이 많았다. 북한산이 한눈에 보이는 도서관에서 외롭기
도 했지만 내적으로 성장하는 계기가 되었다. 그때 '팡리즈(方勵之)'라
는 중국인 물리학자의 책을 읽기도 했으며, 제3자인 일본인의 중립적
시각으로 쓰여진 한국사 개설서를 보고 놀라기도 했다. 또한 펑유란
(馮友蘭)의 『중국철학사』를 독파하며 중국과 한국의 학문적 교류를
짐작해 보기도 했다.

　그러던 필자가 대학원에 진학하여 학문의 길로 들어선 된 계기는

학과의 답사 수업과 관련이 깊다. 영주 부석사와 관련된 글을 준비하고 발표를 마친 후 김두진 선생님께서는 각별한 관심을 보여주셨다. 이것이 인연이 되어서 선생님께 한국 고대사와 불교사를 충실히 배울 수 있었다. 내게 학문의 길을 열어 준 영주는 무척 아름다운 곳이었다. 나는 부석사에서 바라본 태백산의 기품을 선명하게 가슴에 간직하고 있다.

김두진 선생님은 엄격한 학자이자 따뜻한 교육자로서 많은 학은을 주셨다. 더불어 대학원 재학시절 학문과 인생의 선배로서 자상하게 배려해 주신 분들이 있다. 문창로 선생님과 장일규 선배님, 그리고 한준수 선배님, 이계형 선생, 이상현 학형, 전우식 학형께 진심으로 감사의 인사를 드린다. 그리고 현재의 나를 있게 한 것은 가족의 배려와 후원에 의지했음을 잊은 적이 없다.

나의 아버지는 매우 근면하신 분으로 가족을 위해 헌신적으로 일하셨다. 취침시간과 상관없이 항상 새벽에 일어나셨으며, 그날 해야 할 일과 직원들에게 당부해야할 것을 정리하고 하루 일과를 보람있게 보내셨다는 것이 유년의 기억에 남아있다. 아마도 업무를 수행하면서 얻는 성취욕을 즐기셨던 것으로 이해된다. 무엇보다 퇴근하실 때 항상 제과점의 빵과 풍성한 과일을 사오셨다. 필자가 아버지의 퇴근을 항상 기다렸음은 물론이다.

또한 아버지는 예민한 직관력과 풍부한 경험을 바탕으로 아들인 나에게 인생의 길목마다 많은 조언을 해주셨다. 항상 버팀목으로서 역할을 해주셨으며 가족을 사랑해 주신 아버지께 감사드린다. 아버지의 평안과 장수를 빈다.

나의 어머니는 심성이 고운 분으로 성실과 인내로써 살아오신 분이다. 필자가 어려운 일이 있을 때마다 항상 따뜻하게 이해해 주시고 감싸주셨다. 또한 특유의 통찰로 인생의 선택이 필요할 때 정확하고 간결한 논리로 설명해 주시곤 하셨다. 필자의 결혼과 독립이 늦어져도, 새벽마다 피곤함을 감추고 밥을 지어주셨던 것을 언제나 고맙게 생각한다. 어머니의 은혜가 한량이 없다.

형제로는 누나와 남동생이 있다. 나의 누나는 학창시절과 인생의 선배로서 삶의 지침이 되어주었다. 초등학교 시절 못다한 숙제를 해주어 고민을 풀어주기도 했으며, 항상 친절한 상담자가 되어주었다. 지금도 명석한 지적 역량과 달변으로 많은 도움을 주고 있다. 누나는 내 인생의 큰 부분으로서 여전히 존재한다.

동생은 나의 유년기에 태어나 가족들에게 많은 기쁨을 가져다주었다. 가족들이 동생의 성장과정에서 행복과 사랑의 감정을 얻었음에 감사한다. 많은 나이차로 인해 시기마다 다른 고민이 있었고 내가 집과 떨어져 학업 중이었던 기간이 많아, 깊은 대화를 자주 나눌 수 없었던 것이 아쉽고 미안하다.

　또한 나의 배우자 윤소연은 지대한 노력을 기울여 나와 결혼하였고 가정을 이루어 주었다. 이 기회를 통해 고마움을 전한다. 이후에도 나에게 많은 애정을 쏟아 연구자인 남편을 항상 물심양면으로 지원해 주었다. 그녀의 도움이 없었다면 필자의 연구 활동도 유지되기 어려웠을 것이다. 무엇보다 사랑하는 아들 윤재와 윤성을 낳아준 공로자이다. 깊이 감사드린다.

　필자는 앞으로 인간에 대한 애정이 담긴 학문적 활동을 할 것이며, 학문을 위한 학문에서 벗어나 독서인이자 지식인으로서 지적역량을 쌓아 인류 사회에 기여하고자 한다.

이 병 학　삼가 씀

제1장 서론

1. 연구 주제의 선정과 목적

원효(617~686)의 『金剛三昧經論』은 원전인 『金剛三昧經』의 주석서이다. 이는 삼국통일기에 성립되었으며, 대중불교의 실천이론을 명확하게 제시하는 원효 불교의 핵심저술이기도 하다. 『금강삼매경』은 역대 경전 목록을 통해 전하지 않는 경서로 인식되어 왔다.

그런데 唐代에 편찬된 佛典 目錄인 『開元釋教錄』에는 '수습본'으로 수록되어 있다.[1] 당시 승려들 사이에는 『금강삼매경』의 재발견을 크게 주목하지 않았던 듯하다.

원효의 전기가 실린 『宋高僧傳』의 「元曉傳」에서는 『금강삼매경』의 유통과정을 설화적 형태지만 구체적으로 묘사하고 있다.[2] 『금강삼매경』의 성립토대를 신라 사회로 설정하고 있으며, 경전의 집성자로서

---

1) 智昇撰, 『開元釋教錄』 卷4(『大正新修大藏經』 卷55, 522쪽 (나))에서, '『金剛三昧經』 二卷'이 확인된다.
2) 『宋高僧傳』 卷4, 「新羅國黃龍寺元曉傳」(『大正新修大藏經』 卷50, 730쪽)에 전하는 『금강삼매경』 연기설화에서, 원효는 왕실의 부름을 받아, 『금강삼매경론』을 지어 왕비의 치병에 도움을 주고 있다.

원효의 선배이자 대중불교의 선도자인 '大安'을 지목하고 있다.

특히 결집자 대안은『금강삼매경』의 강론자로 원효를 왕실에 추천하였다. 원효는 당시 적극적인 대중교화 활동으로 명성을 얻고 있었다. 하지만 그의 파격적인 '利他行'으로 승가(승단)의 질시를 받고 있었던 것으로 보인다. 당시 우환을 겪고 있었던 신라의 중대 왕실은 원효를 적극적으로 초대하였다. 그에게 강론을 청하였으며, 이를 통해 왕비의 치유를 기원하기도 했다.

이러한 과정으로 인해『금강삼매경』의 발생배경은 신라와 긴밀하게 결연되어 있음을 감지할 수 있다. 또한 경전의 해설자인 원효가 유일하게 이를 이해할 수 있었던 것으로 보인다. 따라서 원효 역시『금강삼매경』의 성립배경에 중추적 역할을 담당했던 것으로 추정할 수 있다.

이 글에서는 새로운 경전, 즉『금강삼매경』이 신라 사회에서 발생할 수 있었던 이유를 추적해 보고자 한다.『금강삼매경』은 당대의 불교 연구자(주석가)들에 의해서는 '佛說'에 의해 이루어진 완전한 경전임을 의심받지 않았다. 그러나『금강삼매경』에 포함되어 있는 '이입사행설'은 당시 흥기하는 선종의 권위를 수식하기 위해 누군가 의도적으로 작성하였다는 논의가 일반화되었다.3) 이는『금강삼매경』이 일정한 의도에 의해 성립되었음을 암시하는 것이다. 또한『금강삼매경』은 '산스크리트어' 원전이 존재하지 않아 그 성립과정에 의문의 여지가 있는 경전이라고 볼 수 있다. 어쩌면 이를 신라에서 나타난 '위경'으로 추정할 수 있을지도 모른다. 그렇다면 이러한 경전이 신라 사회에

---

3) 水野弘元,「菩提達摩の二入四行說と金剛三昧經」『駒澤大學硏究紀要』13, 1955.

어떠한 이유로 발생했으며, 그 성립배경에 원효가 담당한 역할은 무엇인가를 주목하게 되는 것이다.

하지만 이러한 관심과는 달리 대체로 『금강삼매경』을 전적으로 선종의 발생 배경이라는 측면에 집중시킴으로써, 신라 사회를 포함한 『금강삼매경』의 '전체적 조망'이라는 측면에 아쉬움을 남겨주기도 하였다.

'僞經'은 시대적 소산이다. 중국 불교계에서도 불교의 중국적 변용을 위해 '효' 사상을 강조하였다. 그 결실이 『부모은중경』이라는 경전을 발생시킨다. 이와 함께 정치적 혼란기에 고통받는 민의 위안을 위해 『점찰선악업보경』 즉 『점찰경』이 편찬되었다.

말하자면 이 글이 『금강삼매경』과 『금강삼매경론』을 주제로 삼은 이유는 『금강삼매경론』이 당시 통일기 신라 사회와 유기적으로 관련됨을 인식하고 그 사회적 의미를 살펴보려는 것이다.

중국 불교계는 정통 경전의 배경이 되는 인도의 토착적 문화와 상이하였다. 이에 따라 각 나라의 문화적 토양에 맞는 경전이 요청되었던 것이다. 물론 이러한 위경이 불설의 권위를 지니기는 어렵다. 그렇지만 시대적 과제와 고민, 그리고 당대 인식을 읽을 수 있는 탁월한 자료임에는 분명하다. 이를 전제로 하여 『송고승전』의 원효 기록을 단서로 그 연유를 추구하고자 한다. 즉 신라 사회가 왜 『금강삼매경』을 원했으며, 원효가 강설자로서 활동한 이유를 정밀히 추적해 보고자 한다. 이를 통해 신라 불교계에 대한 사회적 요구를 읽을 수 있기 때문이다.

『금강삼매경』은 매우 축약적인 면을 지니고 있다. 『금강삼매경론』을 매개하지 않고서 『금강삼매경』을 이해하기는 사실상 대단히 어려운 일이다. 오히려 경전의 논리를 초월하여 '논'을 저술하였다고 느낄 정도이다. 따라서 경을 해독함에 있어 원효의 해설인 『금강삼매경론』의 역할이 절대적이라고 볼 수 있다.

아울러 『금강삼매경』과 『금강삼매경론』은 대개 하나의 체제로 편집되어 있다. 이는 '경'과 '경론'을 유기적으로 인식하고 있는 이유에서 일 것이다. 따라서 양자가 '어떠한 상관관계에 놓여 있는가'라는 측면도 추구되어야 할 대상이다.

또한 원효의 『금강삼매경론』은 원효저술의 집대성이며 완성작으로도 볼 수 있다. 원효의 저작 활동 가운데 가장 완숙한 이론체계와 실천성을 갖추고 있기 때문이다. 『금강삼매경론』을 탐구함으로써 원효의 사상적 지향과 원효에 대한 시대적 요청을 규명할 수 있을 것으로 기대된다.

아울러 원효 저술의 특징이 『대승기신론』의 영향인 '일심이문' 구조에 기초하고 있음을 이 글을 통해 추구해 보고자 하였다. 특히 『금강삼매경론』은 『대승기신론』의 영향이 상당히 짙다. 따라서 『대승기신론』이 『금강삼매경론』의 구조에 어떠한 영향이 있는가를 살필 것이며, 이와 신라 사회와의 연관성도 추출해 볼 것이다. 『금강삼매경론』의 '이각원통사상'과 '육품' 배치 역시 『대승기신론』의 '一心·二門' 체계에 영향을 받고 있다. 여기에서는 그 이유와 『금강삼매경론』의 사회적 성격을 추구해 보려 한다.

원효는 외부에서 전래된 신라의 불교를 중국과 맞설 수 있는 학적 수준으로 향상시킨 인물이다.[4] 그는 당시 유통되는 대부분의 경전을

---

4) 『宋高僧傳』 卷4, 「新羅國黃龍寺元曉傳」(『大正新修大藏經』 卷50, 730쪽)에서 송의 승려 찬녕은, 원효를 '萬人之敵', '丘龍'으로 표현하고 있다. 이는 중국을

주석하고 일관된 체제로 이해했다. 그 대표작인『금강삼매경론』을 이해함으로써, 그 사상사적 위치를 가늠해 볼 수도 있을 것이다. 또한 이를 통해 신라사를 보다 구조적으로 이해하는 계기가 될 것으로도 기대된다.

2. 기존 연구의 성과와 과제

원효는 주지하듯 '불교의 통섭화'라는 측면에서 한국 사상사의 획기를 마련한 인물이다. 그는 외래 종교 사상인 불교의 심층적 이해를 위해 다수의 주석서를 지었으며, 이는 신라의 불교수준을 비약적으로 향상시켰기 때문이다. 이러한 원효연구의 자료적 단서를 후대에 최초로 마련한 것은 아마도 「誓幢和尙碑」의 건립으로 여겨질 수 있을 것이다.[5] 「서당화상비」는 마멸로 인해 자세한 내용이 간취되지는 않는다. 하지만『십문화쟁론』을 비롯한 원효의 주요 학문적 업적과 그 탄생설화가 기재되어 있다.[6] 이는 원효의 후손인 설중업이 일본에 사신으로 머물던 중 일본국 진인과의 인연에 의해 세워졌던 것으로 추정된다.[7] 신라 애장왕대의 이 같은 사실[8]은 아마도 원효 연구의

비롯한 당대의 원효인식을 드러낸다고 보아도 좋을 것이다.

5) 「高仙寺誓幢和尙碑」『朝鮮金石總覽』, 1919 ; 葛城末治, 『朝鮮金石考』, 1935 ; 『朝鮮金石全文』, 1984 ; 南東信, 韓國古代社會研究所 編, 『譯註 韓國古代金石文』, 1994.

6) 남동신, 앞의 책, 5~8쪽.

7) 『三國史記』, 열전 제6 「薛聰」에는, 일본국 진인이 원효의 『금강삼매경론』에 깊은 감명을 받았는데, 그 후손 설중업을 만나고 무척 반가워했다는 기사를 담고 있다 ; 李基東, 「薛仲業과 淡海三船의 交歡」『歷史學報』134·135合輯,

서막을 알리는 사건이었을 것으로 이해할 수 있을 것이다.

고려시대에도 원효를 '화쟁국사'로 인식하여 존중함으로써, 원효에 대한 연구가 지속되었음을 추측할 수 있다.[9] 특히 원효와 동향으로서, 그를 존경해왔던『삼국유사』의 저자 일연은, 원효의 대중교화에 큰 감명을 받고 그의 일대기를 기록했다.[10] 또한『금강삼매경론』의 존재를『삼국사기』이후 확인해 주기도 하였다. 그러나 조선시대에는『조선왕조실록』에 직접적으로 원효를 거명한 사실이 단 한 차례도 나타나지 않는다. 이는 원효에 대한 학적 계승이 일시 단절되었다고 보아도 좋을 것이다.

대한제국의 성립 이후 을사조약(1905)이 체결되자, 신채호는 역사학계에 국학 연구의 붐을 일으켰다. 즉 신채호에 의한 계몽 사학이 등장한 것이다.[11] 이는 임시정부의 조소앙[12]과 신민회 회원 장도빈[13]

　　1992·9에서 "『삼국사기』「설총」전에 나오는 일본국 '眞人'은 일본의 문호인 '淡海眞人三船'이며, 이는 8세기 중엽 일본에서 원효의 명성이 있었다는 것을 인지하게 하며, 삼국통일 직후 신라와 일본의 대항적 외교관계에서 이를 완화시킬 수 있는 기념할 만한 사실로 이해하고 있다.

　8) 곽승훈, 「애장왕대『서당화상비』의 건립과 그 의의」『신라 금석문연구』, 2006 에서는 "신라하대 왕실이 김주원 계열과의 대립을 완화하기 위해, 그리고 법상종과 화엄종의 대립, 교종세력과 선종세력의 갈등을 화합하기 위해 원효 존숭 분위기를 고조하려는 방편으로 '서당화상비'를 건립하였다"고 이해하였다.

　9) 김상현, 「고려시대의 원효인식」『정신문화연구』 54, 정신문화연구원, 1994.

　10)『삼국유사』卷4, 의해5, 「원효불기」조에서 "皆識佛陁之號 咸作南無之稱 曉之化大矣哉"라 하였다.

　11) 이만열, 「단재사학의 배경」『단재 신채호의 역사학 연구』, 1990, 69쪽에서 "자강주의를 통한 역사의식으로 민족 주체성을 강조하려 했다"고 보았다.

　12) 조소앙, 「신라국원효대사전」(김영태 주해, 『원효 연구사료 총록』, 장경각, 1996에 수록)

　13) 장도빈, 『위인원효』, 신문관, 1917, 34쪽.

에게도 이어졌다. 특히 장도빈은 서구의 부강을 선망하면서, 원효를 종교개혁가 '캘빈(칼뱅)'에 비유하며 국민적 자부심을 고취시켰다. 김영수도 일본의 대외 팽창 속에서 민족 문화의 자존을 유지하려는 의도로 원효의 전기를 집필하기도 했다.14) 말하자면 민족 독립운동의 일환으로 원효 연구가 시도된 것이다. 이렇듯 원효와 그의『금강삼매경론』은 한말 개화기와 일제 강점기에 다시 주목되면서 본격적인 근대 역사학의 연구를 기다리게 되었다. 근대적 학문연구로서 원효의 저술을 체계적으로 정리·소개했던 조명기의 업적은,15) 이후 많은 연구자들의 학구열을 자극했다.16) 그는 초전불교에서부터 원효와 의상 및 원측의 업적을 시대순으로 정리하는 신라불교사의 개설서를 완성한 것이다. 특히『금강삼매경론』을 소개한 부분에서는 '多門(十重法門)'과 '一味觀行'을 경론의 '요체'로 지적하고 있다. 이어진 이기영의 본격적인 번역작업은17) 불교사 연구의 토대를 크게 확대시켰다. 이를 통해 그는『금강삼매경』에 대한 선종 일변도의 연구경향에서 벗어나 이를『대승기신론』과 밀접한 경전으로 추정하였다.18) 이기영의 입론을 계승한 고익진은,『금강삼매경론』의 주제를 보다 구체화하였다.19)

---

14) 金映遂,「元曉」『朝鮮名人傳』上, 朝鮮日報社, 1939에서 그의 '誓幢'이란 명칭은 '새들(新野)'이란 말로서 출생지인 '佛地村'의 일부 지명이라고 보았다.

15) 趙明基,『新羅佛教의 理念과 歷史』, 신태양사, 1962 ;「신라불교의 교학」『숭산 박길진 박사 화갑기념 한국불교사상사』, 1975.

16) 김영태는 신라시대 원효에서부터 조선시대의 승려들의 주요 저술을 개관하고 해당 논문을 소개하였다. 원효의『금강삼매경론』에 대해서는 '각승'이라는 명칭에 주목하고 있다(『한국 불교명저의 세계』, 민족사, 1994, 36쪽).

17) 이기영 譯,『금강삼매경론』, 대양서적, 1973.

18) 이기영, 같은 책, 17쪽.

19) 高翊晋,「元曉思想의 實踐原理－金剛三昧經論의 一味觀行을 중심으로－」『숭산 박길진 박사 화갑기념 한국불교사상사』, 1975에서 "원효가 '아뢰야식'을

『금강삼매경론』의 핵심어인 '一味觀行'은 '본각'과 '시각'설에 기반한 '眞俗雙泯'론이며, 이를 통해『기신론』에 나타난 '근본적 일심'으로 회귀할 수 있다고 이해하였던 것이다.

요컨대『기신론』을 실천적 방식으로 재구성한 저술이 바로『금강삼매경론』이며, 이는 선행 연구의 입지를 강화해 주었다. 더 나아가 그는『금강삼매경론』의 '육품 구조'를『기신론』의 '一心'·'二門'·'三大'의 구조와 결합시키고 실천성을 더욱 부각시키기도 했다.[20]

즉『기신론』과의 연관성을 확신하고 일관된 체계로 원효의 저술을 이해하려 했던 것이다. 하지만 지나치게『기신론』과의 친연성을 주장함으로써『금강삼매경론』의 독창적 특성과 실천성을 부각시키지는 못했다고 보여진다.

또한 새로운 불교문헌의 발견과 지속적인 문헌고증에 의해『금강삼매경』에 대한 시각이 급변하기도 했다. 이는 당대의 승려들이 확신한 인도 전래의 경전이 아니라는 주장이 나타난 것이다. 말하자면 '위경설'의 등장이 그것이다.

『금강삼매경』의 위경여부를 최초로 의심했던 연구자는 水野弘元이다.[21] 그는 경의 등장인물이 낯선 것과, 舊唯識의 용어인 '아마라식'(奄摩羅識)이 음역된 형태를 거론하면서, 당시 불교학에 능통한 자에 의해『금강삼매경』이 성립되었다고 보았다. 또한 達摩의 '二入說'이

'진망별체'가 아닌 '진망화합식'으로 이해한 것도 진속원융무애라고 볼 수 있으며, 이러한 전제를 기반으로 '一心'을 향한 '실천원리(觀行)'를 주장했다"고 보았다.

20) 高翊晋,「新羅中代 華嚴思想의 展開와 그 影響」『韓國古代佛敎思想史』, 東國大, 1989, 230쪽.

21) 水野弘元,「菩提達摩の二入四行說と金剛三昧經」『駒澤大學研究紀要』13, 1955.

『금강삼매경』의 영향을 받았다는 종래의 의견을 논박하고, 오히려 '二入說'을 기반으로『금강삼매경』이 확립되었음을 주장했다. 다시 말해 선종의 권위를 선양하려는 의도로 경전이 인위적으로 발생됐다는 것이다. 그렇지만 그는『금강삼매경』연구의 핵심자료인『송고승전』을 외면하고 있다는 인상이 강하다.『송고승전』에 등장하는 신라 사회와 '경전'의 연관을 간과하고 있는 것이다. 즉 철저하게 중국불교사를 기준으로 설정함으로써,『금강삼매경』의 '중국성립설'을 견지하고 있다.

이와 반대로, 경의 '신라성립설'을 주장한 김영태의 논구는 주목된다.[22] 그는 695년의『大周刊定衆經目錄』에 유실된 것으로 기록된『금강삼매경』이,『開元釋教錄』(730)에 재등장하는 것을 주목함과 함께, '용궁'으로부터 전래되었다는 사실을 신라성립설의 근거로 삼았다. 그리고 경의 찬집자로 '惠空'을 지목하고 있다.

버스웰은 '선'과 관련한 원효전승의 부재와, 그 입당유학의 좌절을 들어,『금강삼매경』의 원효찬술설을 부정하고, '선'과 '여래장사상'을 겸비한 동산법문의 선사상에 착안하여, 법랑을 주역으로 주목하였다.[23] 하지만 버스웰의 이러한 논의는 역시『금강삼매경』의 연기설화와 격리되는 커다란 약점을 지닌다.

『금강삼매경론』의 구조에 대한 역사학계의 연구 성과는 상대적으

---

22) 金煐泰,「新羅에서 이룩된 金剛三昧經」『佛教學報』25, 동국대, 1988 ; 안계현도『금강삼매경』자체가 인도 찬술이 아닌 원효의 저작이며, 원효 자신이 『금강삼매경』을 만들고 해설서인『금강삼매경론』역시 저술하였다고 이해했다(안계현,「元曉－한국불교의 햇불」『人物韓國史』1, 박우사, 1965, 278쪽).

23) Robert E. Buswell, Jr.,『The Formation of Cha'n Ideology in China and Korea』 : The Vajrasamadhi-Sutra, a Buddhist Apocryphon, Princeton University Press, New Jersey, 1989.

로 희소한 듯하다. 당시 사회상과『금강삼매경론』을 연관시킨 주요
연구 성과는 다음과 같다.

김영태는『금강삼매경』의 연기설화를 천착하여『금강삼매경』의
'신라성립설'을 이끌어냈다.[24] 즉 '경'의 연기설화를 통해 신라성립설
을 추구하면서 용궁과 관련된 설화를 바탕으로 신라에서 처음 출현했
음을 입증하고자 했다.[25] 이와 함께 경전 결집의 주도자로 대안·혜공·
사복을 지목하기도 했다.

이러한 '신라성립설'을 수용한 남동신은『금강삼매경』과『경론』의
사상적 지향점이 상이한 것으로 가정하고,『금강삼매경』이 신역에
대항하는 공관 반야 사상의 천명을 위해 결집되었으며,『금강삼매경
론』은 '신·구역불교'의 화해를 위해 조성되었다고 보았다.[26]

요컨대 남동신은 역시 '신라성립설'을 지지하면서 대안을 비롯한
대중교화승이 자신들의 이상적 인물을 내세워, 반야공관사상에 입각
한『금강삼매경』을 작성하였다고 이해했다. 이에 원효는 이를 주석한
화쟁적 성격의『금강삼매경론』을 편찬함으로써, 경주중심의 지배층
불교를 극복하고자 한 것으로 보았다.[27] 즉 현장 중심의 신역 불교에

---

24) 金煐泰,「新羅에서 이룩된『金剛三昧經』」『佛敎學報』25, 東國大, 1988.
25) 金煐泰, 위의 논문, 1988.
26) 南東信,「新羅 中代 佛敎의 成立에 관한 硏究」『韓國文化』21, 서울大, 1998 ; 鎌
田茂雄은 원효가 입당을 하지 않은 것이 그의 독창성을 발현시켜 오히려
위대한 불교학자가 되게 했을 것이라고 평가하면서,『金剛三昧經』이 菩提達
磨의 '二入四行論'이 채용되어 당에서 성립된 위작으로 볼 수 있으나, 원효와
의 친연성을 근거로 신라에서 발생했을 가능성이 큰 것으로 이해했다(鎌田茂
雄·申賢淑,「불교교학의 융성 ; 元曉−화쟁사상의 성립」『한국불교사』, 民族
社, 1988, 81쪽) ; 鎌田茂雄,「七世紀東アジア世界における元曉の位置」『元曉硏究
論叢』, 國土統一院, 1987, 773쪽에서 "원효가 자신의 독창적 불교교학을 바탕
으로 동아시아 불교학을 통합했다"고 평가했다.

대항하려는 불교세력이 단일 경전의 성격인『금강삼매경』을 통해 기존 불교 사상(구역불교)을 결합하고자 한 것으로 인식했다.28) 따라서 이를 목격한 원효는 신·구역 불교를 화해시키기 위해『금강삼매경론』을 저술한 것으로 이해하고, 경전의 집성 세력으로는 대중교화에 뜻을 둔 일군의 승려들로 가정하기도 하였다.29)

하지만『금강삼매경』에서 신역불교의 영향이 나타나고 있음은 주목된다. 또한 '경'과 '경론'의 지향점이 다른 이유를 명확히 제시하지 못하고 있으며, 신라 불교계에서 신·구역 불교의 상호 갈등양상을 구체적으로 드러내지도 못했다.

철학계에서 가장 최근의 연구성과로 주목되는 것은 박태원30)과 사토 시게키(佐藤繁樹)의 논고이다.31) 박태원은『금강삼매경』과『금강삼매경론』이 모두 '화쟁'을 지향하고 있음을 주장했다. 즉 '중관'을 위해 '심식의 부정'을 첨가하고, '진여'를 '아마라식'에 대응시키고 있는 것에 주목하였다. 말하자면 '중관'과 '유식'을 각기 서로의 용어로 설명하여 화쟁에 기여하고 있다는 것이다. 그는 '覺(本覺)'이 '아마라식'의 지위를 대체할 수 있는 중도적 용어이며, '유식(有的 肯定)'과 '중관(無的 否定)'을 종합·지양하는 언어로 지목하였다. 이렇게『금강삼매경론』을 화쟁의 중추로 인식한 박태원은 '覺' 사상에서 그 논리를

27) 南東信,「新羅 中代 佛敎의 成立에 관한 硏究 -『金剛三昧經』과『金剛三昧經論』의 분석을 중심으로」『韓國文化』21, 서울대, 1998.
28) 남동신,『원효-영원한 새벽』, 새누리, 1999, 208쪽.
29) 남동신, 같은 책, 205쪽.
30) 박태원,「『金剛三昧經』·『金剛三昧經論』」(중관·유식의 화쟁적 종합을 중심으로)『元曉學硏究』5, 2001.
31) 佐藤繁樹,「원효에 있어서 화쟁의 논리 -金剛三昧經論을 중심으로 본 無二不守一思想 構造의 意義」『불교연구』11·12합집, 1997.

추출하였다.[32] 이는 원효의 본각·시각을 화쟁과 결부지은 선학 박종홍의 영향인 것으로 보인다.[33] 즉 '본각'은 '유식'(아마라식)의 실체화를 극복할 수 있는 언어이자, 중관과 유식을 포괄할 수 있는 중도적 언어로 적절하다고 보았다. 이러한 화쟁적 성격의 완성작으로『금강삼매경』과 '경론'이 형성되었다고 이해한 것이다.[34] 그렇지만 '각' 사상의 전개는『대승기신론』에서 명확히 나타나고 있으며, 이미 충분한 논리전개를 보여준다. 따라서『금강삼매경론』의 독자적 특성을 구체화하지는 못한 듯하다. 정순일도 '一味觀行'의 의미를 추구하면서『금강삼매경론』의 교학적 특성을 추구하고자 했다. 그러면서 '일미관행'이 유무를 초월하고 진과 속을 융합한다고 인식했다.[35]

사토 시게키는 '歸一心源'과 '饒益衆生'을 원효철학의 중심으로 이해한 이기영의 논지를 계승하였다. 따라서 전자를 '無二', 후자를 '不守一'에 대응시켜 양자를 각각 '법의 진실된 모습'과 '연기적 존재'로 이해하였다. 말하자면『금강삼매경론』의 분석을 통해 그 핵심 논리를 '無二不

---

32) 박태원,『원효사상(1)－『금강삼매경』·『금강삼매경론』과 원효사상』, 울산대학교 출판부, 2005, 45·87쪽.

33) 박종홍,「원효의 철학사상」『한국사상사』, 서문당, 1972, 112쪽.

34) 박태원,『원효사상(Ⅱ)－원효의 화쟁(和諍)사상』, 울산대학교 출판부, 2005, 30쪽.

35) 鄭舜日,「元曉의 一味觀行 硏究 ;『金剛三昧經論』을 중심으로」『如山柳炳德博士華甲紀念論叢』, 1990, 7쪽에서 "일미관행은 유무를 초월하고, 진과 속을 융합하여(眞俗雙泯·本覺始覺) 인과(六行備足·五法圓滿)를 관통하는 것"이라고 보았다 ; 李箕永,「元曉 聖師의 길을 따라서－金剛三昧經의 經宗에 대한 그의 考察을 中心으로」『釋林』16, 東國大 釋林會, 1982, 34쪽에서 "觀이란 如來性인 眞如한 本覺이 始覺으로 발동하면서 대상세계의 모든 현상을 眞俗雙泯의 中道로 이해하는 것"이라고 했다. 따라서 이는 대중교화를 위한 이론 체계임을 확신할 수 있다. 또한 蔡洙翰은 '일미'가 전술한 '수행의 자세'로서의 의미가 있고, '심원(진여)'의 '體性'으로서의 '一味'가 있다고 파악하였다(蔡洙翰,「元曉의 一味槪念의 意味探究」『元曉研究論叢』, 국토통일원, 1987, 566쪽).

守一'로 파악했으며,[36] '성불을 이룬 자(無二=歸一心源)'가 중생제도에 매진해야 한다(불수일=요익중생)'는 의미를 간취해 냈다. 이를『금강 삼매경론』의 전체 구조와 주제로 파악한 것이다. 요컨대 '화쟁'과 '중생제도'의 논리로 정리한 것이다. 사토의 논고는『금강삼매경론』의 의미를 더욱 풍부하게 했다. 하지만 원효가『금강삼매경론』을 통해 궁극적으로 얻고자 했던 바를 강하게 제시하지는 못했던 듯하다.

김상현은 원효의『기신론』저술 가운데『금강삼매경』을 인용한 것을 중시하고, 양자의 친연관계를 강조하였다.[37] 이는 원효가 구역 불교의 영향을 강하게 받았으며,『금강삼매경론』에도 투영되었음을 밝혀낸 것이다. 역시 신라성립설을 주장하며『송고승전』에서 원효를 격상시키려는 영웅 설화적 성격에 착안하기도 했다.[38]

이후『기신론』의 '二門'(심진여문·심생멸문)구조에 입각해, '觀法 (수행법)'의 통일에 주목한 연구가 있다.[39] 김두진은 신라 화엄사상사 전체를 조망하면서 원효의 수행법에 주목하였다. 원효가 수행의 방편 으로 '십중법문'을 제시했지만, 결국 '일미관행'으로 관법을 통일시켰 다고 파악하여 이를『금강삼매경론』의 핵심논리로 지목하였다.[40]

석길암은 원효가 자신의『대승기신론』연구를 기반으로 화엄교학 을 재구성하고 독자적인 화엄사상을 구축하였다고 이해하였으며, 이러한 교학체계를 '普法華嚴思想'으로 명명하였다.[41] '보법'은 일체법

---

36) 元曉,『金剛三昧經論』(『韓國佛教全書』卷1, 658쪽 (다)) 에서 "眞俗無二 而不守 一"이라고 하였다.

37) 金相鉉,「『金剛三昧經論』緣起說話考」『元曉研究』, 民族社, 2000, 136쪽.

38) 김상현, 같은 책, 143쪽.

39) 김두진,「원효의 유심론적 원융사상」『한국학논총』22, 국민대, 1999.

40) 김두진,「원효의 교학과 화엄사상」『신라 화엄사상사 연구』, 서울대, 2002.

의 차별을 두지 않는 것으로, 삼계교의 '신행'과 원광, 그리고 의상에게서 영향을 받았을 것으로 보았으며, 원효의 논리(보법화엄)는 일체법의 '상입상즉', 곧 '무애'를 강조함으로써 그의 대중교화에 기반이 되었다고 이해했다.

또한 '歸一心源'에 이르기 위한 '실천행(일미관행)'을 통해 원효 교학의 특성을 밝히고자 했던 이정희는 無相觀·無生行·眞性空의 관법적 특징에 주목하고, 이러한 '二諦雙泯'을 관하는 수행이 '일심'의 '진성'을 바라보게 됨으로써 근원으로 돌아갈 수 있는 것으로 이해하였다.[42) 즉 '일심'을 실천적인 수행법의 통합으로 인식하여 원효의 '일심' 논리를 보다 풍부하게 하였다.

이와 함께 원효의 선사상은 이미 한국 선종의 성립 이전에 확립되었으며, 원효는 僧朗의 空觀과 慈藏의 수행, 지의의 지관, 『대승기신론』의 일심관, 현장의 신유식을 포함하여 '饒益衆生'의 교화행이 갖춰진 '大乘一乘觀'을 성립시켰다는 주장도 등장했다.[43) 이는 한국 선사상의 기초를 원효로 지목함으로써 원효의 교학을 선종사의 관점에서 이해할 수 있게 하는 단초를 마련하였다.

북한 철학계의 최봉익은 통일전쟁기 민심의 무마차원에서 원효철학이 활용되었다고 이해했다.[44) 삼국불교를 종합할 수 있는 원효의 불교이론에 착안한 것이다.[45) 그는 원효가 '유'와 '무'를 변증법적으로 종합한 것을 높이 평가하면서도, '유물변증론'에서 벗어난 관념적

---

41) 石吉岩, 『元曉의 普法華嚴思想 硏究』, 東國大 博士學位 論文, 2003.

42) 李貞熙, 『元曉의 實踐修行觀 硏究』, 東國大 博士學位 論文, 2006.

43) 서영애, 『신라 원효의 금강삼매경론 연구』, 민족사, 2007.

44) 최봉익, 『조선철학사 개요』, 사회과학출판사, 1989, 71~83쪽.

45) 최봉익, 같은 책, 71쪽.

성향을 비판하였다. 다시 말해 원효의 논리는 생산력의 발전에 의한 역사전개 과정에서 이탈했다는 것이다. 또한 원효의 대중교화 업적을 간과하고, 사회주의자의 시각으로 그가 7세기 통치자의 이익을 대변했다고 파악했다. 이는 '유물변증법의 합법칙'적 역사전개 과정에 입각한 전형적 연구로 보여진다.

이렇게 선행연구들은 대체로『금강삼매경』의 발생배경과 경전에 내포된 교학적 성격에 관심을 표하고 있다. 그렇지만 신라에서『금강삼매경』이 도출된 이유를 명확히 파악하지는 못하고 있다. 이와 함께 경전의 발생 설화에서 원효가 유독 강조되는 연유를 해석하는 것에도 역시 고심하고 있다.

그렇지만 설화의 배경이 전적으로 신라의 현실에 기반하고 있음을 감안하고, 원효의 전체 저술 속에서『금강삼매경론』의 특징을 치밀하게 추적한다면, '경전'과 '경론' 발생의 인과관계가 드러날 것으로 기대된다. 다시 말해 시대상과 당대 원효 교학의 연관성 추구가 전제되어야 할 것이다. 이를 통해『금강삼매경』의 신라 성립설을 보강할 수 있을 것이며, '경전'과『금강삼매경론』의 불교사적 위치, 그리고 그 사회적 역할을 규명할 수 있을 것이다.

3. 연구의 범위와 방법

이 책의 검토 대상은 주제에서 제시한 원효와『금강삼매경론』이다. 따라서 시기적으로 부합하는 신라 중대 왕실의 성립과 원효의 활동을 집중적으로 부각시킬 것이다. 또한 신라 중고시대에서부터 원효의 성장기와 이후 그 행적을 추적하고자 한다. 이와 함께 그의 불교학이 영향을 줄 수 있는 신라하대에 이르기까지 활동한 인물들을 집중적으로 살펴보고자 한다.

이를 위해서 우선 원효에게 사상적으로 영향을 준 시대적 배경을 감안하고자 한다. 원효 불교학의 역사적 성격을 구명하기 위해서는 중고시대부터 활동하던 원광과 자장의 불교학 형성도 염두에 두어야 한다고 생각한다. 원효 불교학의 성장은 당대에 이루어진 것으로 볼 수는 없을 것이다. 신라 불교의 성장은 지속적으로 이루어졌을 것이며, 이들 선배의 학적 성과의 축적과 원효의 상호관계에서 찾을 수 있을 것이다. 즉 이들과의 학적 교섭을 추적하여 원효 불교학의 시대적 성격을 조망하고자 한다.

그리고 승려들의 불교학과 국가정책과의 관계 및 그들의 교화활동을 분석하여 원효와 대비하는 방법을 사용할 것이다. 이는 시대상의 비교와 함께 신라 사상계의 변화도 포착하게 됨으로써 원효의 『금강삼매경론』의 의미와 역사성을 상대적으로 더욱 부각시킬 것으로 기대되기 때문이다. 이는 원효 자신의 사상 형성과 발전과정을 탐색함으로써 원효의 학문적 성취와 함께 이후 선종의 연결고리를 찾는 또 다른 성과를 얻을 수도 있을 것이다. 즉 『금강삼매경론』이 신라하대에 수용된 선종에 어떠한 영향을 주었는가를 타진해 보고자 한다.

이 책에서는 원효 연구의 기본자료인 『三國史記』 및 「열전」과 『三國遺事』에 나타난 원효 관련 기록을 기초로 활용할 것이다. 대부분의 역사 연구자들이 충분히 활용하지 못했던 원효의 방대한 저술을 철저히 분석하고 시대성을 추출할 것이며, 역사적 실체의 원효상을 그려낼 것이다. 이를 위해서는 원효의 생애와 가장 근접한 자료인 『고선사서당화상비』를 중시할 것이며, 또한 원효의 가장 온전한 전기를 담고 있는 『삼국유사』 「원효불기」조를 주목할 것이다. 『분황사화쟁국사비』 그리고 『송고승전』도 활용하고자 한다.

이와 함께 일본에서 전하고 있는 그림 자료인 『원효회전』을 통해 일본에서의 원효인식을 추출하여 당대의 자료에서 찾지 못한 원효의 새로운 면모를 도출할 생각이다. 고려시대의 원효에 관한 인식이 담긴 이인로의 『파한집』도 검토 대상이다. 이는 당대 유학자들의 객관적 원효인식을 살필 수 있는 자료로 이해될 수 있을 것이다.

불교의 경전으로는 『유마경』을 집중적으로 검토할 것이다. 대부분의 불전 목록에는 원효가 『유마경』을 주석한 것으로 전하고 있다. 『송고승전』과 『삼국유사』 「원효불기」조에 나타나 있는 원효의 대중교화 활동은 재가 보살인 '유마힐'의 모습과 거의 일치한다. 특히 『금강삼매경』을 강의하는 과정에서 여러 승려들을 압도하는 대목은 '유마힐'을 경외하는 보살들을 연상하게 한다. 원효가 『유마경』의 영향을 받은 것으로 볼 수 있을 것이다. 나아가 원효의 저술에 짙게 반영된 『대승기신론』의 수행법을 분석하여 원효의 실천수행의 논리를 풍부하게 설명할 것이다. 서론에서는 지금까지의 연구 성과를 살펴보고, 이를 통해서 연구의 방향을 제시하고자 한다.

다음으로 『금강삼매경』의 '신라성립설'을 타진해 보고자 한다. 우선 중국측 자료인 『송고승전』에 나타난 신라 왕실의 치병의례 과정은 『삼국사기』의 기록과 일치함에 유념하였다. 무엇보다 잊혀진 경전, 『금강삼매경』이 대중교화승인 '대안'에 의해 편집되었으므로 신라에서 결집되었던 것으로 추정하고, 그 발생배경을 추구해 보고자 한다.

나아가 『금강삼매경론』 설화를 새로운 시각으로 분석해 나갈 것이다. 즉 『송고승전』의 기록은 『금강삼매경론』의 전체적인 이해를 바탕으로 기재되었을 가능성이 있다. 그러므로 '경론'과의 유기적 연구가 필수적이라고 여겨진다. 따라서 『송고승전』 자료와 『금강삼매경론』을 체계적으로 검토하여 역사적 측면을 더욱 부각시킬 것이다. 특히 원효가 『금강삼매경론』을 매개로 신라 왕실에 밀착될 수 있었던 이유를 설명해 보고자 한다. 이는 『금강삼매경론』의 전체적인 이해를 위한 기초 작업이 될 것으로 믿는다.

또한 『금강삼매경론』의 구성 체계에 주목하였다. 즉, 여기에서 『금강삼매경론』의 시대적 이해를 위해 『금강삼매경론』의 구조를 분석해 나갈 것이다. 먼저 『금강삼매경』과 『금강삼매경론』의 성격을 비교하고자 한다. 그리고 『금강삼매경론』의 개별 '品'이 전체 구조 속에서 갖는 위치를 살펴볼 것이다. 또한 그들이 어떠한 역할을 수행하는지 파악해 볼 것이다. 이는 『대승기신론』과의 비교를 통해서 보다 명확해질 것으로 보인다.

나아가 『금강삼매경론』의 구조적 특성과 당시 신라 사회와의 연관성을 추구해 보고자 한다. 요컨대 『기신론』에 의거한 여러 '품'들이 다양한 중생을 포용함으로써 대중교화를 강조하고자 했음을 밝히고자 한 것이다. 말하자면 모든 사람에게 깨달음을 주려는 원효의 '일승(일미)' 사상은 그의 출생지에서 전하는 '사라율' 설화와 연관된다고 인식해 보았다. 또한 이를 『금강삼매경론』의 실천적 육품 구조와 연관지어 분석을 시도하고자 한 것이다.

원효는 대승불교의 핵심이론인 '일승'과 '이타행'을 구현하기 위해 『금강삼매경론』을 저술한 것으로 추정했다. 그는 모든 중생을 구제한

34

다는 '일승'을 '일미'라는 실천적 용어로 환원시켰으며, 기층민을 배려 (이타행)하기 위해 '경론'의 초품인 「무상법품」을 중시하고 있다.

요컨대 그는 『기신론』을 통해 '일심'을 강조했고, 『금강삼매경론』 에서는 실천적 '일미'를 강조했다. 이것이 하나의 '밤'을 강조하는 '사라율' 설화를 발생시켰음을 논증해 보고자 한다.

무엇보다 원효가 『금강삼매경론』에서 크게 활용했던 '본각'·'시각' 설의 사회적 의미를 도출해 내고자 하였다. '시각'을 통해 '본각'을 획득할 수 있으며, 결국 양자가 동일하다고 주장한 원효의 논리는 대중교화를 활성화시킬 수 있는 기제로 이해될 수 있다. 무엇보다 이는 왕실의 정통성 구축과 같은 맥락에서 파악할 수 있다. 교화될 수 있는 대중의 폭을 확대한다는 전술한 이론은 실력을 배경으로 집권한 사륜계의 왕통에 명분을 부여할 수 있었을 것이다. 즉, 선천적 깨달음('본각')과 후천적 깨달음('시각')의 평등은 실력에 의해 왕위에 오른 중대 왕실에 유용한 논리로 활용될 수 있었다. 그러므로 중고 왕실이 지니는 석가불 신앙에 소외감을 느낀 중대 왕실은 본각·시각 을 이용하여 이러한 상황을 극복하고자 했던 것으로 보았다. 요컨대 '이각원통' 사상의 의미를 추출하여 그 시대상과 연관지어 추구하고자 한다. 그러면서 그 실천적 의미를 도출하고자 하였다.

그리고 원효가 구상했던 『금강삼매경론』의 '육품' 구조의 통합성과 그 구성 의도를 이해하고자 했다. 육품은 『금강삼매경론』의 세부 목차로서 깨달음을 향한 세심한 배려가 나타나 있다. 초품인 「무상법 품」에서 시작된 수행은 「여래장품」에 이르게 된다. 여기에 나타난 실천적 구조를 살피고자 한다. 『금강삼매경론』은 수행의 단계가 낮은 사람은 물론 수승한 경지의 사람에 이르기까지 모든 중생을 실천의

대열로 이끌고 있다. 더 나아가 원효는 '육품' 가운데 어떠한 '단계(품)'
에 이르더라도 해탈을 얻을 수 있다는 대담한 주장을 제기하기도
하다. 당시의 기층민에게 원효가 호응을 얻을 수 있는 논리로 생각하고
시대상과 이를 결부시키고자 한다. 즉 원효의 '육품' 구조가 갖는
사회성을 추구해 보고자 한다.

다시 말해 '6품' 구조를 지닌 『금강삼매경』에 주목한 원효의 의도와
이에 담긴 실천성을 추구하고자 한 것이다. 또한 그 실천성이 당시
대중교화승에 어떠한 영향을 주었는지도 모색하고자 하였다.

다음으로는 원효가 『대승기신론』의 세례를 받기 이전의 원용·통합
의식을 살펴보고, 원효의 사상이 『기신론』 이후 어떠한 변화를 보이는
지 추구해 보고자 하였다. 이와 함께 원효의 초기 저술과 『기신론』이
적용된 저술을 비교·분석했다. 이러한 과정을 통해 원효의 중생관이
이후 어떠한 추이를 보이는지도 아울러 추적해 보고자 한다.

즉 『금강삼매경론』으로 귀결되는 원효의 저술 역정을 원용사상과
중생제도 인식이라는 두 축을 설정하고, 이를 고찰해 나가려고 하였
다. 이러한 과정을 통해 원효 저술상의 『금강삼매경론』의 위치를
명확하게 부각시킬 수 있을 것이다. 나아가 원효 교학의 계기적 발전상
을 신라 사회와 결부시켜 그 시대적 상황을 추출해 보고자 한다.
이는 원효 저술의 역사적 성격을 이해하는 데 기여할 수 있을 것으로
기대된다.

다시 말해 원효가 원전인 경전에 대하여 주석한 그의 저술을 전체적
으로 살펴보면서, 『금강삼매경론』의 위치를 추적해 보고자 한 것이다.
아마도 대승불교 초기 경전이라고 생각되는 『반야경』에 대한 저술인
『대혜도경종요』로 시작하여, 그의 주저인 일련의 『아미타경』에 대한

주석서를 살펴보면서, 원효가 『대승기신론』에 관심을 갖게 된 원인을 추구해 보고자 한다. 『금강삼매경론』은 『기신론』의 영향을 강하게 받고 있다. 『기신론』에 대한 관심이 밝혀진다면, 『금강삼매경론』을 통해 원효가 주장하고자 했던 바가 보다 구체적으로 명시될 수 있을 것으로 기대된다. 이러한 작업은 원효의 학문적 발전 과정을 추적할 수 있으며 이에 따른 시대적 변화도 아울러 감지할 수 있다는 장점을 지닌다.

아울러 최종 저술로 볼 수 있는 그의 『금강삼매경론』의 위치를 전체 저술 속에서 조망함으로써 『금강삼매경론』의 사상사적 업적과 시대적 소명을 부각시키고자 한다.

전체적으로는 원효의 저술과 傳記 자료를 분석하면서 신라 육두품 지식인으로서 활동했던 원효의 궤적을 살펴보고자 한다. 그러면서 그의 신분적 고민과 함께 『금강삼매경론』을 통해 이루고자 했던 신라 사회상을 포괄적으로 묘사해 보고자 한다. 그리고 『금강삼매경』 『금강삼매경론』이 신라에서 발생되었던 연유와 왕실과 밀접한 관련 속에서 『금강삼매경』에 대한 강론이 이루어진 배경을 찾아보고자 한다. 또한 『금강삼매경론』에서 나타난 수행 방법을 통해 기층민을 교화시킨 사례를 밝혀보면서 신라의 시대적 과제와 『금강삼매경론』 의 역할을 탐색해 보고자 한다.

제2장 『金剛三昧經論』 설화의 발생과정

1. 『금강삼매경론』 설화의 검토

『金剛三昧經論』 저술은 신라중대의 학승 원효의 업적 가운데 가장 중시되는 것의 하나로 거론된다. 아울러 『금강삼매경론』은 원효 불교학의 완성작으로도 생각할 수 있다. 이는 특정 경전의 주석서와는 달리, 모든 불교교리를 융섭하면서, 자신의 교학논리를 전개하고 있기 때문이다.

한편으로는 중대 왕실과의 유대를 과시하는데 있어, 매개의 역할을 하고 있는 듯하다. 원효와 왕실의 관계를 보여주는 결정적 단서는 역시 삼국유사의 「원효불기」條. 원효와 왕실의 일원인 요석궁과의 결혼이 나타나기 때문이다.[1] 『송고승전』 「원효전」에서도 왕실의 환우에 대해 동해 용왕은 원효의 강론이 아가타약 보다 수승함을 강조하였다.[2] 그런데 왕실이 절실히 희구하였던 아가타약은 원효가

---

1) 『三國遺事』 卷4, 義解, 「元曉不羈」條에서 "吏引師於宮褫衣曬眼 因留宿焉 公主果 有娠 生薛聰"이라 하였다.

2) 『宋高僧傳』 卷4, 「元曉傳」(『大正新修大藏經』 卷50, 730쪽 (나))에서 "元曉法師

강석한 『금강삼매경』 도입부(序分)의 설주이다.[3] 따라서 '아가타'는 적어도 왕실과 원효의 공동의 관심에 해당한다. 자연 아가타가 등장하는 『금강삼매경』은 왕실과 원효를 이어주는 매개임이 분명할 것이다.

그렇다면 원효의 주석인 『금강삼매경론』은 불교사적으로는 물론, 당시 신라 사회상을 밝혀주는 주된 자료의 성격을 지니고 있을 가능성이 크다.

『금강삼매경론』의 완성 시기는 원효가 학문적으로 가장 완성된 경지에 올랐을 무렵으로 추측되며, 아마도 그의 최만년의 저술로 여겨진다. 왜냐하면 그의 저작 속에서 『금강삼매경론』이 인용된 경우가 한 차례도 발견되지 않고 있기 때문이다. 이렇듯 『금강삼매경론』은 원효 교학의 궁극적 지향점과 원효의 사상적 편력을 간취할 수 있는 초석이 되며, 그 생애의 일면을 짐작할 수 있는 자료가 되기도 한다. 그런데 『금강삼매경론』과 관련하여 주목하여야 할 자료가 있다. 바로 찬녕이 저술한 『宋高僧傳』의 「元曉傳」이다.

이는 『三國遺事』 「元曉不羈」條, 그리고 「高仙寺誓幢和上碑」와 함께 원효의 생애를 전해주는 대표적인 기록이다. 『삼국유사』와 「서당화상비」의 내용은 원효의 출생과 성장, 수학의 역정, 학문경향 등 그의 생애를 시간의 흐름에 따라 기술한 공통점을 지니고 있다.

하지만 『송고승전』의 「원효전」은 자못 특이한 서술방향으로 일관하고 있어 이채롭다. 원효의 일생 중 가장 극적인 사건으로 인식되고 있는 『금강삼매경』의 출현에 초점을 맞추어, 이를 집중적으로 다루고

　　造疏講釋之 夫人疾愈無疑 假使雪山阿伽陀藥 力亦不過是"라고 하였다.

　3) 元曉, 『金剛三昧經論』 『韓國佛敎全書』 卷1, 608쪽 (가)에서 "爾時衆中 有一比丘名阿伽陀 從座而起 合掌胡跪 欲宣此義 而說偈言"이라 하였다.

있기 때문이다.『송고승전』은 988년 찬녕이 편찬하였다. 당시는 고려
시대로서 고려와의 교류 속에서 얻은 자료로 만들어진 것으로 추정된
다. 원효와 300년 가량의 격차가 이 자료의 약점이다. 또한 설화
형태로 전하고 있다. 그럼에도 요석궁과의 혼인 이후 원효와 중대
왕실의 친연성이 부각되어 있으며,『금강삼매경론』의 발생과정이
소상히 나타나 있어 주목된다.

일연도『송고승전』에 나타난 설화를 채용하여『금강삼매경론』을
'각승'이라고 칭하고 있다. 말하자면 일연 역시 송고승전 설화를 취신
하고 있다는 인상이 강하다. 이는 당시 고려시대에도 널리 퍼져있던
설화로 보아야 할 것이다. 적어도 기록에 나타난 시대적 상황, 즉
대중교화승의 등장은 사실로 인정해야 할 것이다. 아마도 찬녕을
비롯한 중국 불교계에서는 원효 불교학의 의미를 자신들의 입장에서
기록하려 했을 것이다.[4] 따라서 이를 바탕으로『금강삼매경론』찬술
이 그들에게 미쳤을 영향을 짐작해볼 수 있다.

『송고승전』에 제시된『금강삼매경』을 살펴보면, 이것이 신라 불교
계의 산물임을 감지할 수 있다. 흩어진 '經'의 정리에 기여한 '不測之人'
'大安'과 이를 강의한 '元曉'가 등장하고 있으므로, 적어도『금강삼매경
』과 신라의 긴밀한 연관을 배제할 수는 없게 되어 있다.[5] 그렇지만

---

4) 金相鉉,「『金剛三昧經論』緣起說話考」『가산 이지관 스님 화갑 기념논총 한국
불교문화 사상사』卷上, 1992, 356쪽에서 "『송고승전』에 실린 順璟·義湘·眞表
·玄光·元表·圓測·無相·地藏·無漏·道育에 대한 찬녕의 서술태도를 분석하여
야 원효에 관한 중국 불교계의 인식을 정확하게 파악할 수 있을 것"으로
이해하였다. 이러한 외국 측 자료를 통해, 원효의 위치를 보다 객관적으로
설정하는데 기여할 수 있으리라 기대된다.
5) 水野弘元,「菩提達摩の二入四行說と金剛三昧經」『駒澤大學研究紀要』13, 1955
; 그는『금강삼매경』의 위경여부를 최초로 의심했던 연구자로 볼 수 있다.

『송고승전』의 내용이 역사적 사실을 설화 형태로 기록하여, 신성성을 의도하고 있으므로, 경에 내재한 의미를 추구하기 위해서는 정밀한 자료해석이 요구되고 있다.

무엇보다『송고승전』에 전하는 원효의 전기는『금강삼매경론』의 성립이라는 중심사건과 결부되어 있다.『금강삼매경론』과 관련된 설화로「원효전」의 상당량을 할애하고 있다는 것은, 新羅는 물론 唐 및 日本의 불교계6)에『금강삼매경론』이 인상적인 영향을 주고

즉 '經'의 등장인물이 낯선 것과, 舊唯識의 용어인 '아마라식'(奄摩羅識)이 음역된 형태를 거론하면서, 당시 불교학에 능통한 자에 의해『금강삼매경』이 성립되었다고 보았다. 또한 達摩의 '二入說'이『금강삼매경』의 영향을 받았다는 종래의 의견을 뒤집고, 오히려 '二入說'을 기반으로『금강삼매경』이 확립되었음을 주장했다. 이렇게 중국불교사를 기준으로 설정함으로써,『금강삼매경』의 '중국성립설'이 시작된 것이다 ; 또한 김영태 교수는『금강삼매경』의 신라성립설을 주장하였다. 즉, 695년의『大周刊定衆經目錄』에 유실된 것으로 기록된『금강삼매경』이,『開元釋敎錄』(730)에 재등장하는 것을 주목함과 함께, 용궁으로부터 전래되었다는 사실을 '경'이 신라에서 결집된 근거로 삼았다. 그리고 경의 찬집자로 惠空을 지목하고 있다(金煐泰,「新羅에서 이룩된 金剛三昧經」『佛敎學報』25, 동국대, 1988) ; 버스웰은 '선'과 관련한 원효전승의 부재와, 그 입당유학의 좌절을 들어, '원효 찬술설'을 부정하고, '선'과 '여래장사상'을 겸비한 '동산법문'의 선사상에 착안하여, '법랑'을 주역으로 주목하였다(Robert E. Buswell, Jr.『The Formation of Cha'n Ideology in China and Korea』: The Vajrasamadhi-Sutra, a Buddhist Apocryphon, Princeton University Press, New Jersey, 1989). 하지만 버스웰의 이러한 논의는『금강삼매경』의 연기설화와 격리되는 커다란 약점을 지닌다 ; 남동신은 역시 신라성립설을 지지하면서도 '경'과 '경론'의 사상적 차이가 존재할 것으로 가정하였으며, 대안을 비롯한 대중교화승들이 자신들의 이상적 인물을 내세워, 반야공관사상에 충실한『금강삼매경론』을 편찬함으로써, 경주중심의 지배층 불교를 극복하고자 한 것으로 보았다(南東信,「新羅 中代 佛敎의 成立에 관한 硏究 -『金剛三昧經』과『金剛三昧經論』의 분석을 중심으로」『韓國文化』21, 서울대, 1998).

6)『三國史記』卷46, 列傳6,「薛聰」에 "日本國眞人贈新羅使薛判官詩序云 嘗覽元曉居士所著金剛三昧論 深恨不見其人 聞新羅國使薛 卽是居士之抱孫 雖不見其祖 而喜遇其孫"이라 하였다. 李基東,「薛仲業과 淡海三船의 交歡」『歷史學報』134·

있음을 방증하고 있는 것이다.

『송고승전』이 비록 설화를 중심으로 승려들의 전기를 서술하고 있지만, 그것은 일정한 역사적 사실을 기반으로 형성되었음이 분명하다. 따라서 여기에서는 『송고승전』에 전하는 원효의 행적과 『금강삼매경론』에 관한 부분을 신라의 사회상과 연관시켜 검토해 볼 것이다.

『송고승전』「원효전」의 도입부분은, 원효가 '萬人의 敵'으로 표현되고 있다는 것과,[7] 그의 '무애행' 및 사람됨에 관하여 기술하고 있다.[8] 다음으로 전개되는 내용은 '왕비의 臥病'이다.

> 가) 왕의 부인의 머리에 종양이 생겼는데, 醫工들의 노력도 효과가 없었으므로 왕과 왕자 신하들이 산천의 신령한 사당에 기도를 드리지 않음이 없었다. 어떤 巫覡이 말하기를, "만일 사람을 시켜 다른 나라에 보내어 약을 구한다면 속히 나을 것입니다"라고 하였다.[9]

135合輯, 1992·9, 307쪽에서 "일본국 '眞人'은 일본의 문호인 '淡海眞人三船'이며, 이는 8세기 중엽 일본에서 원효의 명성이 있었다는 것을 인지하게 한다"고 보았다.

7) 이는 원효가 통일전쟁 시기 군종 승려로 전투에 참여했다는 사실이 결부된 것으로 이해될 수 있으며(『三國遺事』 奇異1, 「태종춘추공」條에서 "唐帥蘇定方 紙畫鸞犢二物廻之 國人未解其意 使問於 元曉法師 解之曰 速還其兵"이라 하였다) ; 원효가 백고좌회에서 『금강삼매경』의 강론을 통해 여러 승려를 승복시켰던 일과 연관되어 지칭된 것으로 이해할 수 있을 것이다(『宋高僧傳』 卷4, 「元曉傳」(『大正新修大藏經』 卷50, 730쪽 (다)). 즉 원효의 '현실 참여'와 부합될 수 있는 것으로 보아야 할 것이다.

8) 『宋高僧傳』 卷4, 「元曉傳」(『大正新修大藏經』 卷50, 730쪽 (가)).

9) 『宋高僧傳』 卷4, 같은 부분.

위에 제시된 자료 가)에서는 왕비의 병을 진단하는 역할로 '巫覡'이 등장한다.[10] 그는 왕비의 병에 대하여 직접적인 치료를 담당했을 가능성이 크다. 왕실이 '산천영사'에 기원했다는 것도 이러한 무격들과의 교섭이 전제되었을 것으로 보이기 때문이다.

그런데 그중 한 무격은 이 같은 왕실의 고민을 불식시킬 방안을 제시해 주고 있다. 그렇지만 그는 결국 치유에 직접적인 역할을 담당하지 못했으며, 다만 그 방법을 찾아가는 매개로서 표현되고 있다.

물론 '불교신앙'과 '전통신앙'의 융합을 보여주는 자료는 다수 찾아진다. 게다가 그 구체적 의미와 양자의 상관관계를 명확히 추적하기도 곤란하다. 하지만 무격의 지시에 의해 불교적 소망이 성취되는 설화구조는 주목되어야 할 것이다. 이는 『금강삼매경』이 신라 사회와 밀접함을 내포하는 또 다른 증거가 될 수 있기 때문이다.[11] 즉 무격이 신라의 불교적 의례와 사찰의 창건, 그리고 기복신앙에 관여하고 있다는 사실은 『금강삼매경』의 성립배경과 관련될 수 있는 것이다.

　　나) 나는 仙桃山 聖母이다. 네가 불전을 수리하려는 것을 기쁘게
　　　　여겨, 금 열 근을 주어 그 일을 돕고자 한다. 내 자리 밑에서

---

10) 姜英卿,「新羅 山神信仰의 機能과 意義」『淑大史論』16·17합집, 1992, 286쪽에서
　　『三國遺事』紀異1,「金庾信」條에서 奈林·穴禮·骨火 세 여신을 '여사제'로도 보았으며, 이를 한편으로 '신'과 '사제'의 미분화된 표현으로 이해하였다. 이 의견을 따라, 우선 '무격', '무속' '전통신앙의 대상'을 병행하여 사용하겠다.

11) 鎌田武雄,「破格の佛教學者－元曉」『大法輪』47-12, 大法輪閣(東京), 1980, 105쪽에서 "원효는 신라전래 화랑도와 연관된 신선사상의 영향을 받아 춤과 노래를 대중교화에 이용했다"고 보았다. 아마도 그가 제시한 신선사상은 신라의 전통적 무격신앙으로 볼 수 있을 것이며 이러한 전통적 특징이 원효의 무애행과 일정한 연관이 있을 것으로 파악하였다.

금을 꺼내어 主佛 세 개를 장식하고, 벽 위에는 五十三佛과 六類聖衆 및 여러 天神과 五岳의 神君을, 그리고 해마다 봄과 가을 두 계절의 열흘 동안 남녀 신도들을 많이 모아 널리 모든 중생을 위해 점찰법회를 베푸는 것으로 恒規를 삼아라.[12]

자료 나)에서는, 眞平王代 '智惠'라는 女僧이 '安興寺'의 중건불사를 염원하자, 전통신앙의 대상인 仙桃山 聖母가 그의 희원을 들어주고 있다. 물론 그는 '천신'과 산악숭배의 대상인 '오악'의 '신군'을 함께 지목하고 있다. 하지만 결국 불상의 조성과 아울러 불교신앙의 형태인 '점찰법회'의 설치를 당부하고 있음을 살필 수 있다.[13] 따라서 위 내용의 중심부분은 자연 후자가 되어야 할 것이다. 그렇지만, 사찰의 창건과 불사의 융성에는 부합되지 않는 듯한 신앙의 대상이 나타나고 있는 것이다.

그런데 이와 관련된 자료 가)에는 무격의 지시가 결국 새로운 불교경전을 얻게 되는 인연으로 작용하고 있다. 그러므로 『금강삼매경』 설화에도 결국 '무격'의 역할이 부각될 수 있는 것으로 보아야 할

---

12) 『三國遺事』 5卷, 感通, 「仙桃聖母隨喜佛事」條 ; 李民樹 譯(『三國遺事』, 乙酉文化社, 1983)을 참고하였음.

13) 물론 점찰법회를 불교신앙과 전통신앙의 습합형태로 이해할 수 있다. 하지만 이러한 견해를 모든 연구자들이 거의 무비판적으로 받아들이고 있다. 점찰법회가 진표대에까지 신라에서 민에 호응받을 수 있었다는 것은, 적어도 이것이 무속적 요소를 지닌 전통신앙을 크게 발전·극복한 형태로 보아야 할 것이다. 「眞表傳簡」條에도 수 문제의 지적으로 이를 금지시키고 있으나, 일연은 자신의 평을 통해 금지의 이유가 된 '懺法'에 관해 논하고 있다. 즉, 이(참법)는 부수적인 것이며, 오히려 게으른 자를 격앙시키는 '대승법'으로 『점찰경』보다 나은 것이 없다고 주장한 것으로 보아, 이를 아무런 검토없이 무불습합으로 전제한 것에 찬성할 수 없다. 따라서 『점찰선악업보경』에 관한 분석 이후로 그 판단을 미루고자 한다.

것이다. 그런데 한편으로는 무격과 왕실은 그리 밀착되어 있지 못하다는 느낌을 준다. 왜냐하면 무격의 치병행위가 즉시 효과를 얻지는 못하고 있기 때문이다. 또한 확실한 해결책을 제시해주고 있지도 않으며 무언가 소극적인 태도를 보여주고 있다. 무격은 신라의 전통적 진골 귀족의 문화를 대변하는 세력일 수 있다. 김춘추의 과감한 한화정책은 진골 귀족의 문화적 토대였던 신라의 전통신앙을 크게 약화시켰을 것이며, 진골세력의 반발도 매우 컸을 것이다. 어쩌면 무격의 이러한 태도는 당시의 신라 전제왕권과 대립되는 진골 귀족의 입장을 은연중 대변하고 있는지도 모른다.

그렇지만 무격이 『금강삼매경』이라는 불교경전의 찬술과정에 등장하고 있음도 역시 주목될 수 있다. 비록 '山川靈祀'에 간절히 기원하여 치료의 영험을 얻지 못하였지만, 무격의 지시로 치병의 실마리를 찾아내고 있다. 이는 역시 신라의 토착적 신앙의 특성을 드러내고 있는 것이라고 할 수 있을 것이다. 또한 전통신앙의 도움으로 불교신앙과 밀접한 희망을 성취하고 있다. 따라서 전술한 설화구조는 자료 가)의 체제와 내용에 부합할 수 있다. 다시 말해 양자는 전통신앙에 의지하여 불교적 성취를 가져온다는 공통의 설화구조를 지니고 있는 것이다.

진평왕대에 '四方如來'가 하늘로부터 산으로 하강한 까닭에, 국왕이 '대승사'를 창건했다는 기록[14]도 이와 연관된다. 즉, 산천에 기반을 둔 토착신앙이 사찰창건의 인연이 되었으므로 자료 나)와 같은 구조를 이룬다. 圓光이 삼기산에서 수도할 무렵, 전통신앙의 대상으로 보이는

---

14) 『三國遺事』卷3, 「四佛山 掘佛山 萬佛山」條.

산신에 의해, 주술승의 거처가 옮겨지기를 종용당했으며, 그의 도량이 신이한 힘에 의해 매몰되었음도[15] 앞의 자료와 상응할 수 있을 것이다. 이는 전술한 내용과 상반되지만, 불교사원의 향배와 무속과의 연관성을 암시하는 자료임에는 틀림없을 것이다.

이렇게『금강삼매경』설화에서는, 무격이 왕실과 유착되어 적극적 협조의 모습을 보여주지는 않지만, 그의 예지능력을 이용하여 사건의 실마리를 찾게 하고 있다.[16] 따라서『금강삼매경론』의 찬술과정으로 가는 첫 번째 역할을 그가 담당하고 있음이 확인된다. 말하자면 배경설화의 전반부에는, 신라의 전통신앙적 요소가 짙게 기반하고 있는 것이다.

전술한 바와 같이,『금강삼매경』과 '경론'의 발생배경은 왕실의 환우였다. 그런데 설화에 나타난 왕비의 치병과정과 아래의 자료 다)의 내용전개를 차례로 비교하면 흥미로운 사실을 발견할 수 있다.

다) 왕이 병환이 나서 치료도 하며 기도를 드렸지만 효과가 없었다. 그래서 황룡사에 승려들을 모아 백고좌회를 베풀고『仁王經』을 강의하였다.[17]

자료 다)의 도입부 내용은 '의약과 기도가 효과가 없었다(醫禱無效)'

---

15)『三國遺事』卷4, 義解5,「圓光西學」條.

16)『三國遺事』義解5,「圓光西學」에서 "將來之事 無所不知 天下之事 無所不達"이라 하여 무격의 예지능력을 표현하고 있다(姜英卿,「新羅 山神信仰의 機能과 意義」『淑大史論』16·17합집, 1992, 300쪽).

17)『三國史記』卷5, 신라본기5, 선덕왕 5년조에, "王疾 醫禱無效 於皇龍寺設百高座 集僧講仁王經 許度僧一百人"이라 하였다.

선덕여왕릉 『삼국사기』에 기록된 선덕여왕에 대한 치료 과정은, 금강삼매경 설화에 등장한 왕비에 행한 의료 행위와 일치한다. 따라서 금강삼매경은 신라 사회와 깊은 연관이 있다.

는 것이다. 이는 앞의 자료 가)에 나타난 왕비의 치병과정과 정확히 상응하고 있다. 왜냐하면 위의 기록에서도 '의약'과 '산천기도'에 의한 치료행위가 열거되어 있기 때문이다. 우선 '의술'에 의한 치료가 비교될 수 있다. 자료 가)의 '醫工絶驗'과 자료 다)의 '의약(醫)'이 바로 그것이다. 아마도 후자의 내용('禱')은 『삼국사기』의 체제상, 전통신앙에 대한 부분을 상당히 축약하여 기재한 것으로 짐작된다. 또한 '의약'에 의한 치료 이후, 보다 적극적 행위로서 '산천영사'에 기도하고 있는 자료 가)의 구체적 내용도 자료 다)의 '기도(禱)'와 부합될 수 있다.

따라서 자료 다)의 '기도(禱)'는 「원효전」인 자료 가)의 '臣屬禱請山川靈祠'였을 것이며, 이는 신라 전통신앙의 반영인 것으로 보인다.

'기도'의 효과가 나타나지 않자, 무격은 새로운 조언을 한다. 결국 이것은『금강삼매경』이라는 경전의 도입과 그 강설을 의미하는 것이다. 이와 대비되는 자료 다)의 부분에서는 역시 황룡사 '백고좌회'의 모습이 나타난다. 이는 무속적 치병행위의 상위단계로서 불교적 치료의식을 시행하고 있는 것이다. 역시 양자가 뚜렷한 공통점을 지니고 있음을 알 수 있다.

다시 말해 선덕왕대에는 왕실의 치병의례를 '醫'-'禱'-'百高座會'로 구분하여 실행했던 것으로 이해할 수 있다. 요컨대 이는『금강삼매경』설화에 나타난 '醫工絶驗'-'禱請山川靈祠'-'『금강삼매경론』강의'라는 내용전개와 상응·일치하고 있는 것이다.『금강삼매경』의 설화 가운데 '산천영사'에 대한 기원행위와 무격에 의뢰하는 기복, 그리고 결국 백고좌회를 개최하고 있다. 이는 신라 왕실에서 통상적으로 행했던 치병행위일 가능성이 크다고 생각한다. 또한 대중교화승으로서 원효의 선배가 나타난다. 즉『금강삼매경』설화는 명확히 신라를 배경으로 삼고 있는 것으로 확인된다. 그러므로 그 구조가 담고 있는 내용 역시 매우 신빙성이 있음을 감지할 수 있다. 무엇보다 선덕왕대와『금강삼매경』설화가 성립된 시기는 서로 근접되며, 원효의 활동기와 부합하기도 한다.

말하자면『금강삼매경』설화에는 신라 왕실의 치병의례에 대한 과정을 구체적으로 보여주고 있는 것이다. 또한 이를 통해 신라의 전통신앙이, 경전의 발생에 기여하고 있음을 알 수 있다. 즉, 신라가『금강삼매경』을 성립시킨 토양이 될 수 있음을 가정하게 한다.

다음으로 주목되는 것은 왕비의 병을 구하기 위하여, 무격의 지시로 당에 사신을 파견하는 대목이다.

라) 왕이 사신을 뽑아 바다 건너 당에 가도록 하고 그 치료법을
찾게 하였다. 그런데 남쪽바다 가운데에서 갑자기 한 노인이
나타나, 파도를 헤치고, 배에 올라와서 그를 데리고 바다 속으로
들어갔다.[18]

신라 국왕은 무격이 타국에서 약을 구해야 할 것을 조언했으므로,
사신을 보내어 당에 파견시키려 하고 있다. 그런데 주목해야하는 것은,
'唐에 사신이 도착하지 못하였다'는 것에 있다. 만약 『금강삼매경』이
唐에서 결집되었다면, 이러한 내용의 설화가 성립되지 않았을 것이다.
아마도 사신이 당에 도달하여 그곳에서 경전을 가져오거나, 적어도
도움을 받고 귀국하였을 것이다. 그런데 사신은 당으로 가는 도중,
한 노인을 만나 용궁으로 인도되고 있다. 물론 대승경전의 찬술과정에
서 그 권위를 부여하기 위해 용궁에서 불경을 가져왔다는 설화[19]를
발생시킴은 주지의 사실이다. 그렇지만 여기에서 다시 신라와 연결될
수 있는 소지가 계속 도출되고 있다.

마) (鈐海)龍王이 사신에게 말하기를 "너희 나라 왕비는 청제의 셋째
딸이다."[20]

자료 마)는 '검해용왕'을 통하여, 『금강삼매경』의 출현과정 중, 주목

---

18) 『宋高僧傳』 卷4, 「元曉傳」(『大正新修大藏經』 卷50, 730쪽 (가)).
19) 鳩摩羅什譯, 「龍樹菩薩傳」(『大正新修大藏經』 卷50, 184쪽 (나)~(다) ; 김영태,
앞의 논문, 5쪽).
20) 『宋高僧傳』 卷4, 「元曉傳」(『大正新修大藏經』 卷50, 729쪽 (가))에서 "使者曰
汝國夫人是靑帝第三女也"라고 하였다.

할 만한 인연이 있었음을 덧붙이고 있다. 즉, 중국에서 유실되었던 『금강삼매경』이 신라 왕비의 병으로 말미암아 신라인에 의하여 재등장하게 되었던 것이다.

이는 한편으로 신라 왕실의 신성화를 유도하는 대목이다. 『금강삼매경론』은 신라 중대 왕실과 관련이 깊다. 우선 설화의 시기가 중대를 배경으로 하여 전개되고 있다. 그리고 원효가 '諸僧'들에 의해 '백고좌인왕경대회'의 참석이 좌절되었음에도 그를 끝까지 신임했던 것이 바로 신라 중대 왕실이다. 이는 아마도 왕실의 위상을 강조함으로써, 결과적으로 원효와 『금강삼매경론』의 권위를 격상시키려고 한 의도라고 판단된다. 말하자면, 새로운 불전의 출현에 신라 왕실이 깊숙이 관여하고 있음을 암시하고 있다.

원효와 신라 중대 왕실은 이전과는 다른 신흥세력이라는 공통점을 지닌다. 원효는 귀족적이며 학구적 교학에 치중한 불교계와는 매우 차별적인 존재이다. 즉 그는 불교계의 소수 세력에 해당한다. 그가 자신의 학통을 계승할 제자를 적극적으로 양성하지 못했음도 이를 방증한다. 또한 신라 중대 왕실도 비주류였던 사륜계가 이룬 정권이다. 따라서 동륜계에 비해 정통성의 측면에서 취약성을 지니고 있다. 양자는 자신들의 이러한 결점을 상호 보안하기 위해 결합되었을 가능성이 크다. 왕권의 전제화가 이루어진 신라 중대에 왕권과 육두품 세력이 결합되었다는 의견도 이러한 관점에서 재조명되어야 할 것으로 여겨진다. 그렇다면 원효는 왕실과 결탁할 수 있는 신흥세력의 핵심 인물로 지목될 수 있다. 왜냐하면 그는 세속적(정치적) 입장에서 육두품의 이익을 대변했을 것이며, 불교계(종교적)의 입장에서는 흥기하는 대중 불교의 주도자로 자처했을 것이기 때문이다. 요컨대 원효는 왕실과 가장 밀착될 수 있는 정치적·종교적 신흥세력으로 간주될 수 있는 것이다. 어쩌면 『금강삼매경론』과 중대 왕실은 신흥세력의 상호협력이라는 동일 목표를 위하여 의도적으로 결합되고 있었는지도 모른다.

한편 『금강삼매경론』의 설화와 『宋高僧傳』의 「義湘傳」에 전하는 '悟道說話'를 하나의 시각으로 분석한다면, 주목할 만한 공통점이 나타남을 알 수 있다.

> 바) (義湘이)弱冠의 나이에 唐의 敎學이 발전하였음을 알고, 원효법사와 함께 서쪽으로의 유학에 뜻을 두었다. 그래서 唐州界에 이르러 큰 배를 구하고자 했다. 장차 큰 파도가 일었으며, 또한 큰 비를 만났다. 그러자 길가의 토감에 몸을 의지하게 되었다.[21]

자료 바)와, 사신을 唐에 파견하는 내용을 담은 자료 라)는 일견 뚜렷한 공통점이 나타나지 않는다. 하지만 '入唐求法'이라는 원효 생애의 전환적 사건을 인식한다면, 「元曉傳」과 「義湘傳」에 전하는 두 자료의 공통점을 도출해 낼 수 있을 것이다. 원효는 신라를 떠나, 당 현장의 '新唯識'을 수학하기 위해 유학길에 오른다. 그렇지만 원효는 결국 입당하지 않는다. 모든 것이 '마음의 소산'임을 깨달았기 때문이다. 여기에서 원효 특유의 '유심론'과 '관법(수행법)'이 드러난다. 원효는 모든 것이 마음에서 나타남을 각성하고 '일심'을 강조하는 『대승기

---

21) 『宋高僧傳』卷4, 「義湘傳」『大正新修大藏經』卷50, 729쪽 (가)에서 "年臨弱冠 聞唐土敎宗鼎盛 與元曉法師同志西遊 行至本國海門唐州界 計求巨艦 將越滄波 候 於中途遭其苦雨 遂依道旁土龕間"이라 하였다.

신론』을 자신의 지향점으로 삼았으며, 다양한 '관법'을 결국 '일미(차별 없는 한 가지)'로 이해함으로써 『금강삼매경론』을 저술하게 된다. 즉 원효의 깨달음이 자신의 주요 저서에 지배적 논리로 반영된 것이다. 이렇게 원효의 깨달음은 자신의 발길을 신라로 다시 이끌었다.

『金剛三昧經』 설화도 바로 이 부분에서 공통점을 지닌다. 왕비의 병을 치료하기 위해서 바다를 건너 당으로 가려 했지만, 여정의 중도에서 결국 근본적 해결법이 신라 안에 있음을 깨닫고, 그곳으로 돌아오고 있는 것이다. 이렇듯 양자의 설화를 비교하면 흥미있는 상관관계를 도출시킬 수 있다. 두 설화에서 '夫人之病'과 '唐土敎宗鼎盛'[22]이 입당의 원인으로 작용하며 대비를 이룬다. 그런데 '왕비의 병'의 치유책은 결국 『금강삼매경론』의 강의였으므로, 이는 '求法의 열망'과 통할 수 있다. 이렇게 본다면, '왕비의 병'은 '새로운 교학에의 열망'으로 해석해 볼 여지가 생긴다. 처음에 의도한 일을 성취하기 위해, 시도했던 것을 되돌려야하는 설화의 공통적 줄거리를 생각하면, 일면 타당하게 여겨지기 때문이다. 또한 전자 내용의 중심이 원효라면, 후자의 주체는 『금강삼매경론』이다. 양자는 역시 불가분의 관계에 있는 것이다. 이렇듯 이들은 설화의 구성상 동일한 역할을 하고 있음을 알 수 있다. 이는 모두 궁극적 귀착지인 신라와 매우 밀접한 관련을 지니고 있음을 암시한다고 하겠다.

결국 원효는 '萬法唯識'의 이치를 깨닫고 구법을 단념하며 귀국하고 있다. 그런데 이 사실로 인하여, 동료승려인 의상보다 오히려 우월한 경지의 인물로 격상되고 있다. 이러한 설화구조는 역시 후자의 내용에

---

22) 『宋高僧傳』 卷4, 「義湘傳」 『大正新修大藏經』 卷50, 729쪽 (가).

서 상응하는 부분을 찾을 수 있다. 唐으로 가던 도중 회항한 사신이
『금강삼매경』을 지목하자, 신라에서 이에 관한 주석인『금강삼매경
론』이 저술되고 있는 것이 그것이다. 이는 전자와 마찬가지로 당에서
전래한 고유한 불전보다 오히려 신라의『금강삼매경』과『금강삼매경
론』이 수승하다는 암시를 주고 있는 듯하기 때문이다.

요컨대 원효의 오도설화와『금강삼매경론』의 연기설화를 살펴보
면, 양자는 '신라중심적'이라는 공통의 주제를 내포하고 있음을 알
수 있다.

2. 『금강삼매경론』의 사상적 배경

설화 속의『금강삼매경』찬집과정을 주시하면, 그것은 이전의 경전
과 비교되는 차이점이 존재했을 것으로 짐작할 수 있다. 검해용왕은
용궁에 비장한『금강삼매경』이 있음을 언급하고, 여기에 경전의 사상
적 내용을 시사하고 있다. 『금강삼매경』의 교학적 내용이 비록 용왕을
통하여 드러나고 있지만,『宋高僧傳』의 찬술자 역시 이에 동조하고
있는 것으로 보는 것이 타당하다. 따라서 이는『금강삼매경』의 본질적
내용임에 틀림없을 것이다. 아래의 내용이 그것이다.

사) 우리 용궁에 일찍이『金剛三昧經』이 있는데, 이는 二覺이 圓通하여
菩薩行을 나타내었다.23)

---

23)『宋高僧傳』卷5,「元曉傳」(『大正新修大藏經』卷50, 730쪽 (가))에서 "我宮中先有
金剛三昧經 乃二覺圓通 示菩薩行也"라고 하였다.

『금강삼매경』의 사상을 연기설화를 통해 이해하고자 할 때 가장 주목되는 것이, '二覺圓通'의 논리이다. 위의 자료 사)에서는, 전술한 바를 통해, '菩薩行'을 이룬다고 표현하고 있다. 또한 이는『금강삼매경론』의 핵심구조이기도 하다. 역시 '二覺'이라 함은 원효의『大乘起信論』논리에서 도출된 것임을 추측할 수 있게 한다. 다시 말해 자료 사)에서 드러나는『금강삼매경』의 중심사상은,『기신론』에서 찾을 수 있는 '이각원통'과 '보살행'이라고 할 수 있을 것이다.

아) 馬鳴菩薩의 無緣大悲는 無明의 헛된 바람이 마음 바다를 흔들어 방황하게 함을 불쌍히 여기고, 이 本覺의 참된 성품이 긴 잠에 빠져 깨어나기 어려움을 가엾게 여긴다. 그래서 동체지력으로 이 논을 지어 여래의 경전에서 오묘한 뜻을 찬술하여, 배우려는 이가 한 두루마리의 책을 잠시 열어서 三藏의 뜻을 두루 탐구하게 하고, 도를 배우려는 사람이 온갖 경계를 극복하여 결국 一心의 근원에 돌아가게 하려는 것이다.[24]

위에 제시된『大乘起信論』은 인도 '馬鳴菩薩'의 저술로서, '中觀'과

---

24) 元曉,『起信論疏』『韓國佛教全書』卷1, 698쪽 (나)에서 "馬鳴菩薩 無緣大悲 傷彼 無明妄風 動心海而易漂 愍此本覺眞性 睡長夢而難悟 於是同體智力堪造此論 贊述 如來深經奧義 欲使爲學者暫開一軸 遍探三藏之旨 爲道者永息萬境 遂還一心之原" 이라 하였다 ; 또한 다음의 번역을 참고하였음 ; 은정희 역,『원효의 대승기신론소·별기』, 一志社, 1991 ; 은정희·송진현 역주,『원효의 금강삼매경론』, 一志社, 2000 ;『한글대장경(155권 ; 금강삼매경론 외 3)』, 1975, 동국역경원 ;『한글대장경(156권 ; 기신론소·열반경종요 외 5)』, 1972, 동국역경원 ; 이기영 역,『한국명저대전집－금강삼매경론』, 대양서적, 1973 ;『국역 원효성사전서(1~6권)』, 보련각, 1987 ; 李箕永 譯,『韓國의 佛教思想－大乘起信論疏·別記·金剛三昧經論』, 三省出版社, 1981.

'唯識'의 대립으로 교학적 쟁론이 오가던 당시에, 원효가 매우 주목했던 논서이다. 『起信論』은 기본적으로 一心·二門·三大의 구조를 가지고 있다. 一心은 (心)眞如門과 (心)生滅門을 원용하는 개념으로서, 가장 포괄적인 상위개념으로 설정된 것이다. 이는 당시 논쟁의 핵심이 되었던 '般若空觀思想'과 '唯識思想'을 융합할 수 있는 독특한 내용을 담고 있다.

般若空觀思想은 전술한 '眞如門'에 배치할 수 있다. 緣起로 생성된 '森羅萬象'의 현상적 실체를 인정하려 한 유식학의 성향과 달리, 空觀思想은 연기의 결과인 사물의 자성존재를 부정하고, 그것의 근본실체를 추구하려는 성격이 강하다. 전자와 반대로 그들은 사람의 인식작용을 인정하지 않고, 마음의 근본인 진실한 원칙을 추구하므로, 그 수행법이 추상적일 수 있으며, 재가자인 '民'과는 다소 유리될 수 있는 성격을 가지고 있다. 다시 말해 '진여문'은 공관사상과 관련깊은 것이다.

이와 대비되는 '唯識學'은 모든 사물의 실체를 마음의 인식작용으로 이해한다. 唯識學의 성향을 지니고 있는 '生滅門'에서는, 아직 깨닫지 못하고 있는 중생의 '心識'을 매우 세밀한 부분까지 탐색하여, 그가 어떠한 마음상태를 가지고 있으며, 또한 어떠한 수행의 단계에 있는가를 정확하게 진단해 준다. 이는 '法相宗' 승려들이 최하층 근기 중생인 '일천제'를 성불의 대열에서 배제시켰던 것을 떠오르게 한다. 이렇듯 유식학은 사람의 '심식'을 면밀히 분석하여 수행의 지위를 부여하는 학문적 경향을 가지고 있다. 말하자면 그들은 매우 현실적 대민의식을 내포하고 있음을 알 수 있다. 따라서 이는 '생멸문'에서 행해지고 있는 심식분석과 매우 밀접하다.

자료 아)에서는 자료 사)와의 연관('二覺')을 보여주는 '本覺'을 제시하면서[25] 이것이 『起信論』에 나타난 개념임을 설명하고 있다. '本覺'과 '始覺'의 '二覺'은 상호 융섭적 개념이다. '본각'이 근본적 깨달음이라면, '시각'은 수행에 의한 깨달음으로 결국 동일하게 볼 수 있다. 그렇지만 이들은 아직 '진여문'의 단계에는 이르지 못하였다. 이러한 융섭적 교학은 원효가 자신의 논리를 대중교화에 적용할 수 있는 유용한 요소이자 그 강점으로 작용하였다. 하위 단계인 시각을 상위 단계인 본각과 통합시킬 수 있음은 수행의 차별 속에서도 단계를 상승시킬 수 있는 장치를 둔 것이다. 이는 원효 교학의 융섭적 성격이 대중교화에 적용된 것으로 보아야 한다. 그렇다면 원효의 '화쟁' 논리도 결국 대중교화를 지향하고 있다고 볼 수 있을 것이다.

또한 '마음의 바다'는 『起信論』의 근본개념인 '一心'을 지칭한 것이며, 여기에 '無明'이 작용함으로써, 중생의 번민인 '緣起'가 시작됨을 묘사하고 있다. 이어 '本覺'은 중생이 지닌 본연의 '청정한 심성'을 말한다. 『起信論』의 지향점인, '一心'의 근원에 도달할 수 있는 단계가 바로 이 '本覺'의 단계이다.

곧 '一心'이 '無明'의 작용으로 유전하다가, 곧 수행을 통해 깨달아, 자신의 근본인 '一心'으로 회귀한다는 것이 『起信論』의 중심내용인 것이다. 이는 위 자료 아)를 통해 확연하게 드러난다. 따라서 '本覺'은 바로 『大乘起信論』의 내용을 원용한 것임을 알 수 있다.

자) 本覺의 의미는 始覺의 뜻에 대응하여 설명한 것이다. 즉 始覺이란

---

25) 박태원, 『원효사상(1)－『금강삼매경』·『금강삼매경론』과 원효사상』, 울산대학교 출판부, 2005, 45쪽·87쪽에서, '본각'은 유식의 '아마라식'에 해당되지만, '공관' 사상과 서로 화쟁을 유도할 수 있는 매개로 인식되었다.

바로 本覺과 같기 때문이다.26)

차) 始覺이란 바로 心體가 無明의 緣을 따라 움직여서, 망념을 일으키는 것이다. 하지만 本覺의 훈습의 힘에 의하여 차츰 覺의 작용이 있으며, 구경에 가서는 다시 本覺과 같아지는 것이므로 이를 始覺이라 하는 것이다.27)

자료 자)는 衆生의 '본원청정심'인 '本覺'이 '始覺' 즉, 수행을 통해 이룬 깨달음의 경지와 결국 같다는 것을 제시해 주고 있다. 그리고 자료 차)는 '始覺'이 '無明'에 의해 번뇌를 일으키지만, '本覺'의 힘에 의해 이끌려, 마침내 자신의 본성에 돌아갈 수 있다는 것을 설명해 주고 있다. 양자는 '生滅門'에 배당된 개념들이다. 깨달음으로 가는 수련에서 최고의 경지에 오르는 것이 바로 '시각'의 단계이다. '본각'도 역시 '생멸문' 속에 있지만, '眞如門'의 성격과 구분되지 않으므로 '生滅門'과 '眞如門'이 서로 원융하게 되어있다. 이렇게 '本覺'과 '始覺'의 상응은 『기신론』의 一心·二門의 기제 속에서 이루어지고 있으므로, '始覺'과 '本覺'도 그 안에서 서로 '원융'하고 있음을 알 수 있다.

원효의 '一心·二門'체계가 실천수행의 측면에 적용된 것이 전술한 '本覺'과 '始覺'의 개념이라고 할 수 있을 것이다. '시각'의 지위를 얻기 위해 노력하면, 결국 '본각'을 성취하게 된다는 의미인 것이다. 말하자

---

26) 馬鳴菩薩造, 『大乘起信論』(『大正新修大藏經』 卷32, 576쪽 (나))에서 "本覺義者 對始覺義說 以始覺者 卽同本覺"이라 하였다.
27) 元曉, 『大乘起信論別記』(『韓國佛教全書』 卷1, 683쪽 (나))에서 "言始覺者 卽此心體隨無明緣 動作妄念 而以本覺薰習力故 稍有覺用 乃至究竟 還同本覺 是名始覺"이라 하였다.

면 '생멸문'과 '진여문'의 원융을 강조했던 그가 보다 세부개념인 '본각'
과 '시각'의 통일적 이해를 부각시켰던 것으로 보인다.

『금강삼매경론』에서도 그의 이러한 논리는 일관성을 지닌다. 역시
『기신론』을 근거로 '본각'과 '시각'의 융통을 견지하고 있기 때문이
다.[28] 원효는 '본각'과 '시각'의 합일을 주장하면서, 중생 '본연의 심성'
인 '본각'을 보다 강조하고 있다.[29] 이는 원효의 대중교화 논리와
밀접히 연관될 수 있다.[30] 모든 중생이 '본각'을 가졌음을 강조한다
면,[31] 모두 '일심'이라는 깨달음으로 인도할 수 있는 이론적 기반이
조성될 수 있다. 이는 역시 그의 실천행과 연관될 것이다. '본각과'
'시각'의 통일을 주장함으로써,[32] 기층민에 대한 성불가능성을 전제할
수 있기 때문이다.

본래 지닌 깨달음인 '본각'에 대한 강조는, 원전인 『금강삼매경』에서
도 두드러진다.[33] 이는 전술한 논의와 맥락을 같이하고 있다. 따라서

---

28) 元曉, 『金剛三昧經論』(『韓國佛敎全書』卷1, 637쪽 (가))에서 "如論說云 若得無念
者 卽知心相生住異滅 以無念等故 而實無有始覺之異 以四相俱時而有 皆無自立
本來平等 同一覺故"라고 하였다.

29) 元曉, 『金剛三昧經論』(『韓國佛敎全書』卷1, 637쪽 (나))에서 "一覺本覺利 利諸本
覺者者 彼諸衆生 無無本覺 是故說言諸本覺者"라고 하였다.

30) 元曉, 『金剛三昧經論』(『韓國佛敎全書』卷1, 604쪽 (다))에서 "觀是橫論 通於境智
智卽本始兩覺 境卽眞俗雙泯"이라 하였다. 따라서 '본각'과 '시각'의 합일은 '眞'
··'俗'의 원융과 불가분의 관계에 놓여 있다. 따라서 이는 대중교화에 매진하
기 위한 교학적 기제로 인식할 수 있다.

31) 元曉, 『金剛三昧經論』(『韓國佛敎全書』卷1, 631쪽 (가))에서 "一切衆生 同一本覺
故言一覺"이라 하였다.

32) 元曉, 『金剛三昧經論』(『韓國佛敎全書』卷1, 637쪽 (가))에서 "覺知如是 無覺道理
卽知始覺不異本覺故 覺知無覺 本利本覺"이라 하였다.

33) 『金剛三昧經』「本覺利品」(『韓國佛敎全書』卷1, 638쪽 (가))에서 "佛言, 常住涅槃
是涅槃縛 何以故 涅槃本覺利 利本涅槃 涅槃覺分 卽本覺分"이라 하였다.

『금강삼매경』의 찬술배경을 추적할 수 있는 논거가 될 수 있다. 왜냐하면 『금강삼매경』은 『기신론』에 영향을 받은 인물에 의해 찬술되었을 가능성이 제기될 수 있기 때문이다. '본각'·'시각'설은 『대승기신론』에서 나타난다. 그런데 『금강삼매경』에는 「본각리품」이 설정되어 있다. 여기에 중생에 대한 본각의 이익이 강조되고 있음은 물론이다. 또한 전체 6품 구조가 최종품인 여래장품, 즉 일심으로 회귀한다. 이는 대승기신론의 일심·이문 구조에 해당한다. 따라서 『대승기신론』과 『금강삼매경』은 친연성이 짙다. 원효도 『기신론』과 『금강삼매경』을 핵심적으로 주석한 인물이다. 즉 그가 『금강삼매경』의 찬술자일 가능성은 매우 크다.

한편 수행단계로서의 '시각'도 기신론의 '二門' 구조에 내포된 '생멸문'에 해당한다. 이는 본각과는 상대적으로 수행의 구분을 설정할 수 있다. 그 상위개념인 '생멸문'은 중생의 품성과 수행을 분석하고, 그 수행의 지위를 인식하게 하는 효과적 체제를 내포하고 있다. 이를 통해 자신에게 적합한 수행방식을 채택하고 실천할 수 있다. '생멸문'에 포함된 '始覺'의 이해를 돕기 위해서는, 다음의 자료 카)가 부합될 수 있으리라 여겨진다.

> 카) 嚴莊은 부끄러워하며 물러나, 元曉의 처소로 가서 깨달음의 길을 간곡히 물었다. 그러자 元曉는 錨觀法을 만들어 그를 지도했다.[34]

위의 자료는 민에 대한 원효의 정토관과 제도행을 보여주는 『삼국

---

34) 『三國遺事』 卷5, 感通7, 「廣德嚴莊」條.

유사』의 기록이다. 즉, 광덕의 처에게 교훈을 얻은 엄장이, 원효에게 가서 깨달음의 방법을 간곡히 청하고 있다. 이에 원효가 교시한 것이 바로 '錯觀法'이다. 원효가 깨달음 이후 대중교화에 전념하였다면 그는 『기신론』의 체계를 대중교화에 적용하였을 가능성이 크다. 그의 '오도송'(깨달음에 이르러 한 말)이 『기신론』의 논리를 담고 있기 때문이다. 여기에서도 원효는 하층민의 근기를 『起信論』의 체계로 판단하였을 것이다. 원효는 엄장에게 '觀法'을 권하였는데,35) 『起信論』의 '生滅門'에서는 이러한 '觀法'의 강조가 두드러지기 때문이다. 따라서 '삽관법'은 아마도 '생멸문'인식을 바탕으로 한 깨달음의 방편이었을 것이다. 원효는 '生滅門'에 나타난 심식분석을 기반으로 엄장의 근기를 제시하였을 것이며, 또한 이것이 '삽관법'이라는 방편으로 표현되었을 것으로 추측된다.

'삽관법'은 원효의 저술에 등장하고 있지 않다. 어쩌면 '삽관법'은 엄장에게만 이해될 수 있는 수행의 방식일 수도 있다. 화전민이었던 그에게 가장 어울릴 수 있는 수행으로 채용되었을 법하기 때문이다.

이와 같이 엄장은 원효가 지정해준 '삽관법'으로 '生滅門'에 나타난 '始覺'의 경지에 이르렀을 것이며, 결국 '본각'의 지위에도 도달했을 것으로 여겨진다. 왜냐하면 엄장은 이러한 수행에 의하여 '깨달음(一心)'에 해당할 수 있는 '극락왕생'의 경지를 얻었기 때문이다. 말하자면 원효는 기층민에게 현실적으로 가장 적합한 수행방식을 권장하였다. 이는 『起信論』의 양대구조인 '生滅門'에 나타난 세밀한 심식분석에

---

35) 李永子, 「元曉의 止觀」『韓國天台思想의 展開』, 民族社, 1988, 73쪽에서, 엄장에게 교시한 '錚觀法'도 禪이나 止觀과 관련이 있다고 서술했다. 또한 원효의 지관이 『유가사지론』과 『天台小止觀』의 영향이 있을 것으로 추정했다.

의한 것으로 인식된다. 원효는 이를 통해 그들의 성품을 파악한 후, 수행의 방편을 제시해 주었을 것으로 생각된다. 그리고 원효가 권장한 수련방식에 의해, '생멸문'의 과정 중 상위의 단계인 '시각'에 이를 수 있었을 것이다. '시각'은 본질적으로 '진여문'에 도달하는 본각과 동일개념으로 인식될 수 있다. 그러므로 '본각'과 '시각'은 통일될 수 있었을 것이다. 요컨대 교학적 배경이 없는 기층민 엄장이 원효의 (본각·시각)합일논리에 의해 깨달음을 얻고 있는 것이다.

하지만 이와 함께 주목되어야 할 것이 있다. 원효는 '시각'과 '본각'의 통일성을 추구했지만, 이들의 독자적 특성 또한 강조하고 있기 때문이다. 원효는 학문적 배경이 없는 기층민을 배려하기 위하여, 중생의 '본연청정심'인 本覺과 '수행의 결과'인 始覺을 융·섭적으로 보았다. 그러나 한편으로는 양자를 확연히 분별적으로 파악하고 있는 면을 또한 간취할 수 있다.

> 타) (어쩌면) 本覺이 존재하기 때문에 "원래 凡夫는 없다"고도 말할 수 있다. 하지만 始覺이 아직 있지 않기 때문에 본래 凡夫가 있는 것이니, 따라서 잘못이 없는 것이다. 만약 네가 本覺이 있기 때문에 본래 凡夫가 없다고 말한다면, 결국 始覺은 없을 것이다. 그렇다면 어떻게 (始覺 작용을 할) 凡夫가 있겠는가. (그 凡夫도) 끝내 始覺이 없다면, 本覺이 없는 것이니, 어찌 本覺에 의하여 凡夫가 없다고 말하겠는가.[36]

---

36) 元曉, 『大乘起信論別記』『韓國佛敎全書』卷1, 683쪽 (다)에서 "雖曰有本覺故本 來無凡 而未有始覺故 本來有凡 是故無過 若汝言由有本覺 本來無凡 則終無始覺 望何有凡者 他亦終無始覺則無本覺 依何本覺以說無凡"이라 하였다.

자료 타)를 통해, 원효의 ‘본각’·‘시각’개념을 보다 구체적으로 살펴볼 수 있다. ‘본각’의 경지에서 본다면, ‘범부’와 ‘성인’의 구분이 있을 수 없다. 하지만 ‘수행의 산물’인 始覺의 관점에서 살핀다면, ‘범부’와 ‘성인’의 현실적 차별도 아울러 존재한다는 독특한 견해를 피력하고 있다. 원효는 모든 중생의 성불가능성을 인정하고 있음에도 불구하고, 중생의 현실적 처지도 아울러 직시하고 있었음을 알 수 있다. 이는 원효의『기신론』인식과 맥락을 같이한다. ‘진여문’에서는 모든 이의 평등이 추구될 수 있지만, ‘생멸문’에서의 차별 또한 강조하여, 중생의 근기를 파악했던 사실과 상응할 수 있다. 이렇듯『금강삼매경』의 중심사상인 ‘本覺’과 ‘始覺’의 ‘二覺圓通’은『起信論』의 관점과 매우 밀접함을 알 수 있다.

　　이러한 ‘二覺圓通’과 더불어 주목되는 것이 자료 사)에서 제시한 ‘菩薩行’이다. ‘二覺’ 즉, ‘본각’과 ‘시각’의 통합이『금강삼매경론』의 중심사상이 될 수 있다면, 이와 함께 기재되는 ‘보살행’ 또한 중시하여야할 대목으로 여겨진다.

　　‘菩薩’은 ‘깨달은 중생’이란 의미로 대승불교의 핵심사상이다. 이는 부파불교도들이 대중과 유리되어, 독자적 철학을 구축해 나가는 것에 대항하여 발생한, 불교계의 신사조였다. 이러한 대승불교의 가장 핵심적인 개념이, 전술한 ‘菩薩’과 ‘利他行’이라고 할 수 있다. 물론 이전의 소승(상좌불)불교에서 ‘利他行’을 언급하지 않았다고는 볼 수 없다. 그러나 ‘대승불교’에서 비로소 ‘自利行’에서 ‘利他行’으로의 획기적 전환을 가져왔다고 할 수 있을 것이다. 그런데, 원효의 저술 가운데, ‘自利行’에서 ‘利他行’으로의 전환을 일원적 논리로 보여주는 곳이 있다. 이에 다음의 자료가 참고될 수 있다.

파) '不思議業相'에 대해 설명하면서 '지혜의 깨끗함에 의지한다'는 것은 앞서 '수염본각'의 마음이 처음으로 淳淨해짐을 말하는 것이다. 이는 始覺의 지혜이며, 이 지혜의 힘에 의하여 응화신을 나타내기 때문에 '무량공덕의 상'으로 칭한 것이다. (중략) 자신의 이익을 얻은 이후에 비로소 타인을 이롭게 하는 행위를 일으킬 수 있다고 하였으면서, 어떻게 다른 이를 이롭게 하는 것을 無始라고 말했는가. 해설하여 말하기를, "여래의 一念은 삼세를 두루 응하시니 所應이 시초가 없기 때문에 能應도 곧 시초가 없다. 이는 마치 일념의 원만한 지혜가 한없는 삼세의 경계에 두루 이르는 것과 같다. 경계가 끝이 없기 때문에 지혜도 끝이 없고(無邊), 無邊한 지혜가 나타나는 상이기 때문에 시작과 끝이 없다. 이것은 心識의 사량(헤아림)으로 알 수 없다. 따라서 '不思議業'으로 부르는 것이다."[37]

원효는 '생멸문'의 최고 단계에 배열된 '본각'을 설명하면서, '智淨相'에서 '不思議業相'으로의 발전적 전환을 설명하고 있다. 이러한 변환에서 중시하는 것이 바로 '이타행'의 강조이다. 즉, '智淨相'에서 이루어지는 것은, 자신의 수행에서 얻은 지혜로서, '自利의 공덕'을 말한다. 그런데 이제 '不思議業相' 단계에서는, 이전의 수행공덕을 대중을 향해

---

37) 元曉, 『起信論疏』 『韓國佛教全書』 卷1, 711쪽 (나)~(다)에서 "釋不思議業相中 依智淨者謂前隨染本覺之心 始得淳淨 是始覺智 依此智力現應化身 故言無量功德 之相 (중략) 始得自利已 方起利他業 云何利他說無始也 解云 如來一念 遍應三世 所應無始故 能應則無始 猶如一念圓智 遍達無邊三世之境 境無邊故 智亦無邊 無邊 之智所現之相 故得無始亦能無終 此非心識思量所測 是故名爲不思議業也"라고 하였다.

되돌리는, '이타'의 실행을 추구해 나가고 있다.

'智淨相'에서 '不思議業相'으로 전개되듯, 수행의 단계가 발전하는 것이다. 이는 '不思議業相'이 '本覺'의 궁극인 '이타의 정신'으로 가기 위해 설정된 부분임을 알 수 있게 한다. 또한 '始覺'과 '本覺'은 서로 융통하므로, '始覺'의 경지를 수행함으로써, '本覺'으로 진입할 수 있다. 이는 '始覺'의 성취가 바로 '本覺'으로 가는 길이며, '始覺'을 이루는 것이 '本覺'을 획득하기 위한 방편임을 시사해 주고 있다.

원효도 역시 이렇게 '自利行'을 통해 '利他行'을 이루어가는 방식을 택했다고 볼 수 있다.[38] 그가 『화엄경』을 주석하다가 「十廻向品」에 주목했으며, 「十廻向品」에서 깨달음을 얻어, 대중교화에 매진했음이 그것이다. 아마도 원효는 '대중에게 자신의 공덕을 회향한다'는 '十廻向'의 의미에 주목했을 것이다. 따라서 현재 자신의 소임은 '십회향'의 의미에 부합해야 될 것임을 의식했던 것으로 여겨진다.

'엄장'과의 대화도 이러한 논리의 연장에서 이해되어야 할 것으로 판단된다. 원효는 자신의 수행과 교학연구를 통해 얻은 '자리의 공덕'을, 대중교화라는 '이타행'으로 전환하고자 했을 것이다. 「十廻向品」에서의 절필은 아마도 그러한 의미가 내재된 것으로 추측된다. 그는 자신이 '自利'에서 '利他'로 전환됨을 인식하고 있었을 것이며, '엄장'에게도 양자의 불가분성을 주지시켰을 것이다.

엄장은 앞서 말한 '錘觀法'을 통해 '自利'에 충실했다고 할 수 있다.

---

38) 金杜珍, 「元曉의 唯心論的 圓融思想」『韓國學論叢』22, 1999, 18쪽에서 "一心 내에서 진여와 생멸의 구별이 없어지고, 聖俗이 원융하므로, '止行'과 '觀行'의 구분 또한 없어진다"라고 하였다. 즉 이는 실천수행의 궁극으로 보여진다. 따라서 한편으로 극도의 '이타행'을 추구하던 당시 대중교화승의 이론적 토대가 될 수 있었을 것으로 추정된다.

아마도 이같은 '자리적 수행'만으로, 엄장은 스스로가 의도한 깨달음의 단계로 이르기는 어려웠을 것이다. 원효의 『기신론』교학체계는, '자리'와 '이타'가 유기적으로 공존하고 있으며,[39] '자리'에서 '이타'로의 질적 전환을 도모하고 있기 때문이다.

　말하자면 엄장의 수행과정으로는 '이타행'으로의 충분한 전환을 가져오지는 못했을 것이다. 하지만 엄장의 자리적 수행만으로도 이타행의 일부를 수행할 수 있는 의도가 어딘가에 갖추어졌다고 보아야 할 것이다. 어쩌면 엄장의 십관법이 그에게 '자리행'이었다면, 이를 교수했던 원효에게는 '이타행'으로 간주되고 있었을지도 모른다. 이러한 추측이 가능하다면 『송고승전』에서 제시한 '二覺圓通의 菩薩行'은 엄장의 설화를 통해 이미 충족되고 있는 것으로 보아야 할 것이다.

　『금강삼매경』은 이렇듯 '菩薩行'을 강조하고 있다. '二覺의 圓通'이라는 사상적 배경은 利他行을 강조하는 '菩薩行'에 결국 주목한 것이다. '本覺'의 최종단계에서 '利他行'을 유독 강조하는 것은, 아마도 이러한 주장을 더욱 설득력 있게 하고 있다. 말하자면 『금강삼매경론』은 自利行을 완전하게 갖춘 菩薩이 '利他行'으로 나아가기 위한 이론적 토대를 마련해 놓은 불전으로 이해해도 좋을 것이다.

---

39) 佐藤繁樹, 「元曉에 있어서 和諍의 論理－金剛三昧經을 중심으로 본 無二而不守－思想構造의 意義」『佛教研究』, 1996 ; 사토 시게키 역시 『金剛三昧經』의 사상을 "無二(歸一心源·自利行)而不守一(饒益衆生·利他行)"로 정리하였다. 이는 그의 독창적인 의견이라기보다는 이기영 선생의 연구업적을 기반으로 한 것으로 생각된다. 그리고 필자가 '지정상'과 '불사의업상'이 자리·이타의 개념에 주목하였던 것과 상통할 수 있는 의견으로 보여진다.

3. 신라 사회와 『금강삼매경론』의 등장

『금강삼매경』이 용궁과의 인연을 통해 전래되었다는 것은, 이전에 그 불전이 존재하지 않았거나, 아니면 유실된 그것이 다시 등장하게 되었음을 추론하게 한다. 그런데 찬녕은, '大安'에 의해 『금강삼매경』이 정리되었으며, 이것이 모두 '佛意'에 부합되고 있음을 강조하고 있다.

> 하) 大安이 경전을 얻어 여덟 品으로 구성하여 만들었다. (그런데) 모두 부처님의 뜻과 일치하였다.[40]

'佛意'에 합당하다고 언급한 것은 이것이 하나의 '僞經'이 아닌가를 의심하게 한다. '僞經'의 성립은 불교의 발생지와 수용지역과의 문화적 차이에서 기인한다. 즉 인도와 중국의 문화적 격차가 '위경'을 발생하게 했던 것이다. 그런데 이 '위경'은 역시 하나의 경전으로 인정받는다. 왜냐하면 그것의 내용이 이전의 경전과 일관되며, 마찬가지로 '佛說'을 모순되지 않게 담고 있기 때문이다. 『인왕경』과 『범망경』은 그 대표적인 예에 속한다. '忠'의 개념을 도입하여, 국가의 안위를 설하고 있는 『인왕경』과, 부모에 대한 '孝'를 강조하고 있는 『범망경』은, 문화환경에 적응해 가고 있는 중국적 불교인식을 단적으로 보여주고 있는 사례이다.

이와 같이 '불설'에 가탁한 경전(『금강삼매경』)이 성립되어야만

---

40) 『宋高僧傳』卷4, 「元曉傳」(『大正新修大藏經』卷50, 730쪽 (나))에서 "安得經排來成八品 皆合佛意."라고 하였다.

하는, 신라의 사회적 배경과 불교계가 처한 나름의 상황이 반드시 존재했을 것이다.

우선 상정할 수 있는 것은, 삼국통일기의 사회상이다. 통일기 군사력의 증강이 지방민의 원조로 이루어졌다는 기록은 주목되어야 할 것이다.[41] 이를 바탕으로 불교계의 변화 가능성을 타진해 볼 수 있기 때문이다. 그리고 진덕왕대에 승관제의 정비가 이루어졌다는 사실 역시 주시해 볼 대목이다.[42] 이는 지방의 불교계를 중앙정부가 통제하고자 한 사실로 이해할 수 있다.[43] 하지만 역으로 당시 지방 불교사회가 중앙의 제어가 필요할 정도로 성장했으며, 지방민 신자의 저변이 두터워지고 있음을 반영하는 것으로도 추측할 수 있다.[44] 이는 원효의 활동시기와 일치한다. 따라서 불교의 대중화 측면과 조심스럽게 결부시킬 수 있을 것이다. 아울러 통일직후는 지방통제에 대한 관심이 증가되는 시기로도 볼 수 있다.[45] 이는 승관제의 체계적 정비라는 측면과 궤를 같이했을 것이다. 즉 지방제도가 정비됨에 따라,[46] 지방

41) 『三國史記』 卷41, 列傳1, 金庾信傳.

42) 『三國史記』 卷40, 職官下, 武官條.

43) 蔡尚植, 「신라불교의 교단구조와 승관제도」 『韓國佛敎史의 再照明』, 불교시대사, 1994, 129쪽 ; 강봉룡, 「신라의 승관제와 지방지배」 『全南史學』 11, 1997, 62쪽.

44) 李銖勳, 「新羅僧官制의 성립과 기능」 『釜大史學』 14, 1990, 14쪽에서 州統·郡統의 설치와 승정기구의 시원적 형태로서 실무자인 '大舍'와 '史'가 등장하는 것은 신라불교의 지방확산을 대변하는 자료로 추정하였다.

45) 『三國史記』 新羅本紀7, 文武王 13年條 ; 강봉룡, 「통일기의 지배체제」 『역사와 현실』 14호, 1994, 50쪽, 56쪽에서 "주군제의 변화가 삼국간의 전쟁으로 인해 가속되었으며, 이는 결국 국왕중심의 관료제적 정치체제와 주군현제적 지방통치체제로 재편되었다"고 보았다.

46) 김영미, 「신라통일기 불교계의 동향과 추이」 『역사와 현실』 14호, 한국역사연구회, 역사비평사, 1994, 16쪽에서 "7세기 중엽의 국가권력에 의한 불교교

관에 의해 해당지역 사찰에 대한 시야가 확대되었을 것이며, 신자에 대한 관심도 증대되었을 법하다. 이를 통해 중대 왕실은 상대적으로 소외되어온 지방민에 대한 관심을 배가시켰을 것이다. 그러므로 승관제를 확대·보완하는 과정에서, 대중교화승을 조력자로 포섭하여야 할 필요성이 증대되었을 것으로 생각할 수 있다. 따라서 그들의 지지를 받고 있는 불교세력을 당연히 주목했을 것으로 여겨진다. 말하자면 지방제도가 정비됨에 따라, 승관제의 체계도 치밀해졌을 것이다. 이를 배경으로 왕실은 대민지배를 보다 공고히 관철하려 했을 것이며, 지방사찰에 대한 통제욕구도 확대되었을 것으로 여겨진다. 아울러 그들과 관련되는 불교세력을 포섭하여 지방통치의 효율성을 도모하려 했을 것으로도 추측해 볼 수도 있다. 또한 원효와 요석궁 과공주와의 결합은 이러한 논리와 연결시킬 수 있다. 지방민과 같이 보다 소외된 계층을 위무하는 원효를 포용함으로써, 그들의 의도를 충족시킬 수 있었기 때문이다.

왕실이 지방민의 호응을 받고 있는 불교계 인사를 우대하려 했음은 다음의 자료를 통해서도 추측할 수 있다.

가) (흥륜사) 동벽 서향으로의 소상에는 아도·염촉·혜숙·안함·의상, 서벽 소상에는 표훈·사파(복)·원효·혜공·자장(이 모셔져 있다).[47]

단의 통제강화가 이루어졌으며, 지방제도 정비와 함께 州統·郡統이 임명된 것"으로 이해하였다 ; 李鉄勳, 「新羅 僧官制의 성립과 기능」『釜大史學』, 1990, 11쪽에서 "政法典이 정립된 원성왕 원년(785)이전, 이에 大舍·史등의 세속관원이 근무하였는데, 이는 불교사무가 세속과 불가분의 관계를 유지하였음을 나타낸다고 하였다. 말하자면, 이는 지방제도의 정비와 함께 승관제가 이루어졌다는 의견과 일치하는 것이다. 한편 그는 원성왕대에 비로소 '大舍'와 '史'가 官司를 이루었다는 특이한 견해를 선보이고 있다.

자장율사 자장은 신라 중고시대 왕실의 지원을 받은 귀족적 성향의 승려로서 혜공, 혜숙, 원효가 추구했던 대중교화와 대조되는 행적을 지니고 있다.

자료 갸)는 경주 흥륜사에 모셔진 신라의 역대 승려들이다. 즉 신라 불교계의 기념할 만한 업적을 지닌 승려들을 소상으로 제작·참배하였음을 알 수 있다. 일견 기록의 단순함으로 인해, 그 의미를 추출하기는 쉽지 않다. 하지만 이들을 시대순으로 나열해 본다면, 해당시기 신라 불교계 재편과정의 실마리를 어렴풋이 감지할 수 있다.

아도와 염촉(이차돈)은 초기 신라 불교계의 전도자이자 순교자로서, 그 위상은 절대적이었을 것이다. 즉 흥륜사는 불교 수용기 무격신앙의 성지인 천경림을 기반으로 창건된, 신라불교의 시발지였으므로, 이들을 기리는 것은 어쩌면 당연한 일이다. 그런데 주목하고자 하는 것은, 왕도 경주의 핵심사찰의 하나였던 흥륜사에, 상대적으로 소외되어 왔던 대중교화승의 상징이 다수 배향되고 있다는 사실이다. 다시 말해 위 자료의 원효·사파(복)·혜공·혜숙이 그들이다. 여기에는 놀랍게도 『삼국유사』에 기재된 대부분의 대중교화승을 등장시키고 있는 것이다. 원효를 비롯하여 그들은 경주를 벗어난 지방사회와 연고가 깊다. 경덕왕대의 표훈을 가장 후기인물로 상정한다면, 자장으로 대표되는 호국불교의 경향이, 지방사회에서

---

47) 『三國遺事』 卷3, 興法3, 「東京興輪寺金堂十聖」條.

포항 오어사 원효가 혜공에게 배우고 교유했다는 설화가 전해지는 사찰이다. 원효는 스승인 혜공과 교유하면서 그의 대중교화 논리(기층민에 대한 포교)를 전수받았을 것으로 보인다.

이타행을 중시하는 승려들의 그것으로 전환되고 있다는 인상을 강하게 주고 있다.

진평왕대 혜숙은 화랑의 수렵행위를 이기적 향락으로 간주하여 그들을 질타하였다. 결국 그는 지방에 은거하여 지역민의 교화에 주력한 것으로 보여진다. 천민출신 혜공 역시 금강사의 낙성식에 참여하여 귀족출신 승려인 명랑을 제압하고 있다. 이러한 사실들은 이타행을 유독 강조하는 승려들의 세력이 보다 강해지고 있으며, 불교계의 세력이 재편되고 있음을 암시해주고 있다. 자료 갸)는 적어도 그들이 당시 민의 호응을 얻어가는 사회상을 반영한 것임이 거의 분명하다.

중대 왕실 역시 불교계의 새로운 사조에 민감하게 반응했을 것으로 여겨지며, 그들을 기존의 불교계 인사들과 아울러 주목하려 했을

인각사 보각국사탑비 원효의 고향(경북 경산) 후배였던 일연은 원효를 깊이 존경하였으며, 그의 학문 활동과 대중교화에 크게 주목하며 원효의 전기문(「원효불기」)을 작성하였다.

것이다. 아마도『금강삼매경』설화에는 이러한 새로운 불교계 인사를 왕실이 포섭하려했다는 사실이 반영되고 있는 것으로 보인다. 그러므로 불교계의 신세력을 지원하기 위해 신라 왕실과 이타행을 강조하는 대중교화승들은 자신을 옹위해 주는 극적 전기가 필요했을 것으로 이해된다. 이것이 바로『금강삼매경』의 출현으로 상징될 수 있을 것으로 추정된다. 그러므로 이에 수반하여『금강삼매경』의 권위에 고민했을 것이며, 그 문제를 타개하고자 했을 것이다. 왜냐하면 '皆合佛意'란 구절은, '불설' 즉 석가의 권위가 반드시 필요했으리라는 당시의 정황을 방증하는 것으로 추측되기 때문이다.

한편 이러한 논의와 일관되게 결부시킬 수 있는 기록이 자료냐)이다. 이를 살펴보면, 원효는『금강삼매경론』을 저술하기 위해서 '우차'가 필요하다고 했다. 그의 이러한 요구는 매우 함축적 언급으로 보여진다.

나) 이 경전은 본각과 시각의 두 가지 깨달음을 중심 내용으로 하고 있다. "나를 위하여 소가 끄는 수레(角乘)를 준비하여 書案을 두 뿔 사이에 두고, 붓과 벼루를 준비해 주시오"라고 하며, 시종 소가 끄는 수레에서 주석을 지어 다섯 권을 만들었다.[48]

인각사 보각국사부도탑

위에서 제시한 '우차'라는 표현은 특히 주목되어야 한다. 『삼국유사』에는 '소'와 '불전의 전래'라는 두 개념이, 서로 긴밀한 상관성을 내포한 것으로 확인되기 때문이다.

다) 그대와 내가 옛날 경을 실어 나르던 牸牛(암소)가 죽었으니, 함께 장사지냄이 어떠한가.[49]

라) 그 勞力者 가운데, 일을 맡아보는 자가, 戒를 얻지 못해, 축생도에 떨어져서, 浮石寺의 '소'가 되었다. 그 '소'가 일찍이 '佛經'을 싣고 가다가 經의 힘을 입어, 귀진 아간의 婢로 태어났는데, 욱면이라

---

48) 『宋高僧傳』卷4, 「元曉傳」(『大正新修大藏經』卷50, 730쪽 (나)).
49) 『三國遺事』卷5, 의해, 「사복불언」條에 "君我昔日駄經牸牛"라 하였다.

했다.50)

  자료 다)는, 원효와 사복의 대화 가운데 나타나는 구절이다. 사복의
어머니는, "원효와 사복이 불전을 전래하는데 조력했던 '소'였다"라는
이야기를 시작으로, 양자 간의 대화를 이어가고 있다. 즉, '경전의
전래'와 '소'라는 개념이 서로 긴밀하게 연관되고 있는 것이다.

  이러한 표현은 자료 라)를 통해서도 명확히 드러난다. '욱면'의
전생을 언급하면서, "그가 비록 축생으로 전락했었지만, 부석사 '經'을
실어 나르는 '소'로서 공덕을 쌓아, '경'의 힘에 의해, '귀진'아간의
노복이 되었다"는 설화를 기록하고 있다.

  전술한 자료를 통해 '불전의 전래'와 '우차'는 불가분의 의미가 포함
되어 있음을 알 수 있다. 다시 말하면, '소'가 싣고 있는 것은 '불설'을
기록한 경전임을 암시하고 있는 것이다.

  결국 『금강삼매경』 설화는 『금강삼매경론』과 '소'를 연결시킴으로
써, 『금강삼매경』과 '경론'이 '불의'를 포함하고 있는 전통적인 불전임
을 암시하고, 그 권위를 부여받고 있는 것으로 보이기 때문이다.
그런데 더욱 흥미로운 것은 그 '소' 위에서 '경론'을 찬술하고 있는
것이 바로 원효라는 점이다.

  자료 다), 라)에서는, '우차'에 '경'을 싣고 있었다면, 자료 나)에는
원효 스스로가 '소' 위에 올라 저술활동을 하고 있다. 이는 원효의
저작이 곧 부처님의 말씀 '佛說'이라는 인상을 강하게 투영하고 있는
것이다. 따라서 원효가 『금강삼매경』과 『금강삼매경론』 모두의 저자

---

50) 『三國遺事』 卷7, 감통, 「욱면비염불서승」條.

라는 주장은, 이러한 의미에서 매우 설득력이 있음을 보여주고 있다.

이와 수반하여 한 가지 매우 주목되는 것은 자료 댜)이다.『금강삼매경론』을 위한 '소'의 등장과 그 위의 원효의 저술을 떠올린다면, 사복과의 나눈 대화는 더욱 의미심장함을 알 수 있다. "그대와 내가 옛날 불경을 실어나르던 소"51)라는 대목이 바로 그것이다. 원효와 '소'의 상관관계는『금강삼매경론』의 전래와 관련지어 이해할 수 있지만, 사복과의 관계는 더욱 의미가 있다고 추측된다. '경'을 함께 옮긴이가 사복이라면, 원효의 불교학에 그의 영향이 있었을 법하며, 그의 학문 경향에 동조하고 있었음을 은연중 보여주고 있는 것이라고 할 수 있다.

원효가『금강삼매경론』을 계기로, 당시의 중대 왕실과의 결연을 강화한 일에는 대안의 공로가 컸다. 대안은『금강삼매경』을 정리하여 원효에게 건넸으며, 경의 강론자로 원효를 적극 추천했기 때문이다. 만약『금강삼매경』이 원효의 저술이라면, 경을 편집했던 대안의 교학적 영향도 역시 컸다고 할 수 있다. 다시 말해『금강삼매경』의 신라성립을 설정할 수 있다면, '원효'와 '대안'·'사복'은 경의 찬술 및 전래에 매우 짙은 관여가 있음을 추측할 수 있다. 또한 대안과 사복은 원효의 선배, 또는 師僧의 모습으로 기록에 나타난다. 어쩌면 전술한「사복불언」조의 기록은, 사복과『금강삼매경론』과의 관계가 가장 밀접함을 암시해 주는지도 모른다. 게다가 사복은 '석가의 열반'을 비유하며, 결국 그와 비견되는 '연화장세계'에 들고자 하였으므로, 자신의 교학에 대한 자부심이 상당했던 듯하다. 만약 사복이 원효와『금강삼매경』

---

51)『三國遺事』卷5, 의해,「사복불언」조.

전래에 관여하였다면, 자신의 학문을 이같이 '불설'에 견주었을 것이며, 그러한 불전의 성립에 사복의 역할은 지대했을 것으로 생각된다.

『금강삼매경』이 전래됨에 따라, 신라 사회에는 많은 갈등이 있었을 것이다. 앞서 언급한 것과 같이, 용궁에『금강삼매경』이 비장되었다는 기록과, 신라의 왕비가 청제의 셋째 딸이었다는 것, 그리고 이것이 '佛意'에 부합하고 있었다는 기록이『금강삼매경』의 권위부여에 기여하고 있기 때문이다. 아마도『금강삼매경론』의 근간이 되는 대안·원효의 불교학과, 전술한 바와 같은, 이와 상반되는 기존 세력이 서로 갈등하고 있었음을 추론할 수 있다. 이들의 반대세력으로 먼저 지목할 수 있는 것이 '백고좌회'에 참석하고 있는 승려들이다. 기록에 원효를 '만인지적'으로 평가하고 있는 것과 같이, 이는 원효가 많은 승려들에 의해 질시받고 있음을 방증하고 있는 것이다.

이들은 아마도 원효의 적극적인 대중제도에 상당한 거부감을 느꼈을 듯하다.『금강삼매경』의 주안점은 '이타'를 강조한 '보살행'이었을 것이기 때문이다.[52] '보살행'을 강조하는『금강삼매경』은 백고좌회에 참석했던 승려들과의 교학적 격차가 매우 현저했을 것이다. 왜냐하면 원효의 경론이 완성될 무렵 '박복한 무리'에 의해 이것이 유실되고 있기 때문이다.[53] 이러한 설화는, 사실여부를 떠나,『금강삼매경론』의 유통이 신라 불교계에 커다란 파문을 일으켰으리라고 짐작할 수 있게 한다. 나아가 그는 '본각'과 '시각'의 통합을 아울러 주장했기 때문이다. 자신의 소박한 수행에 충실하더라도 '시각'은 물론 궁극적인 원리를 깨닫는 '본각'의 경지에 이를 수 있다고 주장한 원효의

---

52) 『宋高僧傳』卷5, 「元曉傳」(『大正新修大藏經』卷50, 730쪽 (나)).
53) 같은 책, 같은 쪽.

논리는, 당시 불교계에서 일종의 파격으로 인식되었는지도 모른다. 게다가 원효를 위시한 대중교화승들은 '이타행'에 중심을 둔 자신의 교학에 큰 반향이 있을 것으로 예상했을 것이다. 그들은 이 반발을 제압하기 위해, 앞서 말한 '불설'에 자신의 교학을 의탁했던 것으로 보인다.

아마도 백고좌회에 참석한 승려들과 원효·대안·사복과의 갈등은 깊은 연원이 있었을 것이며, 전술한 교학적 갈등이 주된 이유였을 것으로 사료된다. 대안이 왕비의 병을 위하여 『금강삼매경』을 결집하였음에도 불구하고, 궁실에 들어가는 것을 꺼렸음이 이를 방증한다. 물론 이는 당시 왕실에 대한 불신일 수 있다. 하지만 보다 큰 이유는, 왕실과 밀접한 관계를 유지하면서 백고좌회에 참석했던 기존의 승려들과의 마찰 때문이었을 것으로 보인다.

추측컨대 당시 불교계는 새로운 실천수행을 희구하는 변화의 기운이 있었을 것이다. 이는 어쩌면 '수기설법'과 '총지'에 의한 대중교화의 강조일 수도 있다. 이는 전세대의 대중교화와는 구별되는 급진적 성격을 내포하고 있었으며, 학구적이고 교학에 중심을 둔 승려들과 갈등을 일으킬 소지가 있기 때문이다. 이는 아래의 자료를 통해 확인할 수 있다.

> 먀) 그(혜공)은 술에 취해서 삼태기를 지고 거리를 돌아다니면서 노래하고 춤추니 '負簣和尙'이라 불렸다.[54]

---

54) 『三國遺事』 卷4, 의해, 「이혜동진」조.

뱌) (원효는) 우연히 광대들이 가지고 노는 큰 박을 얻었는데 그 모양이 괴이했다. 그 모양을 따서 도구를 만들어 『화엄경』에서 말한 "일체의 무애인은 한길로 생사를 벗어난다"라는 구절을 인용해 박을 '무애'라 칭하고 노래를 지어 세상에 퍼뜨렸다. 이 도구를 지니고 수많은 마을에서 노래하고 춤추며 교화했다.[55]

샤) 대안은 헤아리기 어려운 사람이었다. 행색이 특이했으며, 저자에서 동으로 만든 발우를 치며 '대안(평화가 있기를)', '대안'이라 외쳤다. 그래서 '대안'이라 불린 것이다.[56]

태종무열왕비 조각 진골로서 새롭게 왕위를 계승했던 무열왕계(김춘추) 신라 중대 왕실은 이전 왕실(성골)의 권위를 넘어서기 위해 신진 불교 세력인 원효의 등장을 반겼을 것으로 보인다.

자료 먀)에서 보이는 혜공의 대중교화행은 대안과 원효에게 계승된 것으로 보인다. 그렇다면 원효가 『화엄경』의 구절을 대중교화에 적용한 것으로 볼 때, 원효가 선배인 대안과 혜공에게 이러한 부분을 전수받

---

55) 『三國遺事』卷4, 의해, 「원효불기」조.
56) 『宋高僧傳』卷5, 「元曉傳」(『大正新修大藏經』卷50, 730쪽 (나))에서 "大安者 不測之人也 形服特異 恒在市塵 擊銅鉢 唱言大安大安之聲 故號之也"라고 하였다.

앗을 가능성이 크다. 이를테면 위 자료들에서 공통적으로 그들은 '隨機說法'을 보여준다. 이를 대중보살계에 입각한 파격적 행동이라고 이해할 수도 있지만, 수기설법으로 생각할 수도 있다. '수기설법'은 대중의 자질에 합당한 수행법을 말한다. 위의 자료를 면밀히 살펴보면, 그들이 보여준 발언과 행동은 수기설법의 일환일 가능성이 있음을 감지할 수 있다.

혜공이 행한 '음주가무'는 『금강삼매경론』의 구절을 연상시킨다. 원효는 '변계소집성'에 의해 일어난 헛된 의식을 술에 취한 자가 본 허공의 꽃과 같다고 해석했다.[57] 원효도 주막에 출입했다.[58] 그렇다면 원효 역시 이를 통해 세속적 집착이 술 취한 자의 헛된 기쁨과 같음을 음주로써 대중에게 보여주었을지도 모른다. 대안 역시 저자에서 활동했으므로 이들과 같은 맥락의 교화행을 시도했다고 이해해도 좋을 것이다.

그런데 그들은 '수기설법' 외에 대중을 위해 '다라니'를 적용했다. 이는 학적 배경이 없는 기층민들에게 매우 유용한 교화수단이 되었을 것이다. '다라니'는 경전의 핵심을 간추린 것이다. 자료 뱌)에서의 『화엄경』 구절 인용은 그가 『화엄경』의 핵심을 간파하고 대중교화에 활용한 것으로 보인다. 또한 대안은 자신의 이름을 다라니로 사용했다. 원효가 '무애가'를 활용했다면 그는 자신의 간결하고 포괄적인 이름('大安')을 대중교화에 이용했던 것이다. 양자는 모두 '깨달음'과 관련되어 있기 때문이다.

---

57) 元曉, 『金剛三昧經論』『韓國佛敎全書』卷1, 675쪽 (다)에서 "今汝所計心所生法 直是妄心能取所取 如醉酒眼所見空華"라고 하였다.
58) 『宋高僧傳』卷5, 「元曉傳」(『大正新修大藏經』卷50, 730쪽 (가)).

그런데 대안이 편집한 『금강삼매경』은 그 자체가 모든 경전의 '다라니'로서의 성격을 지닌다.[59] 무엇보다 『금강삼매경』이 '다라니'의 다른 뜻인 '총지'임을 거론하고 있음은 매우 주목된다. 이는 대안을 비롯한 대부분의 대중교화승이 '다라니'를 중시했음을 알 수 있으며, 신라 대중교화승과 『금강삼매경』의 관계를 암시하는 부분이다. 한편으로 이는 '대안'이 자신의 이름을 '다라니'로 사용했다는 하나의 증거가 될 것이다.

요컨대 원효를 위시한 대중교화승들은 '수기설법'과 '다라니'로써 대중에게 급속히 영향력을 확대해가고 있었던 것으로 이해된다.

말하자면 자료 갸)의 '자장'으로 상징되는 인왕백고좌회에 참석한 대덕(고승)들과, 그리고 원효·대안·『금강삼매경론』과는 일정한 대칭관계에 있음을 상정할 수 있다. 즉 전자가 귀족적 성격을 갖는 국가불교와 밀접함을 찾을 수 있다면, 후자는 보다 하층민에게 접근하여 매우 이타적인 '수기설법'과 '다라니'를 활용한 '보살행'을 강조했던 것으로 인식된다. 따라서 이러한 신흥하는 대중교화승에 대하여 기존의 승려들은 질시와 거부감을 느꼈을 것이다.

요컨대 『금강삼매경』은 지방민에 대한 관심을 가열화하던 중대 왕실의 의도를 어느 정도 반영하고 있는 것으로 이해될 수 있다. 아울러 이는 한층 이타행에 중심을 둔 새로운 사조의 불교학을 강조하기 위해, 불설에 가탁하여 성립된 경전으로 이해하여야 할 것이다.

---

59) 元曉, 『金剛三昧經論』 『韓國佛教全書』 卷1, 675쪽 (다)에서 "持是經者 卽一切經中無所希求 是經典法 摠持衆法 攝諸經要 是諸經法 法之繫宗 是經名者 名攝大乘經 又名金剛三昧 又名無量義宗"이라고 하였다.

제3장 『금강삼매경론』의 체제

1. 『금강삼매경』과 『금강삼매경론』의 관계

　『金剛三昧經論』은 다양한 불교교학을 활용한 대중교화 이론서이다. 즉, 원효는 『대승기신론』의 '일심'·'이문' 구조를 『금강삼매경』의 '六品'과 결합하였다.[1] 이는 『금강삼매경』에 대한 매우 독창적인 해석이라 할 수 있는 것이다. 또한 각 경전에 나타난 실천적 교리를 섭렵하여 『기신론』과 연관시킨 후 『금강삼매경』에 적용하였다.[2] 이것이 바로 『금강삼매경론』의 일관된 특징이다. 신라에 유통되는 대부분의 경전에 주석을 행했던 원효는 『금강삼매경』을 가장 풍부하게 해설할 수 있었을 것이다. 그러면서 거기에 자신의 논리를 대폭 투영하고

---

1) 元曉, 『金剛三昧經論』 『韓國佛敎全書』 卷1, 658쪽 (다)에서 "如是一心二門之內 一體不法 無所不攝"이라고 하였으며, 같은 책, 609쪽 (가)에서 "第三本覺利品 顯一心中之生滅門 第四入實際品 顯一心中之眞如門"이라 하였다.

2) 元曉, 『金剛三昧經論』 『韓國佛敎全書』 卷1, 478쪽 (다)에서 "着如來衣 入法空處 卽是守一心如之觀 謂涉三界普化之時 着忍辱衣 而不疲倦 還入法空 守一心如 如法華經言 柔和忍辱衣故"라고 하였으며, 같은 책, 665쪽 (나)에서 "如華嚴經 心如工畵師 畵種種五陰 一切世間中 無法而不造 如心不亦爾 如佛衆生然 心佛及衆生 是三無差別"이라 하였다.

있다. 어쩌면 원효의 '화쟁'은 각 경전에서 나타난 실천적 측면, 즉 대중교화에 유용한 교학을 통합한 것으로 보아도 좋을 것이다.

이와 함께 그는 중생의 깨달음에 대한 가능성을 확신하였다. 이에 따라 각 품에 등장한 보살들의 교화행을 크게 강조하였다.[3] 이러한 그의 실천성은 통일 전후 왕실의 대민정책[4]과 어울릴 수 있다. 따라서 『금강삼매경론』은 신라중대 사회상이 만들어낸 불교학적 성과로 보여진다. 『宋高僧傳』「元曉傳」에 전하는 연기설화에서, 원효는 중대 왕실의 현안과 연관되고 있으며,[5] 『금강삼매경론』의 조성을 위해 서로 협력하고 있다. 무엇보다 『금강삼매경』 연기설화에서 왕비의 병을 치유하기 위한 '아가타'는, 원효가 해설한 『금강삼매경』의 설주로 등장하고 있다.[6] 이를테면 왕실이 희구한 '아가타약'은 원효의 『금강삼매경론』으로 변화한 것이다. 그렇다면 원효와 왕실은 『금강삼매경론』을 통해 동일목표를 지향하고 있는 것으로 보아도 좋을 것이다.

『금강삼매경론』은 신라불교사에서도 크게 주목될 수 있다. 이는

3) 元曉, 『金剛三昧經論』 『韓國佛敎全書』 卷1, 658쪽 (다)에서 "阿伽陀者 此云無去 或言滅去 此是藥名 能令諸病 皆悉滅盡 故名無去 此菩薩 亦如是 能治衆生諸煩惱 病故 以藥名爲其目也"라고 하였다.

4) 신형식, 「무열왕권의 성립과 활동」 『한국사논총』 3집, 1978 ; 「무열왕계의 성립과 활동」 『한국고대사의 신연구』, 일조각, 1984, 124~127쪽에서, 무열계 왕실은 麗·濟 유민의 포섭에 적극적이었으며, 효소왕 원년(691)이래 추진된 집중적인 기술학의 발달은 위민·농본정책의 일환으로 파악하였다.

5) 『宋高僧傳』 卷4, 「新羅國黃龍寺元曉傳」(『大正新修大藏經』 卷50, 730쪽)에 전하는 『금강삼매경』 연기설화에서, 원효는 왕실의 부름을 받아, 『금강삼매경론』을 지어 왕비의 치병에 도움을 주고 있다.

6) 元曉, 『金剛三昧經論』 『韓國佛敎全書』 卷1, 608쪽 (가)에서 "爾時衆中 有一比丘 名阿伽他 從衆而起 合掌胡跪 欲宣此義 而說偈言"이라 하였다.

불교계에 변화가 있음을 생각하게 한다. 동시대의 혜숙·혜공은 신라 사회에 대중불교의 성향을 드러내며 신자층의 확대를 가져온 듯하다. 이는 불교계의 일정한 변혁임을 추정하게 한다. 어쩌면 『금강삼매경론』은 새롭게 부상하는 교학 논리를 대변하고 있는 것으로 볼 수 있을 것이다. 무엇보다도 집필 중이던 경론이 유실되는 방해가 가해졌던 것을 감안하면,[7] 원효의 불교학에 대비되는 기존 승려들이 존재했음을 추정할 수 있다. 그에게는 '백고좌인왕경대회'의 참석이 제승들의 질시로 좌절되었던 적이 있다. 그러한 원효가 『금강삼매경론』 찬술을 계기로 중앙왕실과 결연하고 있는 것이다. 또한 '經論'의 유실 직후, 사흘간의 말미를 왕실로부터 얻은 것도 왕실과 원효의 의도가 일치됨을 살필 수 있다. 말하자면 이는 왕실과 원효의 긴밀한 결합을 보여주는 부분이다.

경전의 편집을 담당했던 대안은 원효의 선배로 보이며, 신라의 대중을 대상으로 실천행을 추구했던 교화승으로 여겨진다. 그런데 대안이 편집한 『금강삼매경』을 바로 원효가 주석한다.[8] 따라서 대안과 원효의 사상은 『금강삼매경』 속에 집약될 수 있다. 아마도 이를 통해 당시 새롭게 대두되고 있는 신라 불교학의 동향을 인식할 수 있을 것이다.

그런데 그들은 『금강삼매경』이 '佛說'로 이루어졌음을 역설한다.[9]

---

7) 『宋高僧傳』卷4,「新羅國黃龍寺元曉傳」(『大正新修大藏經』卷50, 730쪽 (나))에서 "王請剋日於黃龍寺敷演 時有 薄徒竊盜新疏"라고 하였다.

8) 『三國遺事』의해5,「元曉不羈」條 ;『宋高僧傳』卷4,「新羅國黃龍寺元曉傳」(『大正新修大藏經』, 730쪽 (나))에서 "安曰速將付元曉講"이라 하였다.

9) 『宋高僧傳』卷4,「新羅黃龍寺元曉傳」(『大正新修大藏經』卷50, 730쪽 (나))에서 "安得經排來成 八品皆合佛義"라고 하였다.

'부처님의 말씀'을 강조한다는 것은 경전의 성립과정에 의심의 여지가 있음을 반증하는 것이다. 즉 정통성에 취약성을 지닌 경전일 수 있는 것이다. 그렇다면 이는 신라 사회의 요구를 불교학적으로 집약한 자료일 가능성이 있다.[10] 만약 경전이 신라에서 결집되었다면, 신라 사회가 당시 불교계에 요구한 내용을 담고 있을 것이기 때문이다.

이러한 『금강삼매경』도 『금강삼매경론』과 유기적으로 밀착된 것으로 보이며, 어쩌면 원효의 영향을 받았을 가능성이 있다. 『금강삼매경』이 '용궁으로의 전래'를 통해 권위를 강조했으며, 권위의 중심인 용왕이 강론자로서 원효를 지목하고 있기 때문이다. 말하자면 용궁은 경전과 원효의 권위를 함께 인정하고 있는 것이다. '검해의 용왕'은 김유신 가문의 '김해'를 연상시키기도 한다.[11] 이 역시 원효, 신라

---

10) 『금강삼매경』의 연기설화를 천착하여 '금강삼매경'의 '신라성립설'을 이끌어 내기도 했다(김영태, 「신라에서 성립된 '금강삼매경'」『불교학보』 25, 동국 대, 1988) ; 또한 『금강삼매경』과 『경론』의 사상적 지향점이 상이한 것으로 가정하고, 『금강삼매경론』이 '신·구역불교'의 화해를 위해 조성되었다고 보기도 하였다(남동신, 「신라중대불교의 성립」『한국문화』 21, 서울대, 1998) ; 원효의 『금강삼매경론』이 『기신론』의 '二門'(심진여문·심생멸문)구조에 입각해, '觀法'의 통일에 주목한 연구도 있다(김두진, 「원효의 유심론적 원융사 상」『한국학논총』 22, 국민대, 1999) ; 철학계에서는 박태원이 『금강삼매경』과 '경론' 모두 화쟁을 지향하고 있음을 주장했다. 즉 '중관'을 위해 '심식의 부정'을 첨가하고, '진여'를 '아마라식'에 대응시키고 있는 것에 주목한 것이다. 말하자면 '중관'과 '유식'을 상대의 용어로써 설명하여 화쟁에 기여하고 있다고 이해했다 ; 사토는 '歸一心源'과 '饒益衆生'을 원효 철학의 중심으로 이해한 이기영의 논지를 계승한 듯하다. 따라서 전자를 '無二', 후자를 '不守 一'에 대응시켰고, 양자를 각각 '법의 진실된 모습'과 '연기적 존재'로 이해하 였다. 그는 이를 『금강삼매경론』의 전체 구조로 파악한 것이다. 그러면서 이를 '화쟁'과 '중생제도'의 논리로 보았다(佐藤繁樹, 「원효에 있어서 화쟁의 논리-金剛三昧經論을 중심으로 본 無二 不守一思想 構造의 意義」, 『불교연구』 11·12합집, 1997).

11) 남동신, 「신라 중대 불교의 성립」『한국문화』 21, 서울대, 1998.

중대 왕실과 함께 통일 전후의 새로운 세력과 관련시킬 수 있다.

또한 경전을 발생시킨 '용궁'은 결국 원효의 저술활동을 부각시키고 있는 것으로 볼 수 있다. 왜냐하면『금강삼매경론』을 위해 그 '경전'이 먼저 성립되어야 함을 암시하고 있는 듯하기 때문이다. 원효 전대에『금강삼매경』이 경전목록에 전하였던 적이 있었다. 그런데 누구도 경전을 주석하지 않았다. 이 경전을 원효 시대의 그것과 동일하다고 가정한다면 이는 굉장히 난해하거나 또는 매우 짧은 경전일 수 있다. 아마도 그래서 주목하지 않았을 것이다. 경전이 재등장한 이후에도 경전의 주석은 경전 발생 당대인 원효의『금강삼매경론』을 제외하고 사실상 나타나지 않았다. 이는『금강삼매경』과『금강삼매경론』의 유기적 성격에 기인할 수도 있다. 주석에 의지하지 않고서는『금강삼매경』에 담긴 의미를 풍부하게 드러낼 수 없기 때문이다. 그런데 이는『금강삼매경론』이 사실상『금강삼매경』에 선행하여 나타났거나 시간적 차이가 거의 없었음을 나타내는 하나의 방증으로 볼 수 있다. 왜냐하면 이미 사라졌던『금강삼매경』을 매우 완숙하게 이해한 준비된 주석가가 벌써 존재했다는 전제가 성립되기 때문이다.

대안 역시 경전이 편집되자 급히 원효를 부르고 있다. 이 또한 '經'과 '經論'이 시간적 차이가 없이 성립되었음을 반영해 주고 있는 것이며, 유실된『금강삼매경』에 대한 분석을 마친 인물이 신라 사회에 존재했음을 의미하는 것이다. 다시 말해『금강삼매경』이 '경론'의 성립을 위해 의도적으로 결집되었을 가능성을 상정하게 한다. 원효에게 즉시 주석을 청함으로써 용왕을 통해 원효의 권위를 빠르게 격상시키고자 했을 것이기 때문이다.

설중업을 환대했던 일본국 진인은『金剛三昧論』을 지칭하며 원효에 대한 추모를 표하고 있다.[12] 「元曉不羈」條에도 『三昧經疏』를 원효의 업적으로 기록하고 있다.[13] 그런데 양자가 『금강삼매론』과 『삼매경소』를 거론하면서도 그 토대가 되는 『금강삼매경』에 대한 언급은 하지 않고 있다. 특히 전자가 '經名'(『金剛三昧經』)을 들지 않고, 유독 원효의 '三昧論'을 지목하고 있음은 주목된다.

이러한 사실은 적어도 당대인들이 『금강삼매경』보다는 원효의 『금강삼매경론』을 각별히 중시했음을 살필 수 있게 한다. 아마도 이는 『금강삼매경』이 『금강삼매경론』에 의지해야 함을 보여주고 있는 대목으로 여겨진다.

말하자면 『금강삼매경론』을 통해 당시 사람들은 『금강삼매경』을 이해하고 있었던 것이다. 그리고 『금강삼매경』이 역으로 주석서인 『금강삼매경론』의 영향을 강하게 받고 있음을 인정하고 있었던 것으로 보인다. 우선 경전의 내용을 원효는 철저하게 『기신론』에 입각해 해석하고 있음이 주목된다.

가) 널리 중생을 제도하고자 '一諦'의 뜻을 설하실 때 모두 '일미'의 도를 통해 말씀하시고, 소승을 통해 말씀하시지 않았다.[14]

---

12) 『三國史記』卷46, 열전6, 「설총」조에서 "日本國眞人贈新羅使薛判官詩序云 嘗覽 元曉居士所著金剛三昧論 深恨不見其人 聞新羅國使薛 即是居士之抱孫 雖不見其 祖 而喜遇其孫"이라 하였다.

13) 『三國遺事』卷4, 의해, 「원효불기」조에서 "撰三昧經疏 置筆硯牛之兩角上 因謂 之角乘 亦表本始二覺之微旨也"라고 하였다.

14) 元曉, 『金剛三昧經論』『韓國佛教全書』卷1, 608쪽 (가)에서 "廣度衆生故 說於一諦 義 皆以一味道 終不以小乘"이라 하였다 ; 은정희 역, 『원효의 대승기신론소·별기』, 一志社, 1991 ; 은정희·송진현 역주, 『원효의 금강삼매경론』, 一志社, 2000 ;『한글대장경(155권 ; 금강삼매경론 외 3)』, 동국역경원, 1975 ;『한글대장경(156권 ; 기신론소·열반경종요 외 5)』, 동국역경원, 1972 ; 이기영 역,

자료 가)는 경전인『금강삼매경』의 도입부이다. 여기에서는 대승경전의 일반적인 내용인 '한가지 깨달음(일승)'의 실천성을 드러내고 있는 듯하다. 따라서 해당 경전의 특색을 찾아보기 어려운 부분이다. 원효 역시 경전의 내용이 일면『법화경』서론의 '文勢'와 비슷함을 주장하고 있을 정도이다.[15) 즉『법화경』의 '일승진실' 논리와 매우 유사하게 보인다. 그런데 원효는 한 가지 진리인 '一諦'를『기신론』의 '일심'으로 자신 있게 해석하고 있다.[16) 경전인『금강삼매경』에서 '일심'이라는 용어는 드러나지 않는다. 그럼에도 불구하고 원효의 이러한 적극적인 해석은 빈번히 나타난다.『무생행품』에 등장하는 '심왕보살'의 명칭에 대한 부분도 그러하다. 그는 '일심'의 법이 모든 덕을 포함하므로 '심왕'이라 하였다고, 이를 매우 주관적으로 해설하였다.[17) 물론 '일심'은 이문(심진여문·심생멸문)을 포함하는『기신론』의 핵심 개념이다. 이 역시 철저하게『기신론』에 영향을 받은 것으로 보인다. 즉『금강삼매경론』은 경전에 대한 단순한 주석서가 아니며, 오히려 경전에 영향을 주고 있는 것으로 보아야 할 것이다.

또한『금강삼매경』에 대한 새로운 주석이 나타나지 않는다는 사실에 주목해야 한다. 만약『금강삼매경』이 인도·중국에서 찬술되었거

『한국명저대전집 – 금강삼매경론』, 대양서적, 1973 ;『국역 원효성사전서(1～6권)』, 보련각, 1987 ; 李箕永 譯,『韓國의 佛敎思想 – 大乘起信論疏·別記·金剛三昧經論』, 三省出版社, 1981.

15) 元曉,『金剛三昧經論』『韓國佛敎全書』卷1, 608쪽 (가)에서 "此經文勢 似法華序"라 하였다.

16) 元曉,『金剛三昧經論』『韓國佛敎全書』卷1, 608쪽 (나)에서 "一諦義者 所謂一心"이라 하였다.

17) 元曉,『金剛三昧經論』『韓國佛敎全書』卷1, 624쪽 (가)에서 "一心之法 總御衆德 故名心王"이라 하였다.

나, 아니면 신라에서 원효 이외의 저자에 의해 독립적으로 성립되었다면, 이후『금강삼매경』에 대한 주석이 다양하게 전개되어야 했을 것이다.

요컨대『금강삼매경』이『금강삼매경론』과 개별적으로 이해되지 않았던 것과, 당시『금강삼매경』이 주석되지 않았던 사실을 감안하면,[18] 원효가『금강삼매경론』의 유통을 위해『금강삼매경』을 저술했을 것으로 여겨진다. 말하자면『금강삼매경』이 원효에 의한 저작으로 가정할 수 있는 여지가 있는 것이다.

그렇다면『금강삼매경』의 주석은 원효만이 할 수 있었을 것이며, 원효의 해석이 가장 정확하고 풍부한 뜻을 담을 수 있었을 것이다. 이후 다른 주석서가 출현하지 않았던 이유는 여기에서 찾을 수 있을 것이다. 이러한 가능성을 보여주는 것은『금강삼매경론』의 '經名解說' 부분이라고 할 수 있다.

　나) 깨뜨림이 없지만 깨뜨리지 않음도 없다. 세움이 없으나 세우지 않음도 없다. 이는 이치가 없는 지극한 이치다. 그렇지 않으면서 크게 그러한 것이라고 할 수 있다. 이것은 이경의 대의다. (중략) 깨뜨리지 않는 것이 없으므로 '金剛三昧'라고 칭하고, 세우지 않는 것이 없으므로 '攝大乘經'으로 부른다. 일체의 모든 의미가 이 두 가지를 벗어나지 않으므로 '무량의종'이라고도 한다. 하지만 하나의 제목을 드러내고자 하여 '금강삼매경'이라 하였다.[19]

---

18) 의천,「신편제종교장총록」『대정신수대장경』卷55, 1171쪽 (나)에서, 승둔의 『금강삼매경주』가 확인된다 ; 남동신, 앞의 글, 116쪽에서 明 圓澄의『금강삼매경주해』와 淸 誅震의『금강삼매경통종기』를 거론했다 ; 李箕永 譯,『金剛三昧經論』, 대양서적, 1973, 17쪽.

다) '二門' 안에 만 가지 뜻을 받아들이면서도 흐트러짐이 없다. 무궁한 의미가 '一心'과 같아 혼융된다. 따라서 이러한 開合이 자재하며 입파가 걸림이 없다. 펼쳐도 번거롭거나 협소하지 않다. 이는 세워도 얻음이 없고, 깨뜨려도 잃음이 없다. 이것은 馬鳴의 妙術이며, 『기신론』의 종체다.[20]

자료 나)는 원효가 『금강삼매경』의 '經名(이름)'을 해설하고 있는 부분이다. 그는 『금강삼매경』이 '攝大乘'의 의미와 '金剛'의 뜻을 풍부하게 담고 있음을 말하고 있다. 그런데 양자는 서로 쉽게 융화될 수 있는 개념은 아닌 듯하다. 원효가 『금강삼매경론』의 도입부(釋題目)에서 밝힌 바와 같이,[21] '금강삼매'의 개념은 '破'의 성향이 강하다. 그는 『기신론』 저술 속에서도 『중관론』·『십이문론』을 깨뜨리기만 하고 세우지 못함을 비판하고 있다.[22] 이는 사물에 내재한 불변의 자성을 성찰하려는 공관사상에 대한 원효의 인식을 대변한 것이다.

공관사상은 사물의 형상을 연기로 이루어진 가상(假相)으로 간주하고 이를 타파하려 했다. 따라서 극단적인 부정의 논리로 이어질 수

---

19) 元曉, 『金剛三昧經論』 『韓國佛教全書』 卷1, 604쪽 (나)~(다)에서 "無破而無不破 無立而無不立 可謂無理之至理 不然之大然矣 是謂斯經之大意也 (중략) 無所不破 故 名金剛三昧 無所不立故 名攝大乘經 一切義宗無出是二 是故亦名無量義宗 且舉 一目以題其首故 言金剛三昧經也"라고 하였다.

20) 元曉, 『起信論疏』 『韓國佛教全書』 卷1, 689쪽 (다)에서 "二門之內 容萬義而不亂 無邊之義 同一心而混融 是以開合自在 立而無碍 開而不繁 合而不狹 立而無失 破 而無失 是爲馬鳴之妙術 起信之宗體也"라고 하였다.

21) 元曉, 『金剛三昧經論』 『韓國佛教全書』 卷1, 605쪽 (나)에서 "言金剛者 寄喩之稱 堅實爲體 穿破爲功"이라 하였다.

22) 元曉, 『大乘起信論別記』 『韓國佛教全書』 卷1, 678쪽 (가)에서 "中觀論十二門論 等 偏破諸執 亦破於破 而不還許能破所破 是謂往而不偏論也"라고 하였다.

있는 소지가 있다. 물론 공관 사상은 '파'의 개념을 '파'하여 결국 중관으로 이해할 수 있다. 하지만 원효는 『기신론』의 포용성을 드러내기 위해 이를 대체로 '깨뜨리기만 하고 세우지 못하는 것'으로 보았던 것이다. 여기에 '금강삼매'의 개념을 대입시킬 수 있다.

『금강삼매경론』에서 제시한 '攝大乘'의 의미는 원효의 지적대로 '허용하기만 하고 파하지 못하는' 편향된 논리와 결부시킬 수 있다. 이는 유식 불교학의 공통적인 '법상'의 이해방식이다. 유식사상은 사물의 실체에 접근하고자 하는 인식은 동일하지만, 의식의 주체와 사물이 투영된 의식을 인정함으로써, 현상계를 용인하고자 하는 성향이 강하다. 따라서 '허용하기만 하고 파할 수 없다'는 인식을 불러일으킨 것이다. 원효는 『유가론』·『섭대승론』을 거론하면서 이러한 평가를 내리고 있다.[23]

그런데 원효는 『기신론』만이 양자를 포용할 수 있을 것이라며, 『기신론』에 크게 주목하였다. 『기신론』이 '깨뜨리고' '허용하는' 양자의 특성을 포섭하여 논쟁의 평주가 되었다[24]고 평하고 있기 때문이다. 말하자면 원효는 『기신론』을 통하여 『금강삼매경』을 이해하고 있었던 것이다.

이렇듯 '섭대승'과 '금강삼매'의 지향하는 바는 서로 상치됨을 알 수 있다. 그런데 원효는 '금강삼매'라는 이름이 선행명칭으로서 부득이 선택된 것으로 보았다.[25] 따라서 이를 '攝大乘經'으로 불러도 전자와

---

23) 元曉, 『大乘起信論別記』『韓國佛教全書』卷1, 678쪽 (가)에서 "瑜伽論攝大乘論等 通立深淺判於法門 而不融遣自所立法 是謂往而不徧論也"라고 하였다.

24) 元曉, 『大乘起信論別記』『韓國佛教全書』卷1, 678쪽 (가)에서 "無不立而自遣 無不破而還許 (중략) 是謂諸論之祖宗 群諍之評主也"라고 하였다.

25) 元曉, 『金剛三昧經論』『韓國佛教全書』卷1, 604쪽 (가)~(나)에서 "且舉一目以題

어긋나지 않게 되는 것이다.

그런데 이전『금강삼매경』의 유통을 목격한 적이 없었던 원효가 '經名'에 대하여 명쾌한 해석을 내리고 있는 대목은 어딘지 석연치 않다. 그리고 대립될 수 있는 하나의 개념을 배제하고 나머지를 선택하고 있음은 더욱 의문을 자아내게 한다. 또한 원문인『금강삼매경』의 전문에서도『금강삼매경』에 대한 해석은 보이지 않는다. 어쩌면『금강삼매경』은 원효의 창안일 가능성이 있다. 이와 관련하여 다음의 자료와 비교를 통하여 유추할 수 있다.

자료 다)에서는 '깨뜨림(破)과 세움(立)'(심진여·심생멸)의 근원인 '一心' 사상을 강조하고 있다. 이것은『기신론』의 핵심사상인 '一心·二門'의 구조이다. 그러면서 원효는 '馬鳴'이『기신론』의 저자임을 분명히 밝히고 있다. 자료 나)와 자료 다)의 내용은 '경전'과 '논서'의 구성과 특성을 밝혀주는 부분이다. 따라서 내용이 서로 비교될 수 있다.

자료 다)는 저자를 '마명'으로 명기한 부분이 나타나고 있다. 그런데 자료 나)는 '佛說'인 경전으로서 그 특성만을 기재한 것이 양자의 차이점으로 지적될 수 있다. 즉 '부처님의 말씀'으로 구성된『금강삼매경』은 저자가 기록될 수 없는 것이다.

다시 말해 이러한『금강삼매경』에 대하여 원효는 그 '經名(이름)'을 독자적으로 풀이하고 있는 듯하다. 상반되는 두 가지 개념 중 하나를 이끌어와 '경명'으로 삼고 있기 때문이다.

만약『금강삼매경』이 원효의 저작이라면, 원효는 '금강삼매경'이라는 명칭에 고민했을 것이다. 전술한 상대개념을 모두 포괄할 수 있는

以其首故 言金剛三昧經也"라고 하였다.

의미가 필요했을 것이기 때문이다. 즉 그는 대승불교의 양대축인 '중관'과 '유식'을 함축하는 개념을 찾았을 것이다. 이는 『기신론』 사상을 연상시킨다. 하지만 이를 충족시킬 경전의 명칭은 존재하지 않았을 것이다. 따라서 그 내용은 이후 경론에 반영하면서 하나의 명칭을 선택했을 가능성이 있다.

2. 『금강삼매경론』의 세부 구성과 상호 연계성

원효는 '經'의 사상을 밝히면서 '一味觀行'을 제시하고 있다.26) 이는 『금강삼매경』의 핵심사상이다. 아마도 '일심'으로 회귀하기 위한 수행법으로 '관법'을 제시하였던 것으로 이해된다. 그런데 그 수련이 하나의 '관법'으로 통합된 것이다. 그의 이러한 통합적 인식은 대중교화와 직결될 수 있는 실천성으로 보아도 좋을 것이다. 말하자면 그는 대중교화에 일관되게 『금강삼매경』의 '一味'를 역설한다. 그런데 한편으로 『금강삼매경』이 '열 가지 법문의 종요'가 됨을 역시 강조하고 있다.27) 이는 『기신론』의 '一心 二門' 사상을 연상하게 한다.

'일미관행'을 주장하지만 현상계의 차별과 중생의 특성을 함께 인정한 것으로 보이기 때문이다. 말하자면 『금강삼매경』은 '일미관행'과 '열 가지 법문'이라는 상반된 논리를 포괄하여 일관되게 표현하고

---

26) 元曉, 『金剛三昧經論』 『韓國佛教全書』 卷1, 604쪽 (다)에서 "一味觀行 以爲此經宗也"라고 하였다.

27) 元曉, 『金剛三昧經論』 『韓國佛教全書』 卷1, 604쪽 (다)에서 "此經宗要有開有合合而言之 一味觀行爲要 開而說之 十重法門爲宗"이라 하였다.

있다.

이를테면 '여섯 품(六品)'으로 구성된 세부구조는 각각 '一味'로의 통일을 이룰 수 있다는 논리를 지니고 있는 듯하다. 즉 '6품'은 깨달음으로 가는 수행의 단계며, 하위단계에서 상위단계로 진전할 수 있음을 주장한다.

> 라) 무생의 행위는 무상에 은연중에 부합하고 무상의 법은 본각의 이익을 순조롭게 이룬다. 이익이 이미 본각의 이익으로서 얻음이 없기 때문에 실제를 움직이지 않는다. 제가 이미 실제로서 자성을 떠났기 때문에 진제 또한 공허하다. 모든 부처와 여래가 여기에 간직되어 있으며, 모든 보살도 여기에 진입한다. 이를 '여래장'에 들어간다고 하는 것이다.[28]

자료 라)는 『금강삼매경』의 기본구조를 명확히 제시해 주고 있는 부분이다. 이는 『金剛三昧經』의 중심사상이자 핵심논리이기도 하다. 원효는 『금강삼매경』의 여섯 가지 '品'(무상법품·무생행품·본각리품·입실제품·진성공품·여래장품)을 모두 지목하고 있다. 그런데 이들은 분별적으로 표현될 수 없는 듯하다. 말하자면 「무상법품」에서 시작된 최초 수행이, 「무생행품」과 「본각리품」을 거쳐, 수련의 궁극인 「여래장품」으로 회귀하고 있음을 보여주고 있다.

다시 말해 초품인 「무상법품」은 결국 최종품인 「여래장품」을 지향

---

28) 元曉, 『金剛三昧經論』 『韓國佛敎全書』 卷1, 604쪽 (다)에서 "無生之行 冥會無相 無相之法 順成本利 利旣本是本利無得故 不動實際 際旣是實際而離性故 眞際亦空 諸佛如來於焉而藏 一切菩薩於中隨入 如是名爲入如來藏"이라 하였다.

하고 있는 것이다. 물론 이들은 독립적으로 파악할 수도 있지만, 결국 모두 '여래장'이라는 '一味'를 추구하고 있는 것이다.29)

즉『금강삼매경』의 여섯 '品'은 모두 유기적 구조를 가지고 있는 것으로 보인다. 어쩌면 원효가 강조한 '십중법문'은 전술한 여섯 '품'을 지칭하고 있는 것으로 추정할 수 있다.30) 그렇다면 '일미'는 모든 '품'에 대응될 수 있을 것이다. 왜냐하면 어떠한 수행의 단계(十重法門)도 모두 '여래장(一味)'에 포섭되기 때문이다. 요컨대 '육품'은 수행의 구분으로서 현실적 차별의 단계로 설정되지만, '깨달음'을 이루어 가는 방편적 설정이라는 측면에서 모두 평등한 것이다.

『금강삼매경』에 나타난 수행의 시작은 '無相의 단계'이다.31) 이는 하층근기 중생을 연상하게 한다. '相'에 대한 집착은 인식의 가장 낮은 위치인 '六識'의 단계에 머물기 때문이다.32) '육식'은 가장 초보적인 인식의 단계이다. 이는 감각적 자극을 느끼는 상태로 볼 수 있다. 따라서 '상'에 대한 집착이 강하게 작용한다. 즉 이는 원효가『기신론』 저술에서 밝힌 '(心)生滅門'을 연상하게 한다. 원효 역시 '생멸문'을 거론하고 있다.33) '생멸문'에서는 상층근기는 물론 하층근기의 모습

---

29) 元曉,『起信論疏』『韓國佛教全書』卷1, 704쪽 (다)에서 "言寂滅者名爲一心 一心者名如來藏"이라 하였다.

30) 元曉,『金剛三昧經』『韓國佛教全書』卷1, 623쪽 (다)에서 "別顯觀行 有六分中第一遣諸境相 顯無相觀 竟在於前"이라 하였다. 이는「무상법품」이 지나고「무생행품」이 시작되는 부분이다. 즉「무상법품」이 '6개 관문'중의 하나임을 말하고 있는 것이다.

31) 元曉,『金剛三昧經論』『韓國佛教全書』卷1, 623쪽 (다)에서 "別顯觀行 有六分中第一遣諸境相 顯無相觀"이라 했으며, 같은 책, 609쪽 (나)에서 "言無相者 謂無相觀 破諸相故"라고 하였다.

32) 元曉,『金剛三昧經論』『韓國佛教全書』卷1, 612쪽 (가)에서 "衆生之心 應是六識等生滅心"이라 하였다.

과 그 특성을 세밀히 나열하고 있다. 그럼으로써 수행의 단계를 설정해 준다. 또한 중생의 현실적 심식을 자세히 반영해 준다. 여기에 '생멸문' 이 지적한 부분과 대응되는 부분이 있다. 바로 '육추'의 단계이다. '6추'는 현상이 나타난 경계에 의하여 일어난다고 지적했기 때문이 다.[34] 즉 이는 상에 집착하는 「무상법품」의 단계와 연관될 수 있다. 특히 원효가 중시한 『기신론』의 '6추' 가운데 '計名字相'[35]과 '起業相'[36] 을 관련하여 이해할 수 있을 듯하다. 말하자면 「무상법품」은 '생멸문' 의 하위단계와 대비시킬 수 있다.

'觀法'의 강조를 통해 '無相'의 단계가 극복되면,[37] '무생행'의 계위로 진입한다. 이는 일어나는 마음도 없으며, 일어나지 않는 마음도 없음 을 깨닫는 것이다.[38] 그러므로 보다 진전된 수행의 절차이다. 앞서 '六識'이 거론되었다면 이제 '八識'의 심식을 거론하고 있다.[39] 즉 한층 세련된 의식을 다루고 있는 것이다. 또한 '무생행'은 '일미'를 깨달은

---

33) 元曉, 『金剛三昧經論』 『韓國佛教全書』 卷1, 612쪽 (나)에서 "衆生之心 且擧心生 滅門"이라 하였다.

34) 元曉, 『起信論疏』 『韓國佛教全書』 714쪽 (가)에서 "六種麤相 依於現相所現境起" 라고 하였다.

35) 元曉, 『起信論疏』 『韓國佛教全書』 卷1, 714쪽 (가)에서 "計名字相者 卽是想蘊 依前受蘊 分別違順等名言相 故言依妄執 乃至名言相故也"라고 하였다.

36) 元曉, 『乘起信論疏』 『韓國佛教全書』 714쪽 (가)에서 "起業相者 卽是行蘊 依於想 蘊所取名相 而起思數造作善惡 故言依於名字乃至造種種業故也"라고 하였다.

37) 元曉, 『金剛三昧經論』 『韓國佛教全書』 卷1, 611쪽 (가)~(나)에서 "初修觀時 破諸 有相 於幻化相 滅其生心故"라고 하였다.

38) 元曉, 『金剛三昧經論』 『韓國佛教全書』 卷1, 623쪽 (다)에서 "菩薩行成就之時 知自觀心 順理修行 非有生心 非無生心 亦非有行 亦非無行 但爲離增益邊故"라고 하였다.

39) 元曉, 『金剛三昧經論』 『韓國佛教全書』 卷1, 624쪽 (가)에서 "八識之心 御諸心數 故名心王"이라 하였다.

聖人에 대응시킴으로써 보다 진전된 수행의 단계임을 지적하고 있다.[40] 이는 역시 『기신론』의 '생멸문'의 단계로서 '八識(아뢰야식)'의 연기를 설명하는 상위단계로 이해할 수 있을 듯하다. 원효는 '생멸문'에서 '팔식(아뢰야식)'의 연기를 설정하고 있다. 이는 의식생성의 근원을 추구한 것으로 의식의 生·無生을 다룬 「무생행품」과 연관될 수 있을 듯하다. 원효는 앞서 성인의 단계를 지적했지만, 모두 평등을 지향한다. 성인의 지위 역시 모두 일미에 포함되기 때문이다.[41]

「본각리품」에서는 관법을 통해 의식의 집착을 설한 '무생행'을 벗어나게 된다.[42] '本覺'은 '생멸문'의 단계 중 가장 상위에 해당한다. '始覺'을 통해 얻은 '本覺'은, '진여문'에 접근할 수 있는 '생멸문' 최고의 지위이다. 그런데 이는 '自利'와 '利他'의 양축으로 구성된다.[43] 특히 '자리'의 수행인 '지정상'보다 이타행인 '不思議業相'이 보다 높은 단계로 설정되었다.[44] 따라서 「본각리품」에서 강조되는 것은 '이타행'인 것이다. 원효는 본각의 이익이 중생의 깨달음에 도움을 준다고 표현하고 있기 때문이다.[45] 이는 『기신론』의 '생멸문' 단계이지만 '진여문'과

---

40) 元曉, 『金剛三昧經論』 『韓國佛教全書』 卷1, 626쪽 (가)에서 "今明知之無生者 明無生行 行別在聖"이라 하였다.

41) 元曉, 『金剛三昧經論』 『韓國佛教全書』 卷1에서 "明無生行 行別在聖 在聖之行 與智平等 平等一味故 聖人所不能異也"라고 하였다.

42) 元曉, 『金剛三昧經論』 『韓國佛教全書』 卷1, 629쪽 (다)에서 "菩薩修觀 獲無生時 通達衆生本來靜寂 直是本覺"이라 하였다.

43) 馬鳴菩薩造, 『大乘起信論』 『大正新修大藏經』 32권, 576쪽 (다)에서 "本覺隨染分 別 生二種相 (중략) 一者智淨相 二者不思議業相"이라 하였다 ; 양자는 '자리'와 '이타'를 표방하고 있다.

44) 馬鳴菩薩造, 『大乘起信論』 『大正新修大藏經』 32권, 576쪽 (다)에서 "不思議業相 以依智淨 能作一切勝妙境界 所謂無量功德之相 常無斷絶 隨衆生根 自然相應 種種 而現 得利益故"라고 하였다.

45) 元曉, 『金剛三昧經論』 『韓國佛教全書』 卷1, 629쪽 (다)에서 "菩薩修觀 獲無生時

구분되지 않는 지위로서,『금강삼매경』에서는 최초로 깨달음에 이른 위치이다.[46] 그런데 '이타행'이 강조되면서도 '無住'를 주장하고 있다.[47] '무주'는 열반에 머물지 않는다는 의미로 '이타행'의 또 다른 측면으로 이해된다. 따라서 원효는 '본각'의 이익을 토대로 '이타행'에 주목하고 있는 것이다.

'入實際'는 '진리의 영역'으로 진입했음을 말한다.[48] 이는『기신론』의 '(심)진여문'의 단계로 이해된다. 원효는 앞의 '品'들을『기신론』의 '(심)생멸문'으로, 그리고「입실제품」을 '진여문'으로 구분했기 때문이다.[49] 하지만 여기에도 '실제'에 들어가는 4가지 방편을(「知時方便」·「識機方便」·「引入方便」·「出離方便」) 구분·설명함으로써,[50] '구극'의 단계로 인정하지는 않았다. 즉 '진리'에 완전히 진입했다기보다는, 그 과정과 방편을 설명하는 예비단계의 성격이 강하다.

「眞性空品」은 '性相'을 초월하고 있다. 즉 '名相'을 초월함은 물론, '性'조차도 떠나게 되는 '진성공'을 표방하였다.[51] 앞서의「입실제품」

通達衆生本來寂靜 直是本覺 臥一如床 以是本利 利益衆生"이라 하였다.

46) 元曉,『金剛三昧經論』『韓國佛敎全書』卷1, 631쪽 (가)에서 "本覺定是阿摩羅識"이라 하였다.

47) 元曉,『金剛三昧經論』『韓國佛敎全書』卷1, 633쪽 (가)에서 "無住之心 雙泯二諦故 無出俗入眞之異"라고 하였다.

48) 元曉,『金剛三昧經論』『韓國佛敎全書』卷1, 637쪽 (다)에서 "言實際者 離虛之稱究竟之義 離幻究竟 故名實際"라고 하였다.

49) 元曉,『金剛三昧經論』『韓國佛敎全書』卷1, 637쪽 (다)에서 "前品明心生滅門今此品顯心眞如門"이라 하였다.

50) 元曉,『金剛三昧經論』『韓國佛敎全書』卷1, 637쪽 (다)에서 "開四種方便 一者知時方便 二者識機方便 三者引入方便 四者出離方便"이라 하였다.

51) 元曉,『金剛三昧經論』『韓國佛敎全書』卷1, 650쪽 (나)에서 "如是眞性 絶諸名相以之故言眞性空也 又此眞性 離相離性 離相者 離妄相 離性者 離眞性 離妄相故妄相空也 離眞性故 眞性亦空 以之故言眞性空也"라고 하였다.

이 '(심)진여문'의 위치로 인식된다면, 여기에서는 '진여문'의 주된 성격인 '染淨의 通相'의 개념52)을 넘어서고 있다. 어쩌면 이는 '화쟁'의 단계로 이해될 수도 있을 법하다. 따라서 '名相'과 '眞性' 역시 극복되고 있는 것이다.

이를 위해 '상층근기'와 '하층근기'에 각기 '많은 글(多文廣說)'과 '간략한 글(少文略攝)'로써 설법하게 한다.53) 이는 「여래장품」으로 진입하기 위한 세심한 배려로 이해된다.

그런데 전술한 '5품'은 모두 「여래장품」에 포섭되고 있다. 말하자면 '중생심'의 원천인 '여래장'으로 회귀하고 있는 것이다. 이는 『기신론』의 '一心'에 해당할 수 있다.54) 원효 역시 '여래장'을 '일미'·'일심'으로 표현하고 있기 때문이다.55) 따라서 여래장은 『기신론』의 '일심'에 대한 『금강삼매경론』의 다른 표현인 것이다.

즉 모두 수행을 통해 '여래장'에 들어간다는 의미이다. 『기신론』에서는 중생의 심식이 모두 '一心'에서 비롯되었다고 보았다. 이와 같이 모든 수행도 결국 '일심'인 '여래장'을 지향하고 있는 것이다. 원효는 여기에서 '城門의 비유'를 들고 있다.56) 사방의 성문을 통해 모두

---

52) 元曉, 『起信論疏』『韓國佛敎全書』卷上, 705쪽 (가)에서 "眞如門者染淨通相 通相之外無別染淨 故得總攝染淨諸法"이라 하였으며 ;『大乘起信論別記』『韓國佛敎全書』卷1, 679쪽 (나)에서 "眞如門是諸法通相 通相外無別諸法 諸法皆爲通相所攝"이라 하였다.

53) 元曉, 『金剛三昧經論』『韓國佛敎全書』卷1, 650쪽 (나)에서 "就此品中 大分有二 一爲利根者多文廣說 二爲鈍根者小文略變"이라 하였다.

54) 元曉, 『大乘起信論別記』『韓國佛敎全書』卷1, 679쪽 (나)에서 "一心者名如來藏"이라 하였다.

55) 元曉, 『金剛三昧經論』『韓國佛敎全書』卷1, 610쪽 (가)에서 "佛智所入實法相者 直是一心本覺如來藏法 如『楞伽經』言寂滅者 名爲一心 一心者 名如來藏 今此文言 實法相者 是寂滅義 一覺了義者 卽是 一心如來藏"이라 하였다.

성안으로 들어올 수 있다는 논리이다. 이는 『금강삼매경론』의 '일미'와 관련하여 매우 주목된다. 따라서 앞서의 '5품'이 '성문'에 대응된다면, 「여래장품」은 '성안'으로 이해될 수 있다. 다시 말해 수행 방편의 차별이 존재하지만, 결국 모두 '일심'을 성취할 수 있다는 것이다.

전 '6품'에서의 의문을 모두 최종품인 「摠持品」에서 재해설하고 있다. 주목되는 부분은 그 '問答'의 순서이다. 즉 「여래장품」으로부터 「무상법품」으로 역순의 진행을 택하고 있다.[57) 이는 단순한 순서 이상의 의미를 갖는 듯하다.

『기신론』은 중생의 '流轉'된 '심식'이 '一心'으로 회귀하는 구조를 지닌다. 그런데 '일심'은 또한 '유전의 근원'이기도 한 것이다. 따라서 『기신론』의 '一心 流轉'이라는 측면이 『금강삼매경』의 내용 진행 순서와 연관된다. 그러면서 원효는 「무상법품」에서 「여래장품」으로의 수행을 주장하면서도 「여래장품」에서 「무상법품」의 유전, 즉 '일심의 유전'을 아울러 주장하는 균형적인 논리를 펴고 있다. 말하자면 『금강삼매경』의 '6품' 구조가 '일심'으로의 회귀라는 측면을 일관되게 제시하면서, 총정리격인 「총지품」에서는 오히려 일심의 유전을 연상시키고 있는 것이다. 이는 아마도 깨달은 중생(보살)의 대중교화에 대한 독려로 강조하는 것으로 이해해도 좋을 것이다. 즉 이는 열반에 결박되지 말 것[58)을 강조하는 원효의 논리와 맥을 같이 하기 때문이다.

---

56) 元曉, 『金剛三昧經論』『韓國佛敎全書』卷1, 660쪽 (가)에서 "是四門中 皆歸一市者 依四敎者 皆歸一實故 如彼衆庶 隨意所入者 隨根深淺 隨入一敎故 所以一市喩一實者 爲是百姓之所入故 爲諸衆生之所歸故"라고 하였다.

57) 元曉, 『金剛三昧經論』『韓國佛敎全書』卷1, 667쪽 (나)에서 "別決六疑 從後向前"이라 하였다.

58) 元曉, 『金剛三昧經論』『韓國佛敎全書』卷1, 666쪽 (다)에서 "謂二乘人 滅諸身智 生滅之法 入於涅槃 於中八萬劫主 乃至十千劫主 而由諸佛同體大悲 奪彼涅槃 令還

이렇게 원효는 『기신론』의 '일심'개념을 「총지품」에서 재차 활용하여 자유자재로 『금강삼매경』을 풀이하고 있다. 거의 『금강삼매경』의 모든 체제가 『기신론』에 입각해 전개된다고 보아도 좋을 정도다. 아마도 후대의 주석가들은 원효에 의해 『금강삼매경』이 『기신론』과 유기적으로 해석되고 있음을 감지했을 것이다. 그렇다면 그들은 『금강삼매경』을 새롭고 다양하게 해설하는데 상당한 부담을 느꼈을 것으로 보인다. 이러한 추정이 허락된다면 후대에 『금강삼매경』의 주석이 거의 전하지 않는다는 측면과 원효만이 『금강삼매경』을 해설할 수 있었다는 부분을 이해하는 데 보탬이 될 수도 있을 것이다. 이를테면 원효는 『기신론』을 통해 『금강삼매경』을 이해하고 있는 것으로 추정할 수 있다.

「무상법품」으로 시작하여 '6품'을 이룬 『금강삼매경』의 구조는 결국 「여래장품」으로 귀일한다. 각 품은 수행의 계위로서 독립적으로 설정되어 있다. 하지만 이들은 모두 「여래장품」을 지향하는 유기적 구조를 이룬다. 말하자면 전품의 상위단계로서 '6품'이 구성된 것이다. 그런데 이들은 독립적으로 '일심'을 지향하기도 한다.[59] 원효가 '십중법문'을 표방한 것과 일치하는 것이다. 하지만 각 품은 차례로 전품을 극복하면서 궁극적으로 '여래장'을 성취하기도 한다. 이는 그의 '일미관행'에 대응되는 구조이다.

起心 起心之時 涅槃卽滅 如大商主 滅其化城 是故於中不復住也"라고 하였다 ; 은정희 역시 원효의 『기신론』 저술과 그의 『금강삼매경론』에서 '진속불이'와 '부주열반' 사상이 크게 강조되고 있음을 주목하였다(은정희 역주, 「해제」 『원효의 대승기신론 소·별기』, 1991, 16쪽).

59) 元曉, 『金剛三昧經論』 『韓國佛敎全書』 卷1, 640쪽 (다)에서 "衆生心相相亦如來者"라고 하였다.

이렇게 원효는 수행단계에서 차별과 평등을 모두 표방하고 있다. 요컨대 차별적이지만 결국 '근본적 견지(일심)'에서 결국 '하나의 수행(일미)'으로 보았으며, 그로써 성취한 깨달음이 바로 원효가 강조한 '一心'인 것이다.

〈표 1〉『금강삼매경론』과 『대승기신론소·별기』의 체제 비교

金剛三昧經論	大乘起信論疏·別記		비 교
述大意	標宗體		불전(『금강삼매경』·『대승기신론』)의 핵심 내용 서술.
辨經宗	釋題名		경전과 논서의 제목(言起信者)과 경의 명칭(攝大乘·金剛三昧) 설명.
消文義(序分)·正說分	解釋分		내용의 진행·전개 방향 제시
無相法品	釋心生滅(覺義·不覺義)		『起信論』의 구조 안에서 '生滅門'에 진입한 「무상법품」에서는 중생의 사물 분별을 제어하는 '무상관'을 제시함.
無生行品	生滅門	釋覺義 (始覺－不覺·相似覺·隨分覺·究竟覺)	자리적 수행단계로서 대중교화 이전의 계위임. 「무생행품」은 분별심을 일으키는 것을 제어함.
本覺利品 (廣明本覺利益)	生滅門	後廣本覺/先明隨染本覺(智淨相·不思議業相)	원효가 대중교화의 강조에 중점을 둔 부분으로서 '불각'중생을 훈습해야 함을 제시.
入實際品 (流轉眞如·實相眞如·唯識眞如)	眞如門－釋眞如(顯眞如體－當眞如性以顯眞如·對分別性而明眞如絶相·就依他性以顯眞如離言)		'眞如門'에 진입하였으므로 진여의 여러 정의를 설명함. 특히, 원효는 '入實際'를 『기신론』의 '진여문'에 입각하여 설명함.
眞性空品 (爲利根者多文廣說) 明三聚戒從眞性成 明道品行從眞性立 明如來敎當如理說 明菩薩位從本利出 明大般若絶諸因緣 明大禪定超諸名數	釋眞如名(標立名之意·正釋名·結名)		『대승기신론소』·『별기』에서는 진여의 자체를 분석하고 있지만, 『금강삼매경론』은 수행과 대중교화의 근본으로서 진여를 강조하고 있음.
如來藏品	一 心		『금강삼매경론』에서 '여래장'은 곧

(明諸法行同入一處· 顯入行入智因果差別)		'일심'을 강조함. 역시『대승기신론』 의 근본 이념인 '일심'이므로『금강삼 매경론』과『대승기신론』의 '一心·二 門' 구조에 입각해 있음이 확인됨.
摠持品 決如來藏品所起疑 決眞性空品中起疑 決入實際品中起疑 決本覺利品中起疑 決無生行品中起疑 決無相法品中起疑	勸修利益分(總結前說)	총지품은『기신론』의 '일심유전'을 상 징적으로 보여줌. 곧 깨달음(일심)에 머물지 않고(부주열반), 다시 중생계 로 나아가 교화에 전념해야 함을 주지 시키고 있음.
流通分 讚人流通 勸衆流通 立名流通 受持流通 懺悔流通 奉行流通	勸修利益分 舉益勸修 信受福勝 毀謗罪重 引證 結勸	『대승기신론』의 권수이익분에서는 자신의 수행에 대한 강조가 나타나지 만,『금강삼매경론』에서는 논서의 보 급을 통한 강한 대중교화 의지를 천명 함. 즉, 보다 이타행이 강조되고 있음 을 인식할 수 있음.

제4장 『금강삼매경론』의
'一心'과 '二覺圓通' 사상

1. 원효의 『금강삼매경론』 저술 성향

1) '一心'의 강조

『금강삼매경론』의 핵심은 '一味의 觀行'이다. 원효는 모든 중생이 원칙적으로 '一心'의 '유전'이므로 깨달음을 위한 수련도 결국 '하나(一味)'로 여길 수 있다고 보았다.[1]

아마도 '일미'는 '일심'을 성취하기 위한 실천 수행법으로 보여진다. 『기신론』이 '一心'으로 인해 '(심)진여문'과 '(심)생멸문'의 합일을 이루듯이, 모든 실천행은 '한가지(一味)'로 이해될 수 있는 것이다. 『기신론』에서 '(심)생멸문'의 차별을 인정하지만, 깨달음의 단계인 '(심)진여문'을 통해 평등을 강조하면서 '일심'을 향한다. '(심)생멸문'은 '중생의 심식'을 치밀하게 분석하여 수행단계를 설정해 준다.

---

1) 元曉,『金剛三昧經論』『韓國佛教全書』卷1, 610쪽 (가)에서 "如來所化一切衆生 莫非一心之流轉故 皆說一味者"라고 하였다.

『금강삼매경론』도 수행의 차별을 인정하고 있는 것이다. 하지만 차별이 드러난 모든 '品'은 수련의 단계를 향상시켜 결국 「여래장품」인 '일심'을 지향하게 되어 있다.[2] 수행의 실제적 차별을 인정하지만, 모두 깨달음의 단계로 발전·진행하는 것이다. 왜냐하면 이들은 '一味'의 관점에서 모두 동일하기 때문이다.

가) 〔問〕: 중생의 마음은 '六識'의 생멸하는 마음이다. 그런데 어떻게 '一心'의 '本覺'을 이룰 수 있는가.

〔答〕: '相'이 없다는 것은 '生滅의 相'이 없는 것이다. 이는 '(심)진여문'을 통해 표현한 것이다. '중생의 마음'이라고 한 것은 '(심)생멸문'을 든 것으로 보인다. 말하자면 생멸하는 마음을 들어 '진여문'을 나타낸 것이다. 즉 자성이 본래 공적하다고 말한다. 그렇지만 그 '二門'은 둘이 아니다. 모두 '一心'일 뿐이다.[3]

자료 가)는 앞서의 논의와 일관성을 지닌다. 즉 「無相法品」이 독자적

---

2) 元曉, 『金剛三昧經論』『韓國佛教全書』卷1, 610쪽 (가)에서 "如來藏品 遍收諸門 同示一味者"라고 하였으며, 같은 책, 같은 쪽 (다)에서 "雖是一味 而開六門故"라고 하였다.

3) 元曉, 『金剛三昧經論』『韓國佛教全書』卷1, 613쪽 (가)에서 "(問)此中所說 衆生之心 應是六識等生滅心 何以得知一心本覺 (答) (중략) 無相者 無生滅等相故 此文 卽顯心眞如門 上言衆生之心 且舉心生滅門 舉生滅心 顯眞如門 以之故言 性本空寂 然此二門 其體無二 所以皆是一心法耳"라 하였다 ; 은정희 역, 『원효의 대승기신론소·별기』, 一志社, 1991 ; 은정희·송진현 역주, 『원효의 금강삼매경론』, 一志社, 2000 ;『한글대장경(155권 ; 금강삼매경론 외 3)』, 동국역경원, 1975 ;『한글대장경(156권 ; 기신론소·열반경종요 외 5)』, 동국역경원, 1972 ; 이기영 역, 『한국명저대전집 – 금강삼매경론』, 대양서적, 1973 ;『국역 원효성사전서(1~6권)』, 보련각, 1987 ; 李箕永 譯『韓國의 佛教思想 – 大乘起信論疏·別記·金剛三昧經論』, 三省出版社, 1981.

으로도 '一心'을 이룬다는 내용이다. 「무상법품」은 '相'에 집착하는 '중생의 마음'과 관련이 깊다. 따라서 '하근기'인들을 어떻게 '一心(진리)'[4]으로 인도할 수 있는가를 질문하고 있다. 여기에서 『기신론』과 『금강삼매경론』의 관계를 쉽게 이해할 수 있다. 전술한 질문을 『기신론』 구조에 입각해 답하고 있기 때문이다. 즉 '一心·二門'의 구조를 통해, 수행의 평등을 강조하고 있는 것이다.

즉, '일심'의 '본각'을 이루기 위해서는 '(심)생멸문'에서 '(심)진여문'으로 이루어진 심식의 분석을 따라야 한다. 이들은 '일심'의 '유전'으로서 본질적으로 평등한 관계이기도 하다. 이는 결국 양자(진여문·생멸문)가 동일함을 보여주고 있는 것이다. 왜냐하면 이들은 모두 '一心'에 기원을 두고 있기 때문이다. 따라서 하근기인들도 결국 '일심'에 이를 수 있다는 것이다.

「무상법품」은 실체가 없는 '相(幻化)'에 대한 집착을 진정시켜 주는 단계이다.[5] 자료 가)에서 중생의 '六識'을 지적했기 때문이다. 하지만 '一味의 觀行'은 모두 '一心'으로 포섭된다. 다시 말해 '육식'에 따른

---

4) 元曉, 『金剛三昧經論』 『韓國佛教全書』 卷1, 608쪽 (나)에서 "一諦義者 所謂一心"이라 하였다.

5) 元曉, 『金剛三昧經論』 『韓國佛教全書』 卷1, 608쪽 (다)에서 "今欲反流歸源 先須破遣諸相 所以初明觀無相法"이라 하였으며, 같은 책, 611쪽 (나)에서 "衆生本來 迷心離相 編取諸相 動念生心故 先破諸相 滅取心相 雖復已破幻化有相 而猶取其無化空性 取空性故 於空生心 所以亦遺無化空性"이라 하였다 ; 원효는 '무상법품'을 '無相觀'으로 표현하였다. 그렇다면 6개의 '품'은 6개의 '관법'으로도 상정할 수 있을 것이다. 원효가 '육문'을 '관법'으로 표현했기 때문이다(如是六門 觀行周盡, 같은 책, 608쪽 (다)). 즉 『금강삼매경』에서는 6개의 관법이 시설된 것이다. 또한 6개의 '품'은 모두 '일미'이므로, '일심'의 관점에서 6개의 관법은 통합될 수 있었을 것이다. 요컨대 원효는 '일심'의 견지에서 그 밖의 다른 관법(수행법)도 통일하고자 한 것으로 보인다. 이러한 가정이 성립된다면, 이를 '一心·6觀'으로 부를 수 있을 것으로 보인다.

'相'의 집착이 중생에게 내재함을 말하고 있다. 이에 대해 하층근기 중생도 역시 '일심의 유전'에 해당함으로 관행을 통해 '생멸문'을 극복하고 '진여문'을 거쳐 '일심'의 근원(一心之源)으로 향할 수 있음을 보여준다. 그들의 심식은 다양하지만 '관행'은 '일미'이며, 그 수행을 통해 모두 '一心'으로 유도되기 때문이다.

「무상법품」은 「무생행품」을 따라 수행의 단계를 향상시킬 수도 있다. 그러면서 순차적으로 상위 '품'을 거쳐 「여래장품」인 '일심'에 도달할 수 있다. 하지만 「무상법품」 역시 '일미'의 수행으로 볼 수 있다. 따라서 「무상법품」의 독자적 수행으로도 '일심'을 향할 수 있는 것이다.

말하자면 수행의 단계로서 「무상법품」이 설정되지만, 깨달음의 측면에서 모두 평등한 지위를 갖는 것이다. 이후의 '品'들도 모두 동일한 논리로 이해될 수 있다.

> 나) '心王(菩薩)'에는 두 가지 뜻이 있다. 첫째는 '팔식'의 마음을 거느리므로 '심왕'이라 한 것이다. 둘째는 '一心'의 법이 모든 덕을 거느리기 때문에 '심왕'이라고 한 것이다.[6]

자료 나)는 「무생행품」에서 등장하는 '심왕보살'에 대한 설명이다. 「무생행품」은 「무상법품」을 이은 두 번째 단계이다. 자료 가)와 같이, 「무상법품」이 감각적인 '육식'을 거론했다면, 자료 나)는 의식의 주체

---

6) 元曉, 『金剛三昧經論』 『韓國佛敎全書』 卷1, 624쪽 (가)에서 "心王之義 略有二種 一者 八識之心 御諸心數 故名心王 二者一心之法 總御衆德 故名心王"이라 하였다.

인 '八識'을 언급하고 있다. 즉 보다 진전된 수행으로 나아가고 있는 것이다. 그런데 '심왕'은 '일심'의 덕을 포함한다고 했다. 이는 「무생행품」을 통해 '일심'을 얻을 수 있다는 의미로도 해석할 수 있다. 다시 말해 「무생행품」도 독자적으로 '일심'으로 향할 수 있는 것이다. 이렇게 원효는 각 '품'마다 일관되게 '일심'을 강조하고 있다.

그런데 「무생행품」의 설주인 '心王菩薩'은 유독 주목된다. 이는 기존의 경전에 흔히 나타나지 않는 명칭이기 때문이다. 또한 그는 자료 나)에서 '심왕보살'의 의미를 자세히 풀이하고 있다. 이는 그 생소한 이름에 대한 배려일 것이다. '심왕보살'은 '일심'을 강조한 원효의 의도와 일치한다. 무엇보다 그는 『기신론』 저술과 『금강삼매경론』에서 '一心'을 '心王'으로 비유했다. 자료 나)에서와 같이 심왕은 일심의 유전적 성격인, '팔식'에도 있으며, 또한 모든 덕을 포함한다고 보았다.[7] 그런데 '佛說'인 『금강삼매경』에서 '심왕보살'이 등장하고 있는 것이다. 따라서 경전인 『금강삼매경』의 '심왕보살'은 『기신론』을 통해 '一心'을 강조했던 원효의 의도와 매우 어울리는 것으로 이해할 수 있다.

2) 『금강삼매경론』의 실천성

『금강삼매경론』은 실천수행을 위한 일관된 기제를 내포하고 있다.

---

7) 元曉, 『起信論疏』 『韓國佛教全書』 卷1, 709쪽 (가)에서 "說名心王 由其本一心是 諸法之總源故也"라고 하였다 ; 元曉, 『金剛三昧經論』 『韓國佛教全書』 卷1, 618 쪽 (나)~(다)에서 "無量功德 卽是一心 一心爲主 故名心王"이라 하였다.

이것이 '일미관행'과 '십중법문'이다. 원효는 실천수행을 위해 '관행'을
강조하면서, 이를 여러 가지로 나누고 있다. 그렇지만 원효는 '일미관
행'을 강조한다. 즉 중생의 근기에 따라 다양한 수행법을 내세우지만,
이는 결국 하나로 통합될 수 있다.『금강삼매경론』은 결국 '관행'의
통일을 강조한 것이다.[8] 다음은 이 같은 '관행'이 모두 하나로 인식될
수 있음을 보여주는 부분이다.

> 다) 이 경의 종요가 분석적인 면과 종합적인 면이 있다. 종합해서
> 말하면 '一味觀行'을 요점으로 삼는다. 또한 분석적으로 말하면
> '十重法門'을 '宗'으로 삼는다.[9]

자료 다)에서 원효는 '일미관행'을 말하고 있다. 본질적으로 수행에
해당하는 '관행'은 하나로 인식될 수 있다. 하지만 근기의 차별에
따라 다양하게 수행법을 찾을 수 있다. 따라서 그는 '십중법문'을
함께 강조하고 있는 것이다. 원효는 이렇게 말하면서도『금강삼매경
론』의 핵심사상을 거듭 말하고 있다.

> 라) (전개한) '九門'은 모두 '一門'에 포섭된다. 또한 '一門'에 '九門'이
> 포함되어 있는 것이다. 따라서 '一味觀行'을 벗어나지 않는다.
> 즉 펼쳐도 늘어나지 않고, 종합해도 줄지 않는다. 이것이 이
> 경의 종지다.[10]

---

8) 김두진,「원효의 유심론적 원융사상」『한국학논총』22, 국민대, 1999.
9) 元曉,『金剛三昧經論』『韓國佛敎全書』卷1, 604쪽 (다)에서 "此經宗要有開有合
合而言之 一味觀行爲要 開而說之 十重法門爲宗"이라 하였다.

자료 라)는 원효의 '일미관행'론을 설명한 부분이다. 그리고 '일문'에 '구문'이 포함되므로 모든 수행은 원칙적으로 일미의 관행에서 벗어나지 않음을 주장하고 있다. 즉 수행단계의 차별인 '九門'을 통해 수행의 그 현실성을 높여줄 수 있었으며, '일문'을 강조함으로써 수행의 차별성을 극복할 수 있었다.

『기신론』역시 동일한 깨달음으로 향할 수 있는 방향을 제시한다. 그『생멸문』에서의 세밀한 심식분석으로 중생의 근기를 관찰할 수 있게 한다. 이는 수행의 지위를 제시해 준다. 그리고 이는 여러 계층을 포용할 수 있는 구조이기도 하다. 즉『기신론』은 수행의 단계를 설정할 수 있는 중생의 심식을 분석해 준다. 그런데 원효는 심식의 분석을 『금강삼매경』의 '육품'에 직접 적용하여 대중교화에 활용했던 것으로 보인다. 실제로 그 '관법'이 교수되는 대상으로 기층민 엄장은 특히 주목된다.

> 마) 엄장은 부끄러워하며, 원효의 처소로 가서 깨달음의 방법을 간곡히 물었다. 원효는 '삽관법'으로 그를 가르쳤다. 엄장은 자신을 깨끗이 하며 참회하여, '觀法'을 닦아 정토를 얻었다.11)

엄장은 광덕의 처로부터 교훈을 얻고 원효에게 깨달음에 이르는 방편을 묻고 있다. 그에게 베풀어진 것이 바로 '삽관법'이다. 원효는『금강삼매경론』의 초품인「무상법품」에서 '관법'을 강조하고 있다. '관법'을 통해

---

10) 元曉, 『金剛三昧經論』『韓國佛敎全書』卷1, 605쪽 (가)에서 "後九門皆入一門 一門有九 不出一觀 所以開不增一 合不減十 不增不減爲其宗要也"라고 하였다.

11) 『三國遺事』卷5, 感通,「廣德嚴莊」조.

인식의 대상인 사물의 '相'을 벗어나 그 본질을 깨닫도록 하는 것이 「무상법품」의 역할이다.

「무상법품」은 전술한 『기신론』의 하위단계인 '6추'의 단계에 해당하기도 한다. 엄장은 학적 기반이 미약한 기층민에 해당할 것이므로 낮은 근기의 중생으로 여길 수 있다. 따라서 원효는 엄장에게 보다 소박한 방편인 '삽관법'을 권했을 것이다. 삽관법의 정확한 내용은 전하지 않지만 아마도 원효가 엄장에게 가장 적합한 수행방편으로 여겼을 것이다.

하지만 원효가 엄장에게 관법을 권장했던 것은 역시 주목할 필요가 있다. 『금강삼매경』에서 설한 수행의 방편으로서 '관법'은 중시되기 때문이다. 이렇게 원효는 엄장에게 적합한 '관법'을 권했던 것이다. 『금강삼매경론』에서 '십중법문'을 설정했던 것과 같이 수행방편의 차별을 적용했던 것으로 이해할 수 있기 때문이다. 그럼으로써 엄장은 '정토왕생'이라는 깨달음에 이르렀던 것이다.

요컨대 엄장의 '삽관법'은 '원효가 설정한 다양한 수행으로 이해될 수 있는 것이다. 또한 이는 '일미'의 시각에서 '관법의 통일'로도 생각할 수 있다. 왜냐하면 엄장은 자신의 수행을 통해 평등한 깨달음을 얻었기 때문이다.

2. 원효의 원융론과 '일심' 논리

원효의 『금강삼매경론』은 자신의 불교학을 집대성한 저술이다.[12] 『금강삼매경론』은 특정 경전의 주석이 아닌 다수의 경전이 그 안에 통합·해설되고 있으며,13) 원효의 학문적 이력을 총동원하여 그 교학적 지향점을 명확히 하고 있기 때문이다.14) 『금강삼매경론』은 실천적 보살행을 매우 강조하였다.15) 『금강삼매경론』의 이러한 성격은 그가 다수의 불전을 정리하는 과정에서 형성된 것으로 보인다. 그런데 대중교화에 부합하는 명칭을 지닌 보살이 원전인 『금강삼매경』에 다수 등장하고 있음은 매우 흥미롭다.

원효의 대중교화에 대한 관심은 『금강삼매경론』에도 빈번히 나타나고 있다. 말하자면 『금강삼매경』과 『금강삼매경론』은 실천적 측면에서 상호 일치하고 있는 것이다. 이와 함께 양자는 깨달음의 대열로 중생을 이끌 수 있는 적극적인 제도행을 일관되게 장려하고 있다. 이것을 가능하게 하는 체계가 원효가 주목한 『금강삼매경』의 '6품'

---

12) 『金剛三昧經論』은 원효의 최만년의 저술로 이해될 수 있다. 원효가 가장 존중하는 『기신론』이 다수 인용되어 있으며, 『금강삼매경론』을 인용한 예를 찾을 수 없기 때문이다(高翊晉, 「新羅中代 華嚴思想의 展開와 그 影響」 『韓國古代佛教思想史』, 東國大, 1989, 218쪽).

13) 元曉, 『金剛三昧經論』 卷中 『韓國佛教全書』, 635쪽 (나)에서 "法華窮子 局喩聲聞 此中迷子 通喩群生"이라 하였다 ; 元曉, 『金剛三昧經論』 卷中 『韓國佛教全書』, 645쪽 (다)에서 "本業經十行中言 十爲自在轉大法輪故 所謂菩薩三寶"라 하였다 ; 水野弘元, 「菩提達摩의二入四行說과金剛三昧經」 『駒澤大學研究紀要』 13, 1955, 41쪽 ; 南東信, 「新羅 中代佛教의 成立에 관한 研究」 『韓國文化』 21, 서울대, 1998, 128쪽.

14) 元曉, 『金剛三昧經論』 卷中 『韓國佛教全書』, 645쪽 (다)에서 "一心法中 有二種門 今先守其心眞如門 爲伏無明大龍勢故 無明正迷一心如故 此中守者 入時靜守一如 之境 出時不失一味之心 故言守一"이라 하였다.

15) 元曉, 『金剛三昧經論』 卷下 『韓國佛教全書』, 654쪽 (가)에서 "明菩薩位 從本利出"이라 하였는데, 이는 '본각의 이익'인 '불각에 대한 훈습'과 보살의 '제도행 (이타행)'으로 전환시키려는 의도가 담겨져 있다 ; 같은 책, 662쪽 (다)에서 "不住涅槃者 第三大悲 異二乘故 離彼二邊 入菩薩道也"라고 하였다 ; 은정희, 「원효대사」 『한국불교인물사상사』, 民族社, 1990, 48쪽에서 원효의 '진속불이' 사상의 핵심 근거로서 '不住涅槃'을 지목하고 있다.

구조이다.16) 즉 육품을 통해 최하층의 중생으로부터 상층의 중생을 포괄할 수 있는 논리를 갖추고 있으며, 자질에 따른 차별적 수행법을 결국 일원적으로 인식하고 있어,17) 보다 많은 대중에게 불교를 친숙하게 할 수 있는 기제를 담고 있다.

　말하자면 원효는『금강삼매경론』을 통해 자신의 불교학을 일관되게 정리하고자 했으며, 원융사상을 통해 이러한 자신의 학문적 특성을 추구하려 했다.

　또한 원효가 추구한 불교학의 통합은 중생제도에 대한 관심과 연관된 것으로 짐작된다. 이러한 논의는 다음의 자료를 통해 확인할 수 있다.

　　바) ①‘一心’에서 二門을 열어 ‘摩羅百八(『능가경』)’의 넓은 가르침을 총괄하였다. 또한 현상의 물든 것에서 본성의 깨끗함을 나타내어 ‘踰闍十五(『승만경』)’을 종합하였다. ‘鵠林一味(『열반경』)’의 종지와 ‘鷲山無二(『법화경』)’ 취지와『金光明經』과『大乘同性經』의 三身(法身·報身·應身)의 지극한 결과와『華嚴經』과『보살영락

---

16) 주지하듯『金剛三昧經』은 ‘六品’ 구조로 구성되어 있다. 그런데 원효의 저술 (경전 주석서)들이 ‘六門(六品)’ 체제를 갖추고 있는 것은 매우 흥미롭다. 이는 원효와『금강삼매경』의 관계를 추정할 수 있게 한다 ; 元曉,『大慧度經宗 要』『韓國佛敎全書』, 480쪽 (가)에서 “將說此經 六門分別 初述大意 次顯經宗 三釋題名 四明緣起 五者判敎 六者消文”이라 하였고 ; 元曉,『法華宗要』『韓國佛 敎全書』, 487쪽 (다)에서 “將欲解釋 次經略開 六門分別 初述大意 次辨經宗 三明 詮用 四釋題名 五顯敎攝 六消文義”라고 하였으며 ; 元曉,『涅槃宗要』『韓國佛敎 全書』, 526쪽 (가)에서 “涅槃之義 六門分別 一名義門 二體相門 三通局門 四二滅 門 五三四門 六四德門”이라 하였다.

17) 元曉,『金剛三昧經論』卷上『韓國佛敎全書』, 609쪽 (가)에서 “又此六品 唯是一 味”라고 하였다.

경』의 四階(성불의 단계)의 인연과『大品般若經』과『大方等大集經』의 넓고 지극한 도와『大乘大方等日藏經』과『大方等大集月藏經』의 비밀한 玄門에 이르기까지 여러 경전의 핵심을 모은 것은 오직 이 논(『대승기신론』)일 뿐이다.[18]

② 대승법에는 오직 '一心'이 있을 뿐이다. '一心' 외에는 다른 법이 없다. 하지만 무명이 자기(중생)의 일심을 미혹하여 모든 물결을 일으켜 '육도'에 유전하게 되는 것이다. 비록 '육도'의 물결을 일으키지만 '一心'의 바다를 벗어나지 않는다. '일심'이 움직여 '六道'를 일으키기 때문에 널리 구제하는 '弘濟(보살의 서원)'를 일으키는 것이다. 즉 '육도'가 '일심'을 벗어나지 않기 때문에 同體大悲를 일으킬 수 있다.[19]

자료 바)①에서 원효는『대승기신론』의 '일심'이 모든 대승경전을 융섭할 수 있다고 주장했다. 특히 원효가 주석했던『열반경』과『반야경(大慧度經)』,『법화경』,『화엄경』이 모두 '일심'에 의해 통합적으로 설명될 수 있다고 보았음이 분명하다. 따라서 원효는 자신의 저술과 관련된 경전을『대승기신론』의 관점으로 해석하려 했을 것이다. 즉 원효가『대승기신론』을 숙지한 이후에는 더욱더 '일심'의 논리에 의해 다양한 경전을 일원적으로 보려했을 것으로 인식된다.

---

18) 元曉,『起信論疏』『韓國佛敎全書』, 698쪽 (나)~(다)에서 "開二門於一心 總括摩羅百八之廣誥 示性淨於相染 普綜踰閣十五止幽致 至如鵠林一味之宗 鷲山無二之趣 金鼓同性三身之極果 華嚴瓔珞四階之深因 大品大集曠蕩之至道 日藏月藏微密之玄門 凡此等輩中衆典之肝心 一以貫之者 其唯此論乎"라고 하였다.

19) 元曉,『起信論疏』『韓國佛敎全書』, 701쪽 (나)~(다)에서 "大乘法唯有一心 一心之外 更無別法 但有無明迷自一心 起諸波浪流轉六道 雖起六道之浪 不出一心之海 良由一心動作六道 故得發弘濟之願 六道不出一心 故能起同體大悲"라고 하였다.

원효는 이 같은 경전에 대한 일원적 인식과 함께, 자료 바)②를 통해 '일심'을 '모든 중생의 마음'으로도 해석하였다. 모든 중생은 무명의 작용으로 '육도(윤회의 과정)'에 유전하지만, 모든 중생의 마음은 '일심'에서 벗어나지 않음을 확신하였다. 즉 중생은 '일심'의 유전이므로 결국 일심으로 회귀할 수 있다. 따라서 그들은 모두 '同體大悲'의 대상이며 제도의 대상이 됨을 주시한 것이다. 또한 일심에 의해 '보살행(弘濟)'을 일으킨다고 보아, 그가 『대승기신론』을 매우 실천적으로 인식한 것을 알 수 있다. 다시 말해 '중생의 유전'이 '일심'에서 벗어나지 않으므로 모두 '일심'으로 회귀할 수 있다는 것이다. 원효의 적극적 대중교화는 이러한 논리에서 찾아야 할 것이다. 그러면서 원효는 대승법은 역시 '일심'일뿐이라고 명시하며 자료 바)①의 통합적 경전 인식을 재확인하고 있다.

요컨대 원효는 모든 경전의 교학과 다양한 중생의 심식을 '일심'으로 이해한 것이다. 어쩌면 원효의 '화쟁'은 중생의 교화를 위한 경전의 통일적 인식이라고 할 수 있을지도 모른다. 즉, 교학에 대한 일원적 태도는 중생에 대한 차별의식을 아울러 완화시켰던 것으로 이해할 수 있다. 원효는 '생멸문'에서의 중생에 대한 철저한 분석을 통해 그들이 처한 현실을 파악했으며, '진여문'의 평등논리를 통해 다시 그 분별을 인정하려 하지 않았다. 이러한 원효의 원융논리와 중생제도 의식은 『대승기신론』에 영향을 받은 바 크다. 『금강삼매경론』은 사실상 『기신론』의 실천적 변형이며, 『금강삼매경』은 『기신론』의 '경전화'라고 보여진다. 왜냐하면 『금강삼매경』에 등장하는 '보살(心王·無住)'들과 각 '品(本覺利品·入實際品)'의 명칭은[20] 원효가 중시한 『대승기신론』과 밀접하며, 원효는 『금강삼매경』의 '육품' 구조를 기

신론의 '二門(심진여문·심생멸문)'에 정확히 대응시켜 해석해 내고 있기 때문이다.[21]

이러한 『대승기신론』은 물론 다양한 교학을 수용한 원효의 수학과정은 매우 다채로웠을 것이다. 이는 '學不從師'로 표현할 수 있다.[22] 이는 일정한 스승이 없음을 지적한 것으로 볼 수 있다. 또한 일연은 원효를 '不羈'로 이해하였다.[23] 원효는 한 종파에 집착하지 않고, 거의 모든 경전을 풀이한 주석서를 남긴 것이다.[24] 따라서 원효의 전기에서는 그의 수학활동을 이렇게 표현한 것이다.

원효의 『大慧度經宗要』는 다른 저술과는 구별되는 성격을 지닌다.

---

20) 元曉,『大乘起信論別記』『韓國佛敎全書』, 680쪽 (가)에서 "二門所攝理不同者 眞如門中所說理者 雖曰眞如亦不可得 而亦非無 有佛無佛 性相常住無有反異 不可破壞 於此門中 假立眞如實際"라고 하여 '진여문'의 '진여'는 사실상 '실제'와 동일함을 밝히고 있다 ; 高翊晉,『元曉의 起信論 哲學과 華嚴經觀』『韓國古代佛敎思想史』, 동국대 출판부, 1989, 198~199쪽에서 "'진여문'에서는 '理'를 '진여'와 '실제'로, '事'를 '분별성'으로 칭하였으며, '생멸문'에서는 '理'를 '불성'과 '본각'으로, 그리고 '事'를 '의타성'으로 부르고 있음을 지적했다 ; 정리하자면, '진여문'의 '진여'와 '실제'는 같은 의미이다. 그런데 원효는 『금강삼매경론』을 통해 『금강삼매경』을 해설하면서 경전의 「입실제품」을 '진여문'의 단계로 지적하였다. 따라서 이는 원효의 『대승기신론』해석이 『금강삼매경』에 반영된 것으로 추정할 수 있는 단서가 될 수 있을 것이다.

21) 元曉,『金剛三昧經論』卷中『韓國佛敎全書』, 637쪽 (다)에서 "前品(無生行品)明心生滅門 今此品(入實際品)顯心眞如門"이라 하였으며, 같은 책, 610쪽 (가)에서 "可度衆生者 如來所化一切衆生 莫非一心之流轉故 皆說一味者"라고 하였다.

22) 『三國遺事』卷5, 「元曉不羈」條 ; 『宋高僧傳』卷4, 「元曉傳」(『大正新修大藏經』卷50, 730쪽 (가))에서는 "隨師稟業遊處無恒"이라 하였다.

23) 『三國遺事』卷5, 「元曉不羈」條에서 "偶得優人舞弄大瓠 其狀瑰奇 因其形製爲道具 以華嚴經 一切無㝵人 一道出生死 命名曰無㝵"라고 하였는데, 일연은 '無㝵'의 다른 표현으로 '不羈'를 사용한 것으로 추정된다.

24) 김두진, 『의상ㅡ그의 생애와 화엄사상』, 민음사, 1995, 350쪽에서, 후대의 승려들이 자파의 소의경전을 선양할 때, 최초 주석자인 원효를 기념하게 됨으로써 그의 위상이 점차 높아지게 되었다고 이해했다.

즉 여기에서는 원효가 주로 인용했던『기신론』의 논리가 드러나지 않기 때문이다. 하지만 원효는 여러 경전을 하나의 논리로 통합하고자 했던 것만은 분명하다. 자료 바)①을 통해 확인할 수 있듯이,『대승기신론』을 학습한 후 이를 통해 모든 경전을 '하나(일심)'로 인식하려 했기 때문이다.

그런데 원효 불교의 완성작으로 생각되는『금강삼매경론』은『기신론』의 강한 영향을 받고 있다. 따라서『기신론』의 '一心·二門' 논리가 드러나지 않는다면, 이는 그의 초기 저술일 가능성이 높다. 대부분의 저술이『기신론』의 논리구조를 바탕으로 서술되었기 때문이다. 그렇다면 다방면의 교학을 학습하면서 여러 경전에 관심을 보이던 원효는 자신이 수학한 학문을 역시 일관되게 이해하고자 했을 것이다. 이러한 그의 경전 인식 경향은 아래의 자료를 통해 다시 확인할 수 있다.

　사) 삼분(견분·상분·자증분)이 모두 '一味'일 뿐이다. 만일 이러한 말과 같이 보거나 보지 않는 것에 아무 장애가 없다면 그것은 곧 해탈이다. 하지만 만일 견분이 있다면 그것은 '유변'에 떨어지는 것이며, 만일 '견분'이 없다면 그것은 곧 '무변'에 떨어지는 것이다. 즉 그 변을 떠나지 못하기 때문에 속박을 받는 것이다.[25]

원효는 대승불교의 제경전을 주석하면서 논쟁의 핵심이 되었던 '空觀'과 '唯識'을 통합할 수 있는 논리를 모색하고 있었던 것으로

---

25) 元曉,『大慧度經宗要』『韓國佛敎全書』卷1, 482쪽 (다)에서 "如是三分只是一味 若如是說有見 不見無障無礙卽是解脫 若存能見 卽墮有邊 若無見分則墮無邊 不離 邊故卽爲被縛"이라 하였다.

짐작된다. 자료 사)에서 원효는 반야·공관사상의 대표격인『반야경(大慧度經)』에 나타난 '(관조)반야'의 의미를 유식론에 입각하여 비교·해석하고 있다. 말하자면 '반야'의 실체를 거론하면서 유식의 '인식논리(상분·견분)'로 반야를 이해하고자 했다. '상분'은 유식의 용어로 의식에 의해 형성된 '상'이다.[26] '견분'은 능동적 측면으로 상분을 인식하는 작용을 한다.[27] 공관계인『반야경』을 주석하면서 유식 논리를 활용하는 원효의 통일적 경전 인식은 역시 주목된다. 그러면서 유식의 분별적 인식작용[28]을 통합하기 위한 '일미'를 제시하고 있다. 여기에서는 '일미'를 공유 화쟁의 의미로 사용하고 있지는 않다. 하지만 그는 '일미'를 적절히 활용하면서 공관사상과 유식사상의 회통을 위한 예비 단계로 설정하고 있는 것으로 추정할 수 있다.

이와 함께『기신론』의 핵심 개념인 '일심'이 아직 등장하지 않았지만, 대립되는 극단적 논리를 하나로 보고자 하는 경향을 강하게 드러내고 있는 것이다. 그것이 바로 그가 강조하는 '일미'이다.

---

26) 竹村牧男,『唯識の構造』, 春秋社, 1985(정승석 옮김,『유식의 구조』, 민족사, 1989, 19쪽)에서 "하나의 '識' 속에서 보는 것을 '견분'이라 하고, 보여지는 것을 '상분'이라 한다"고 이해했다.

27) 竹村牧男, 같은 책, 같은 쪽.

28) 竹村牧男, 같은 책(정승석 옮김,『유식의 구조』, 1989, 민족사, 18쪽)에서 "명칭이 표현하는 사물은 실체가 없으나, '무'와는 달리 무언가 존재한다"고 보았다. 따라서 유적·분별적 성향이 강하다 ; 같은 책, 같은 쪽에서 "8식이 변화하면서 서로 끊임없이 유전하여 가는 세계, 즉, 8식이 그 하나 하나와 더불어 대상세계를 스스로 비추어내면서 시시각각으로 변화하여 흘러가는 세계 위에 실체적인 '나'와 '법'이 가설되는 그 구조를 유식설이 규명하려 했다"고 유식학의 성격을 지적했다 ; 박미선,「新羅僧侶들의 衆生觀에 대한 一考察」『河炫綱教授定年紀念論叢－韓國史의 構造와 展開』, 2000, 114쪽, 118쪽에서 "현장을 비롯한 승장·경흥 등이 불성이 없는 '일천제'를 성불할 수 없는 존재로 본 것('五性各別說')과 달리 원효가 '불성론'을 확대하여 불교의 대중화를 이루었다"고 이해했다.

'일미'는 '평등함', 또는 '일심'에 이르는 평등한 수행법(방편)으로 서29) 『금강삼매경론』에 매우 빈번하게 나타난다. 일체 중생이 '일심'에서 흘러 왔으므로(一心의 流轉), '일미'의 교설로 '일심'에 도달한다는 것이다.30) 그러므로 『금강삼매경론』의 '일미'는 '일심'을 위한 방편으로서,31) 실천·수행법의 통일로 간주될 수 있다. 하지만 『대혜도경종요』에서는 '일심'의 논리도 등장하지 않으며, 어떠한 『기신론』의 표현이 나타나지 않는다. 따라서 자료에 나타난 '일미'는 『대승기신론』을 만나기 이전, 원효가 주장한 초보적 성격의 융합논리로 이해해야 할 것이다. 원효의 이러한 통합적 경전 이해는 아래의 자료 아)①을 통해 더욱 확연하게 드러난다.

> 아)① 이 경은 '반야'로 근본을 삼아, 말함이 없고 보임이 없으며, 들음이 없고 얻음이 없다. 그래서 모든 희론을 넘는 격언이다. 보임이 없기 때문에 보이지 않음이 없고 얻음이 없기 때문에 얻지 않음이 없다. 육도의 만행이 여기서 원만해지고 오안 만력이 여기서 자란다. 그래서 보살의 창고(보살심이 담긴 곳)이며, 모든 부처님의 참 어머니이다.32)

---

29) 元曉, 『金剛三昧經論』卷中 『韓國佛教全書』, 634쪽 (다)에서 "如經覺性不異 涅槃無異 是明覺性一味無差別相 卽是涅槃之無差別"이라 하였고 ; 같은 책, 638쪽 (나)에서 "如百川流 同入大海 大海深廣 同一味故 如是名爲引入方便"이라 하였으며 ; 같은 책, 같은 부분에서 "圓寂平等故 名一味 令彼衆生 希大涅槃 止諸識浪 出離流轉 如是名爲出離方便"이라 하였다.

30) 元曉, 『金剛三昧經論』卷中 『韓國佛教全書』, 610쪽 (가)에서 "一切衆生本來一覺 但由無明 隨夢流轉 皆從如來一味之說 無不終歸一心之源 歸心源時 皆無所得 故言 一味 卽是一乘"이라 하였다.

31) 元曉, 『金剛三昧經論』卷中 『韓國佛教全書』, 605쪽 (가)에서 "一心中一念動 順一實 修一行 入一乘 住一道 用一覺 覺一味"라고 하였다.

② 이 논(『大乘起信論』)은 지혜롭고 어질며 또한 깊고 넓다. 세우지 않는 바가 없지만 스스로 보내고, 깨뜨리지 않는 것이 없으면서 허용한다. 인정한다는 것은 가는 것이 다하여 모두 세우는 것이며, 보낸다는 것은 주는 것을 다하여 빼앗는 것이다. 이는 논리의 '祖宗'이며, 모든 논쟁의 '評主'라고 말한다.[33]

자료 아)①을 통해, 원효는 '반야'가 모든 '희론을 넘는 격언'으로 대립을 극복하면서도, 여러 교학을 통합할 수 있는 개념, 즉 '諸佛의 참 어머니(眞母)'로 이해하였다. 원효의 이 같은 융섭적 교학 인식은 자료 아)②를 통해서도 확인할 수 있다. 여기에서 원효는 『대승기신론』이 '세움'과 '파함'을 모두 갖춘 근본적 성격(祖宗)의 논서로 이해했다.

이는 『반야경(大慧度經)』을 '諸佛의 참 어머니'로 인식한 원효의 해석과 통할 수 있으며, 사실상 같은 표현으로도 이해할 수 있다. 즉 자료 아)②에서 『대승기신론』의 통합성에 주목한 원효의 인식을 감안하면, 역시 자료 아)①에서와 같이 반야의 근본적 성향과 이를 통한 통합성에 주목했을 것으로 보인다. 만약 그렇지 않다 해도 원효의 이 같은 '반야' 인식은 그가 『대승기신론』의 통합성에 주목하게 된 이유 가운데 하나로 작용했을 것으로 보아야 할 것이다. 특히 '보임'이

---

32) 元曉, 『大慧度經宗要』『韓國佛敎全書』卷1, 480쪽 (가)에서 "今是經者波若爲宗 無說無示無聞 無得絶諸戱論之格言也 無所示故無所不示 無所得故無所不得 六度 萬行於之圓滿 五眼萬德從是生 成菩薩之要藏也 諸佛之眞母也"라고 하였다.

33) 元曉, 『大乘起信論別記』本 『韓國佛敎全書』, 678쪽 (가)에서 "今此論者 旣智旣仁 亦玄亦博 無不立而自遣 無不破而還許而還許者 顯彼往者往極而遍立 而自遣者 明 此與者窮與而奪 是謂諸論之祖宗 羣諍之評主也"라고 하였다. 이는 원효가 『大慧 度經(반야경)』에 내린 평가와 비슷하다고 볼 수 있다.

없기 때문에 '보이지 않음이 없다'는 대목은 반야의 철저한 '相'의 부정과는 일정한 거리가 있어 보이며 오히려『대승기신론』의 평가인 자료 아)②의 '세우지 않음이 없다'와 대응시킬 수 있을 듯하다. 물론 이것은 극단에 치우치지 않는『반야경』의 '中觀'과 '중도실제' 사상일 수 있다.34)

하지만 원효는 지속적으로 유식의 개념(삼분)을 동원하였으며, 해당 경전의 논리 체제에 입각한 해석을 시도하지는 않는 듯하다. 이렇게 원효는『대승기신론』이전에도 자신이 주석한 경전들을 하나의 시각으로 인식하고자 했으며, 이를 위해『대승기신론』의 구조에 착안했던 것으로 이해할 수 있다.

이러한 원효의 종합적 경전 인식은 그가 대중교화에 전념했을 때 매우 유용했을 것으로 보인다. 왜냐하면 중생의 제도에 유용한 교학을 모순없이 대중에 적용할 수 있었을 것이기 때문이다. 또한 대중교화라는 뚜렷한 목표의식에서 교학적 분별의식은 원효에게 큰 비중을 차지하지 않았을 수도 있었을 것이다.

요컨대 원효는 중생제도를 위해 모든 교학을 활용하고자 했으며, 자신이 학습한 불교학을 체계적으로 정리해야 할 필요성을 느꼈는지

---

34) 鄭舜日,『印度佛敎思想史』, 운주사, 2005, 392쪽에서 "중도는 대립을 지양하는 실천적 태도이며, 논리적으로는 대립개념의 초월을 의미한다"고 서술했다 ; 같은 책, 401쪽에서는 "세속제(현상·유한)와 제일의제(무한·전체)의 조화가 '중도'"라고 보았다. 또한 세속제에서 현상을 인식하는 것을 '智'로, 제일의제에서 제법을 인식하는 것을 '반야'라고 이해했다. 즉 반야의 도움이 없이는 인식이 집착에 이르게 된다고 보았다 ; 梶山雄一·上山春平,『空의 論理 －中觀』, 角川書店, 1969(정호영 옮김,『공의 논리』, 민족사, 1989, 96쪽)에서, 나가르주나(龍樹)가 두 개념을 '대립 개념'으로 환원한 것은 각각의 개념이 자립적으로 존재하는 본체를 갖지 않는다는 사실을 밝히기 위한 것으로 보았다.

도 모른다. 따라서 원효는『대승기신론』과 만났을 때 이를 크게 환영했으며,『대승기신론』을 통해 자신의 학문적 성과를 집대성하려고 노력했을 것이다. 하지만『기신론』에 접근하지 못한 시기에는 근본적인 개념을 찾기 위해 주력했던 것으로 인식된다. 원효의 통합적 교학인식은 아래의 자료를 통해서도 찾아낼 수 있다.

> 자) 옷을 기울 때는 짧은 바늘이 긴요하고, 긴 창이 있더라도 그것은 소용이 없다. 또한 비가 오는 날에 비를 피하려면 작은 우산이 필요하며, 온 하늘을 덮는 것이 있어도 이는 소용없는 것이다. 그러므로 작다고 해서 그것을 경시할 수 없다. 즉 그 근성에 따라서 크고 작은 것이 모두 보배인 것이다.[35]

위의 자료는『미륵상생경』에 대한 대·소승 논쟁을 원효가 지적하고,『상생경』이 '대승(보살장)'에 포함됨을 논증하려 했다. 그러면서 원효의 경전인식과 교학관을 시사하고 있기도 하다. 즉 모든 경전이 중생제도에 효용이 있음을 주장한 것이다.

이는 원효의 실천적 교학관에도 상당한 영향을 주었을 가능성이 있다. 원효는 이러한 논리를 바탕으로 경전을 주석했을 개연성이 있으며, 대중교화를 위한 융합적 시각을 확대했을 것이다.

다시 말해 원효는 대중교화라는 측면에서 교학적 논쟁은 무의미한 것으로 이해했을 것이다. 즉, 그는 보다 근본적인 논리를 모색했을

---

35) 元曉,『彌勒上生經宗要』『韓國佛敎全書』卷1, 549쪽 (나)에서 "然縫衣之時 短針爲要 雖有長戟 而無所用 避雨之日 小盖是用 普天雖覆 而無所救 是故不可以小爲輕 隨其根性大小皆珍者也"라고 하였다.

것이다. 원효가 논쟁을 화해시킬 때 자주 사용한 방법은 '경전 내용의 권위에 입각한 해석(聖敎量)'이다.[36] 즉 성인(석가모니)의 가르침을 전범으로 삼아 논쟁을 조율하는 것이다. 원효는 근본적 시각에서의 이견을 조율하고 모든 경전을 중생의 제도에 활용했을 것으로 보인다. 그가 대중교화에 대한 효용성의 입장에서 교학을 체계화하려 했기 때문이다. 원효는 교학적 측면의 연구에 치중하다가 자신의 저술 중『화엄경소』「십회향품」에서 절필한 적이 있다.[37] 그러면서도『화엄경』의 한 구절을 대중교화에 활용하였다.[38] 이는 교학을 대중교화에 활용하려했던 원효의 의지로 간주된다. 말하자면 그의 통합적 교학관은 대중교화의 논리를 더욱 풍부하게 할 수 있는 논리적 자산이 되었을 것임이 거의 분명하다.

원효의『기신론』인식은『금강삼매경론』에 적용되었지만,[39] 다른 저술에도 이를 활용하려는 인식이 강하다. 또한 원효가『열반경』을 『대승기신론』의 교학을 활용하여 해석하고 있음은 매우 주목된다.

36) 元曉,『涅槃宗要』『韓國佛敎全書』卷1, 525쪽 (나)에서 "二說悉得 皆依經典不相妨故"라고 하였으며 ; 元曉,『無量壽經宗要』『韓國佛敎全書』卷1, 557쪽 (다)에서 "問如是二說 何者爲實 答皆依聖典 有何不實"이라 하였다 ; 元曉,『大慧度經經宗要』『韓國佛敎全書』卷1, 481쪽 (가)에서 "諸師說皆實 所以然者皆是聖典不相違故"라고 하였다 ; 언어의 기반은 '식'이며, 식의 본성은 법성진여이다. 하지만 세속의 언어로는 근본에 이르기 어렵다. 이는 '聖敎'로써 가능하다. '聖敎'란 부처님의 설법이며 '진여'로 돌아가게 할 수 있다(竹村牧男,『唯識の構造』, 春秋社, 1985(정승석 옮김,『유식의 구조』, 1989, 민족사, 70쪽).

37)『三國遺事』「元曉不羈」조에서 "曾住芬皇寺 纂華嚴疏 至第四十廻向品 終乃絶筆"이라 하였다.

38)『三國遺事』「元曉不羈」조에서 "以華嚴經一切無㝵人 一道出生死"라고 하였다.

39) 高翊晉,「新羅 中代 華嚴思想의 展開와 그 影響」『韓國古代佛敎思想史』, 東國大, 1989, 236쪽에서『금강삼매경론』을『기신론』의 실천적 성격의 변용으로 이해했다. 하지만『기신론』의 실천성이『금강삼매경론』과 어떠한 차이를 보이는지 구체적으로 서술하지는 않은 듯하다.

차)①'열반'의 도는 도가 없으면서도 도 아닌 것이 없고, 머무름이 없으면서 머물지 않음이 없다. 따라서 그 도는 지극히 가까우면서도 지극히 멀다. 이 도를 얻은 이는 고요하면서도 우렁차다. 소리를 내기 때문에 팔성을 두루 떨쳐 허공을 통해 쉬지 않는다. 또한 두루 고요하기 때문에 十相을 멀리 떠나 진제와 함께하여 담연하다. 지극히 멀기 때문에 가르침을 따라 가면서 천겁을 지내지만 이르지 못한다. 지극히 가깝기 때문에 말을 잊고 찾지만 불과 一念이 지나지 않아 스스로 만난다. 이 경은 불법의 큰 바다이며, 방등의 비밀한 창고다. 그 교는 측량하기 어렵다. 실로 넓고 트여 끝이 없고 매우 깊어 그 밑이 없다. 밑이 없기 때문에 다하지 않음이 없고 끝이 없기 때문에 갖추지 않음이 없다. 여러 경전의 부분을 통합하여 온갖 흐름의 '一味'로 돌아가게 한다.[40]

②(기신론의) 종체를 나타내면, 대승의 체가 고요하고 적막하여 깊고 그윽하다. 깊고 깊으나 만상의 밖을 벗어나지 않고, 고요하고 고요하나 모든 이(백가)의 말에 담겨있다. 사물의 모습(像表)을 벗어나지 않으면 五眼으로 볼 수 없으며, 백가의 말속에 있지만, 그 모양을 말할 수 없다.[41]

---

[40] 元曉,『涅槃宗要』『韓國佛敎全書』卷1, 524쪽 (가)에서 "原夫涅槃之爲道也 無道而無非道 無住而無非住 是知其道至近至遠 證斯道者彌寂彌喧 彌喧之故 普震八聲 通虛空而不息 彌寂之故 遠離十相同眞際而湛然 由至遠故隨敎逝之綿歷千劫而不臻 由至近故忘言尋之不過一念而自會也 今是經者 斯乃佛法之大海 方等之秘藏 其爲敎也 難可測量 由良廣蕩無崖甚深無底 以無底故無所不窮 以無崖故無所不該 統衆典之部分歸萬流之一味 開佛意之至公和百家之異諍"이라 하였다.

[41] 元曉,『起信論疏』『韓國佛敎全書』卷1, 698쪽 (나)에서 "第一標宗體者 然夫大乘之爲體也 蕭焉空寂 湛爾沖玄 玄之又玄之 豈出萬像之表 寂之又寂之 猶在百家之談

③ 동체지력으로 이 논(대승기신론)을 짓고 여래의 깊은 뜻을 담은 경전을 풀이하여 배우는 자로 하여금 한 폭의 책을 펼쳐 모든 불전(三藏)의 뜻을 알게 하여 일체의 경계를 영원히 쉬게 해 일심의 근원으로 돌아가게 하려는 것이다.[42]

자료 차)①에서 원효는 열반의 도가 '유와 무'를 초월하고, '近·遠'의 경계를 벗어난다고 지적했다. 또한 『열반경』이 여러 경전을 하나로 인식할 수 있는 특징(일미)을 지닌다고 주장했다. 원효의 이러한 『열반경』 인식은 그의 『대승기신론』관과 어울릴 수 있다. 자료 차)② 에서 원효는 『대승기신론』의 핵심논리를 거론하면서, '형체를 떠났지만, 五眼으로 볼 수 있다'고 하면서, 『대승기신론』이 극단을 초월하는 통합적 구조를 지니고 있음을 확신했다. 또한 자료 차)③에서는 이 논(『대승기신론』)이 모든 경전을 통합하여 '일심'으로 돌아가게 한다고 인식하였다. 이 같은 『대승기신론』에 대한 설명은 자료 차)①에서 나타난 원효의 『열반경』 인식과 맥을 같이한다.

특히 여러 경전을 총괄했다는 표현은 『기신론』의 특성과 부합하며,[43] 원효가 『기신론』을 주목했던 이유와 일치한다. 또한 '논쟁을 화해시키며 일미에 귀납시켰다'는 것은 『기신론』[44]의 내용을 포괄하

非像表也 五眼不能見其軀 在言裏也 四辯不能談其狀"이라 하였다.

42) 元曉, 『起信論疏』 『韓國佛敎全書』 卷1, 698쪽 (나)에서 "同體智力堪造此論 贊述 如來深經奧義 欲使爲學者暫開一軸 遍探三藏之旨 爲道者永息萬境 遂還一心之原" 이라 하였다.

43) 元曉, 『大乘起信論別記』 『韓國佛敎全書』 卷1, 678쪽 (가)에서 "是謂諸論之祖宗 群諍之評主也"라고 하였다. ; 같은 책, 같은 쪽 (다)에서 "凡此等輩衆典肝心 一以貫之者 其唯此論乎"라고 하였다.

44) 馬鳴菩薩造, 『大乘起信論』 『大正新修大藏經』 32권, 579쪽 (가)에서 "雖實有此諸

는 언급이다. 무엇보다 『대승기신론』에는 교법에 의해 일체의 여래가 열반을 얻고, 모든 보살이 불지에 이른다'고 보았다.[45) 따라서 『대승기신론』을 중시했던 원효는 『열반경』을 『대승기신론』과 결부지어 이해했을 것이다. 또한 원효는 『열반경』을 풀이하면서 지속적으로 『대승기신론』을 인용하고 있다.

카) ① 『기신론』에 의하면, 일체의 '염정'의 법은 모두 상대적인 것으로서 그 각기의 모양을 설명할 수 없다.[46)

② 『기신론』에 의하면, 일체 중생은 본래부터 열반의 相을 지닌다. 열반을 회복할 필요가 없다. 또한 보리의 법도 닦을 성품이 아니며 만들 성품도 아니다.[47)

③ 『기신론』에서 (불성)의 뜻을 비유하여 말하기를, "바닷물이 바람과 어울려 파도가 되는 것과 같이, 물과 바람의 모양과 서로 떠나지 않는다. 이와 같이 중생의 자성인 청정한 마음은 무명의 바람으로 움직일 때 그 마음과 무명이 서로 떠나지 않는다."[48)

功德義 而無差別之相 等同一味 一眞如"라고 하였다 ; 같은 책, 같은 쪽 (나)에서 "如是淨法 無量功德 卽是一心"이라 하였다.

45) 馬鳴菩薩造, 元曉撰, 『大乘起信論疏記會本』『韓國佛敎全書』, 789쪽 (가)에서 "一切如來皆依此法得涅槃故 一切菩薩因之修行入佛智故"라고 하였다.

46) 元曉, 『涅槃宗要』『韓國佛敎全書』卷1, 529쪽 (가)에서 "如起信論云 復此一切染法淨法 皆是相待無有自相可說"이라 하였다.

47) 元曉, 『涅槃宗要』『韓國佛敎全書』卷1, 530쪽 (가)에서 "起信論言 一切衆生同涅槃相 不復更滅槃 菩提之法 非可修相非可作相"이라 하였다.

48) 元曉, 『涅槃宗要』『韓國佛敎全書』卷1, 539쪽 (가)에서 "起信論中爲顯是意故引喩言 如海水因風浪動 水相風相不相捨離 如是衆生自性淸淨心 因無明風動心與無明不相捨離"라고 하였다.

자료 카)① 열반의 '유·무'를 설명하면서 '염정'을 하나(染淨不二)로 인식하는『기신론』을 거론하며 인용하였으며, '열반'은 '性'과 '相'을 떠났다고 보았다.[49] 이는『기신론』의 '일심'을 연상시킨다. 자료 카)② 에서는 중생은 원래 열반에 있다는『기신론』의 설을 인용하여, 중생의 성불 가능성을 신뢰했다. 그런데 '열반'은 '적멸'과 같은 말이다.[50] 원효는 '적멸'을 '일심'이라고 보았다. 따라서 원효가 '열반'을『기신론』 의 '일심'의 개념과 연관지어 파악했을 가능성도 충분하다.

자료 카)③은 원효가 '불성'의 개념을『기신론』을 통해 보충하고 있는 부분이다. 즉 바닷물의 비유를 통해 '파도가 바다를 떠나지 않듯'이, '일심의 유전인 중생도 일심을 떠나지 않는다'고 인식했다. 또한 원효는 불성의 본체가 바로 일심이라고 판단했다.[51] 즉 중생에게 불성은 항상 존재한다는 의미이다. 이처럼 원효는『대승기신론』에 많은 관심을 표하고 그 안에 담긴 교학을 경전을 주석할 때 적극 인용했다.

이처럼『대승기신론』은 일심·이문 구조[52]를 통해 상이한 불교 교학을 수용할 수 있다. 원효는 이 '논'에 대한 관심을 표방한 후, 위와 같이 적극적으로『기신론』을 인용했다. 아마도 그는 다른 경전도 『기신론』의 논리로 이해하고자 했을 것이다. 그렇다면 원효는『기신

---

49) 元曉,『涅槃宗要』『韓國佛敎全書』卷1, 529쪽 (나)에서 "大涅槃 離相離性 非空不 非空 非我非無我"라고 하였다.

50) 元曉,『起信論疏』卷上『韓國佛敎全書』卷1, 704쪽 (다)에서 "如經(楞伽經)本言 寂滅者名一心"이라고 하였다.

51) 元曉,『涅槃宗要』『韓國佛敎全書』卷1, 538쪽 (나)에서 "佛性之體 正是一心"이 라 하였다.

52) 元曉,『起信論疏』卷上『韓國佛敎全書』卷1, 704쪽 (다)에서 "一心法有二種門者" 라고 하였다.

론』과 가장 근접한 경전을 찾고자 했을 것임이 분명하다. 왜냐하면 원효가 신뢰했던 『대승기신론』은 '佛說'의 경전이 아닌 마명보살의 저작이므로 이를 부인하는 자가 있을 수 있기 때문이다.[53] 원효 교학의 집대성으로 보여지는 『금강삼매경론』의 지배적인 논리가 『대승기신론』임을 감안하면,[54] 원효는 이와 가장 근접한 경전을 찾아내어 그것을 『대승기신론』에 입각해 해석하려 했을 것이다. 그러한 과정의 일환으로 그는 『대승기신론』에 기반하여 유통되는 모든 경전을 모순 없이 이해한 후, 이를 대중교화에 적용하려 했을 것이다. 하지만 『기신론』과 같이 여러 대승 교학을 통합한[55] 경전은 찾아내기 힘들었을 것으로 보여진다. 그러자 원효는 모든 경전을 『기신론』의 입장으로 해석하고, 이를 통해 제교학을 하나의 관점에서 이해하려고 노력했을 것으로 보인다.

다시 말해 원효는 『열반경』을 『기신론』에 입각하여 화쟁의 경전으로 이해했다고 볼 수 있다. 이러한 경전인식은 『금강삼매경』에도 나타난다. 『금강삼매경』을 화쟁의 경전으로 볼 수 있는 부분과 자료

---

53) 李箕永, 『元曉思想』, 弘法院, 1967, 14쪽에서 『大乘起信論』의 산스크리트 원본이 존재하지 않는다는 사실과 저자로 알려진 馬鳴의 저술 속에서 『대승기신론』에 관한 언급이 없다는 사실을 들어 이 논서가 중국에서 위찬되었을 가능성이 있다는 논의를 소개하고 있다.

54) 李箕永 譯, 『金剛三昧經論』, 大洋書籍, 1973, 17쪽(解說)에서 "『금강삼매경』은 『대승기신론』과 가장 밀접하며, 여러 대승 교학을 『기신론』적 입장에서 보다 높은 차원 하나로 원융하였다"고 이해하였다.

55) 南東信, 「新羅 中代佛敎의 成立에 관한 硏究」 『韓國文化』 21, 서울대, 1998, 129쪽에서 "많은 한역경전이 유포되자 최소한의 분량에 최대의 불설을 담은 단일 경전의 필요성이 대두되었을 것이며, 이러한 요구에 부응한 논서로 『대승기신론』이 성립되었으며, 이와 함께 불설의 권위를 갖는 『금강삼매경』의 등장은 필연적인 시대적 산물"이라고 보았다.

타)는 유사점이 상당히 많다.

타) "능히 여래의 일체지의 바다에 들어간다"는 표현에서부터 "더 바라고 구할 것이 없을 것이다"라는 것에 이르기까지 '금강삼매'라는 이름의 뜻을 나타낸 것이다. 이는 깨뜨리지 못함이 없고 다하지 못할 이치가 없어서 이것으로 여래지의 바다에 들게 하니 이를 지나서 다시 바랄 것이 없기 때문이다. "이 경전의 법은 모든 진리를 지녔고, 모든 경의 요점을 포함했다"는 것은 이것이 '섭대승경'이라는 이름을 나타낸 것이며, "모든 경전의 '대종'이 된다"는 것은 이것이 '무량의종'이라는 이름의 뜻을 나타낸 것이다. 전자는 여러 경전의 뜻을 널리 포함한 것이고, 후자는 모든 경전의 대표임을 밝힌 것이다.56)

원효가 『기신론』에 주목한 후, 모든 경전을 『기신론』에 의거하여 해석하였음은 위의 자료를 통해서도 확인될 수 있다. 이는 바로 원효의 『열반경』 인식이라고도 할 수 있는 것이다. 앞서 언급한 원효의 『열반경』에 대한 시각은 그의 『금강삼매경론』에도 강하게 투영된다. 『금강삼매경』을 '통합의 경전'으로 인식했으며,57) 해당 경전의 화쟁적 명칭을 찾는데 주력하고 있기 때문이다.58) 즉 『금강삼매경』이 '섭대승경'

---

56) 元曉, 『金剛三昧經論』 卷下 『韓國佛敎全書』 卷1, 675쪽 (다)에서 "能入如來之海 乃至無所希求者 是顯金剛三昧之名之義 無法不壞 無理不窮 由是令入如來智海 過 是更無所望故 是經典法 摠持衆法 攝諸經要者 是顯攝大乘經之名之義 是諸經法 法之繫宗者 是顯無量義宗之名之義 是二名義 有何差別者 前明廣攝衆經之義 後顯 衆經所宗之極"이라 하였다.

57) 元曉, 『金剛三昧經論』 卷下 『韓國佛敎全書』 卷1, 605쪽 (가)~(나)에서 "此經之目 有其三種 一名攝大乘經 二名金剛三昧 三名無量義宗"이라 하였다.

과 '무량의종'의 명칭도 포함된 것이므로 화쟁의 성격을 지닌 것으로 본 것이다. 따라서 원효는『열반경』을『기신론』의 구조와 부합시켜 해석하고 있는 것으로 보아야 한다.59)

또한 모든 경전을 포함했다는 의미인 '일미'는『대승기신론』의 '일미'와 통하는 면이 많다. 따라서 그의『열반경』의 주석은『기신론』의 영향이 매우 크며, 이러한 경전 주석에서 나아가『금강삼매경론』 저술로 확장된 것으로 이해해야 할 것이다. 이러한『기신론』의 성향을 보여주는 원효의 경전 인식은 그의 다른 저술에서도 찾아 볼 수 있다.

파) 여래의 법신과 여래장성은 일체중생이 평등하게 소유한 것으로 서 능히 일체를 움직여 본원으로 동일하게 돌아간다.60)

하) 범부와 성인과 일체중생과 '내도'와 '외도' 일체의 선근이 다 불성에서 나와서 다 같이 본원으로 돌아간다.61)

---

58) 元曉,『金剛三昧經論』卷下『韓國佛敎全書』卷1, 604쪽 (나)에서 "無所不破 故名 金剛三昧 無所不立 故名攝大乘經 一切義宗 無出是二 是故亦名無量義宗"이라 하 였다.

59) 元曉,『涅槃宗要』『韓國佛敎全書』卷1, 524쪽 (가)에서 "統衆典之部分 歸萬流之 一味"라 하였다. 이 구절은 元曉,『大乘起信論別記』『韓國佛敎全書』卷1, 678쪽 (나)에서 "凡此等輩衆典肝心 一以貫之者 其唯此論乎"라는 구절과 거의 일치한 다. 따라서 원효는『열반경』을『기신론』에 입각해 재구성하려 했던 것으로 이해 할 수 있다 ; 元曉,『佛說阿彌陀經疏』『韓國佛敎全書』卷1, 562쪽 (다)에서 도 "穢土淨國 本來一心"이라고 하여 '정토'도 '일심'으로 보아『기신론』의 구조 로 경전을 풀이하고 있음이 확인된다.

60) 元曉,『法華宗要』『韓國佛敎全書』卷1, 488쪽 (다)에서 "如來法身 如來藏性 一切 衆生平等所有 能運一切同歸本原"이라 하였다.

61) 元曉,『法華宗要』『韓國佛敎全書』卷1, 489쪽 (나)에서 "若凡若聖一切衆生 內道

자료 파)와 하)는『法華經宗要』에서 원효의『대승기신론』관이 드러
난 부분이다. 자료 파)에서 원효는 불성의 평등(여래장)을 주장하면서
일체중생이 결국 '본원'으로 돌아갈 수 있음을 주장했다. 원효는 '일심'
을 '여래장'으로 해석하기도 했으므로,[62] 여래장을 소유한 중생은
여래장인 일심에 이를 수 있다는 논리가 성립될 수 있다. 또한 자료
하)에서도 범부와 성인을 포함한 일체 중생이 '근본(본원)'으로 돌아갈
수 있음을 강조하였다. 아마도 그가『법화경』의 '일승'성을 강조하면
서,[63]『기신론』의 '일심'을 피력한 것으로 보여진다. 원효는 자신의
『대승기신론』저술에서 지속적으로 중생이 일심의 원천(근본)으로
회귀함을 강조하기도 했다.[64] 그렇다면 일체중생이 모두 '본원'으로
돌아간다고 주장한 부분은『기신론』의 '일심' 논리와 어울릴 수 있다.
물론 '일심'은 '진여문'과 '생멸문'을 아우른 관법의 통일로도 볼 수
있다. 원효는 '진여문'을 통해 '止行(경계를 그치게 함)'을, 그리고
'생멸문'을 통해 '觀行(경계를 분별함)'을 권장하고 양자를 '一心'으로
통합하였다.[65] 따라서 '일심'에 의한 수행법의 통일로서 대중교화와

　　外道一切善根　皆出佛性同歸本原"이라　하였다.

62) 元曉,『起信論疏』卷上『韓國佛敎全書』卷1, 705쪽 (가)에서 "一心者名如來藏
　　是顯一心之生滅門"이라 하였다.

63) 安啓賢,「元曉－한국불교의 횃불」『人物韓國史』1, 박우사, 1965, 264쪽에서
　　"원효가『法華宗要』를 지은 것은 삼국통일의 원리와 이념을 제시하려는 의도
　　일 것으로 인식했다 ; 平川 彰,「大乘佛敎における法華經の位置」『講座 大乘佛敎』,
　　春秋社 ; 李箕永,「法華宗要에 나타난 元曉의 法華經觀」『韓國天台思想硏究』, 동
　　국대 출판부, 1983, 66쪽.

64) 元曉,『起信論疏』卷下『韓國佛敎全書』卷1, 719쪽 (다)에서 "心隨始覺 還歸本
　　源"이라 하였으며 ; 같은 책, 710쪽 (가)에서 "無明永盡 歸一心源"이라 하였다.

65) 元曉,『起信論疏』卷上『韓國佛敎全書』卷1, 701쪽 (다)에서 "諸敎門雖有衆多
　　初入修行不出二門 依眞如門修止行 依生滅門而起觀行 止觀雙運 萬行斯備 入此二
　　門 諸門皆達"이라 하였다.

관련된 내용으로도 이해될 수 있다. 그런데 모두『대승기신론』의 '일심' 논리와 무관하지 않다. '일심'은 수행은 물론 교학의 통합과도 연관될 수 있을 것이다. 따라서 원효는 역시『법화경』을『기신론』의 관점으로 해석하고 있는 듯하다.

이와 함께 원효는『금강삼매경』과『법화경』의 친연성을 강조한다.[66] 그러면서 '본원(일심)'으로 가는 평등한 수행을 '일미'로 보았으며, '일미'의 교학으로 '일심'에 드는 것을 '일승'으로 이해했다.[67] 이러한 논리는『법화경』의 '일승'과 밀접하다고 할 수 있다. 또한 원효는 일심과 함께 일승도 '여래장'으로 이해하였다.[68] 즉,『법화경』의 '일승'과『기신론』의 '일심'은 서로 무관하지 않은 것으로 보인다.

> 갸)『법화경(妙法蓮華經)』은 十方과 三世의 佛이 세상에 나온 큰 뜻이며, 九道·四生(중생)이 모두 '一道(하나의 진리)'로 들어가는 큰 문이다.[69]

자료 갸)는 모든 중생을 한길로 이끄는『법화경』의 일승사상을 중시한 구절로 인식된다. 법화경이 모든 중생을 한길로 제도하는 큰 문이라고 본 것이다. '한길'은 역시『기신론』의 '일심'과 닮았다.

---

66) 元曉,『金剛三昧經論』『韓國佛教全書』卷1, 607쪽 (다)에서 "此經文勢 似法華序"라고 하였다.

67) 元曉,『金剛三昧經論』卷上『韓國佛教全書』卷1, 610쪽 (가)에서 "如來一味之說無不終歸一心之源 歸心源時 皆無所得 故言一味 卽是一乘"이라 하였다.

68) 元曉,『法華宗要』『韓國佛教全書』卷1, 488쪽 (나)에서 "一乘理者 謂一法界 亦名法身 名如來藏"이라 하였다.

69) 元曉,『法華宗要』『韓國佛教全書』卷1, 487쪽 (나)에서 "妙法蓮華經者 斯乃十方三世諸佛出世之大意 九道四生咸入一道之弘門也"라고 하였다.

또한 '구도·사생'은 '생멸문'에 유전하는 중생과 어울린다. 즉 위의 자료는 중생을 본원인 일심으로 이끌어 제도한다는『대승기신론』의 논리와 유사한 것이다.

물론 원효의『법화경종요』에『대승기신론』의 '일심'과 '이문'(심진여문·심생멸문) 그리고 '본각'·'시각'을 비롯한 교학체계가 드러나지는 않는 듯하다. 어쩌면『법화경종요』는 원효의 초기 저술로서『대승기신론』의 성향이 상대적으로 적게 드러나고 있는지도 모른다.

하지만『법화경종요』의 '일승' 논리가 '일심'을 대변하고 있다는 인상이 강하다. 원효가 이 같은 교학인식을 지녔다면, 그는 이후 점차『기신론』의 원리로 경전을 해석하고, 이를 통해 모든 경전을 통일적으로 인식했을 개연성이 무척 크다. 아마도 점차 원효는 모든 경전을『기신론』에 의해 일원적으로 파악하였을 것이며, 이를 통해 다양한 중생에게 모순되지 않는 수행법을 제공함으로써 대중교화에 크게 기여했던 것으로 여겨진다.[70]

3. 원효의 중생관과 대중교화

원효의『대혜도경종요』는 그의 초기 저술로 보인다. 경전을 주석하면서 자신의 저술과 다른 경전을 거의 인용하지 않았으며, 자신의 주요 논리인『대승기신론』교학의 적용이 거의 나타나지 않기 때문이

---

70)「慶州高仙寺誓幢和上碑文」『한국불교금석문교감역주』卷1, 가산문고, 1993, 44쪽에서 "性△孤△△情昏儷 拔苦濟危 旣發僧那之願 研微析理 △△薩云之心矣"라고 하였다.

다. 그렇지만 중생을 '여래장'으로 인식하여 그들의 '성불'을 신뢰하였다.[71] 또한 중생의 제도에 대한 관심을 보이는 부분은 다수 나타난다.

> 냐) 일체 중생이 오직 하나의 법계일 뿐 다른 중생은 없다. 따라서 이전 도리로 말미암아 오랫동안 훈습하고 '自心'이 중생에 영향을 주어 모든 중생으로 자체를 삼는다.[72]

자료 냐)에서는 중생에 따라 인식을 근본적인 하나로 봄으로써 중생에 대한 분별의식을 인정하지 않으려 하는 노력이 나타난다. 여기서 '自心'이라는 근본개념을 설정하여 중생의 깨달음에 대한 가능성을 확대하였다. 말하자면 미혹된 중생의 모습은 본래 '자심'이므로, '(淨法)훈습'으로서 '자심'을 회복할 수 있다고 보았다. 즉 '자심의 유전인 중생'의 불성을 역설했다는 것은 중생을 근본인 '일심의 유전'으로 판시한 『대승기신론』의 대중교화 논리와 통할 수 있다. 즉 무명으로 미혹된 중생이 '생멸문'에서 시작된 수행이 진전되어 '진여문'과 같아지며 결국 '일심'에 도달할 수 있다는 내용과 부합하는 것이다. 깨달음의 가능성인 '자심'을 지목함으로써, 원효는 『기신론』의 '일심'과 통할 수 있는 길을 열어 놓았다고 볼 수 있다. 그러면서 원효는 '실상반야'가 '여래장'이라는 주장을 전개하고 있다.[73] '여래장'은 곧

---

71) 元曉, 『大慧度經宗要』『韓國佛教全書』卷1, 481쪽 (나)에서 "一切有情皆如來藏普賢菩薩自體遍"이라 하였다.

72) 元曉, 『大慧度經宗要』『韓國佛教全書』卷1, 481쪽 (나)에서 "一切有情唯一法界無別有情 由此道理長時熏修 是故自心變異遍諸有情以爲自體"라고 하였다.

73) 元曉, 『大慧度經宗要』『韓國佛教全書』卷1, 481쪽 (가)에서 "或有說者依此大般若經 以如來藏爲實相般若"라고 하였다 ; 李箕永, 「元曉의 實相般若觀」『韓國佛教研究』, 韓國佛教研究院, 1982, 403쪽(『精神文化』 6, 韓國精神文化研究院,

'일심'이다.[74] 그러므로 적어도 반야와 일심은 중생의 차별화된 심상과 제법을 포섭할 수 있는 개념으로 인식된 것으로 이해해도 좋을 것이다. 이후 원효가 『기신론』의 '일심'을 주시하게 된 이유는 이러한 '일심'의 통합성에 있을 것이다. 근본적 일심의 개념을 이용하여 여러 교학을 통합하고 중생교화에 유용한 교학을 모순 없이 정리할 수 있기 때문이다. 이와 함께 중생심의 근본적인 평등(일심)을 주장하여 대중교화를 장려할 수 있었을 것이다. 원효는 지속적으로 중생의 성불 가능성을 확대하는 언급을 보여주고 있기도 하다.

   다) '法相'이 결국 '空'한 것이므로 (생사의) 흐름을 돌려 근원에 돌아가
      는 참된 법칙이다.[75]

   '法相'이 필경 '空'하다는 언급은 『반야경』에 입각한 해석일 수 있다. 이는 『반야경』의 '色卽是空'을 표현한 구절일 것이다. 따라서 여기에는 차별적 존재를 상징하는 '법상'과 제법의 실체(자성)를 부인하는 '공', 그리고 양 극단을 극복하는 '중도'의 개념이 드러나야 한다고 생각되지만, 원효는 양자를 종합하는 근본의 개념(근원)을 설정하였다. 물론 위의 자료에 나타난 '근원으로 돌아가는 법칙'을 '중도실제' 사상으로 설정할 수 있다. 하지만 위의 내용은 중생계인 '생멸문'을 극복하고 '일심'을 향한다는 『대승기신론』의 구조와 매우 흡사하다. 이와 함께

      1980).
  74) 元曉, 『金剛三昧經論』 『韓國佛敎全書』 卷1, 610쪽 (가)에서 "楞伽經言 寂滅者名
      爲一心 一心者名如來藏"이라 하였다.
  75) 元曉, 『大慧度經宗要』 『韓國佛敎全書』 卷1, 480쪽 (나)에서 "法相畢空 故反流歸
      源之眞則也"라고 하였다.

'법상'의 차별(事 : 별상)을 주관하는 '생멸문'과, 사물의 '근본적 측면(理 : 통상)'을 다루는 '진여문'이 모두 '일심'을 향한다는 『기신론』의 논리와 결부될 수 있는 것이다.[76]

역시 원효는 『기신론』에 주목하기 이전에도 여러 교학을 종합할 수 있는 논리를 추구했던 듯하다. 점차 『기신론』에 주시하면서 자신의 논리를 더욱 보강할 수 있었으며, 중생제도에 더욱 박차를 가할 수 있었던 것으로 보인다. 이와 함께 다음의 자료도 참고된다.

라) 上品人은 관불삼매를 닦거나 또는 참회의 행법에 의하여 현재의 몸으로 미륵을 보며 마음의 우열을 따라 그 형상의 대소를 본다. 그런데 이것은 저 『관불삼매해경』 및 『대방등다라니경』에서 말한 것이다. 中品人은 혹은 관불삼매를 닦거나 혹은 온갖 깨끗한 업을 지음으로써 그 몸을 버린 뒤에는 도솔천에 나서 미륵을 보고 퇴전하지 않는다. 따라서 이는 『상생경』에서 말한 것이다. 下品人은 보시, 계율 등 여러 선업을 닦고 그것에 의해 미륵 보기를 발원하고 그 몸을 버린 뒤에 업을 따라 태어나서 미륵이 성도할 때에 이르러 그를 기필코 보고 삼회에서 득도한다. 이것

---

76) 元曉, 『起信論疏』卷上 『韓國佛敎全書』卷1, 705쪽 (가)에서 "眞如門者染淨通相 通相之外無別染淨 故得總攝染淨諸法 生滅門者別顯染淨 染淨之法 無所不該 故亦 總攝一切諸法 通別雖殊 齊無所遺 故言二門不相離也"라고 하였다 ; 원효의 『대 혜도경종요』가 『법화경』의 영향을 받았다고 보는 견해가 있다. 즉 "'삼승보 리'가 반야바라밀이며, 성문·연각·보살이 '一妙淸淨道'에 이른다"는 구절을 중심으로 논지를 전개하고 있다(李永子, 「元曉의 天台會通思想 硏究」 『韓國天 台思想의 展開』, 민족사, 1988, 188쪽). 그런데 원효는 『법화경』의 '삼승'보다 는 『기신론』의 '생멸문'이 보다 많은 중생을 수용할 수 있을 것으로 보았으리 라 여겨진다.

은『하생성불경』에서 말한 것과 같다.[77]

위의 자료는 원효의『彌勒上生經宗要』로『대승기신론』의 영향을 찾기는 힘들다. 하지만 원효는『기신론』을 자각하기 이전 보다 초기 저술인『미륵상생경종요』를 통해 상하층민의 수행법을 제시하여 하층민을 배려하고 있는 듯하다. 즉 자신의 소질에 맞는 다양한 수행법을 부여하면서 중생에 대한 제도행과 그 깨달음을 유도하고 있는 것이다.

하지만 '생멸문'의 차별적 심식을 결국 '하나(일심)'로 인식하는『기신론』의 정연한 논리체계에는 이르지 못하고 있다. 따라서 이는『대혜도경종요』와 함께 원효의 초기 저술로 보아도 좋을 것이다. 원효의『기신론』에 입각한 대중교화관은 원효의 '정토계' 저술에서 두드러진다. 원효는 중생을 포괄적으로 설명할 수 있는『아미타경』을 주목한 듯하며 이들을『기신론』의 시각으로 바라보고 있다.

마) 예토와 정토는 본래 일심이다.[78]

바)『기신론』에서 말하기를, 일체경계는 본래 '일심'이며 상념을 떠

---

77) 元曉,『彌勒上生經宗要』『韓國佛敎全書』卷1, 549쪽 (가)에서 "上品之人 或修觀佛三昧 或因懺悔行法 即於現身 得見彌勒 隨心優劣 見形大小 此如觀佛三昧海經及大方等陀羅尼經說也 中品之人 或修觀佛三昧 或因作諸淨業捨此身後 生兜率天 得見彌勒至不退轉 是故上生經所說也 不品之人 修施戒等種種善業 依此發願 願見彌勒 捨此身後 隨業受生 乃至彌勒成道之時 要見世尊三會得道 是如下生成佛經說"이라 하였다.
78) 元曉,『阿彌陀經疏』『韓國佛敎全書』卷1, 562쪽 (다)에서 "穢土淨國 本來一心"이라고 하였다.

난 것이다.[79]

위의 자료에서 '범부'의 땅인 '예토'와 성인의 영역을 구분하고 있으면서도 대립되는 개념을 화해시키는 '일심'을 표방하였다. 그럼으로써 성불의 극단적인 개방성을 보인 『아미타경』계열의 '성불론'에 대한 반발을 무마시키는 역할이 있었던 것으로 보인다.

『기신론』역시 근본적 영역인 '진여문'과 분별의 영역인 '생멸문'으로 일면 대립적 구조를 가지고 있다. 하지만 이들은 대립과 융통의 성격을 모두 갖추고 있는 것이다. 따라서 지적 기반이 없는 최하층민의 성불을 독려했을 가능성이 있다. 이것이 바로 『기신론』과 『아미타경』계통 경전이 결합하게 된 가장 큰 이유였을 것으로 이해된다. 이러한 논리를 대중교화를 위한 이론 구축에 유용하게 적용시킬 수 있었을 것이다. 이는 원효의 『열반경종요』에서 짙게 나타난다.

> 샤) '인'도 '과'도 되기 때문에 '불성'이라고도 하고 '여래장'이라고도 부른다. 또한 '보리'라고도 하며 '대열반'이라고도 한다. '유'도 '무'도 되기 때문에 존중하여 명명하면 '이제'라고도 한다. 그리고 '유'도 '무'도 아니기 때문에 '중도'라고도 한다. '一(하나)'이 아니기 때문에 모든 문에 해당되고, 다름이 없기 때문에 모든 문이 '일미'이다.[80]

---

79) 元曉, 『無量壽經宗要』『韓國佛敎全書』卷1, 562쪽 (가)에서 "起信論云 一切境界本來一心 離於想念"이라고 하였다.

80) 元曉, 『涅槃宗要』『韓國佛敎全書』卷1, 525쪽 (다)에서 "爲因果故 或名佛性名如來藏 或名菩提 名大涅槃 乃至爲有無高名爲二諦 非有無故 名爲中道 由非一故能當諸門 由非異故諸門一味"라고 하였다.

위의 자료에서도 중생의 '여래장' 소유를 확신하고 있다. 수행에서의 현실적 차별은 인정하지만 '모든 문'에 해당하는 논리를 통해 여러 대중을 포섭하여 '일미'에 도달하려는 의도를 보이고 있기 때문이다. 역시 '이제'와 '속제' '일'과 '다' 모두 여러 계층을 포섭할 수 있는 『기신론』에 영향을 받고 있는 '開合'의 논리이다. 또한 『금강삼매경론』에서 중생의 수도를 강조하는 '십중법문'과 '일미관행'에 정확히 일치하기도 한다.

원효는 당시 여러 계층을 수용할 수 있는 논리인 『기신론』체계에 주목했을 것이며, 모든 경전을 『기신론』에 입각해 해석하고 있다. 『기신론』을 중시한 원효의 태도는 당시 삼국통일 과정에서 발생한

유마거사 재가신자인 '유마힐'의 행동은 원효의 대중교화와 무척 닮았다.(일본 法隆寺)

새로운 민의 유입과 무관하지 않을 것이다. 다양한 교학을 수용할 수 있는 『대승기신론』은 여러 중생을 교화함에 있어 상대적으로 유용했을 것으로 짐작되기 때문이다.

『기신론』은 '이문'체계를 통해 '속세'와 '성스러움'을 모두 내포하고 있으며, '일심'을 통해 양자를 아우를 수 있다. 이러한 '성속 일원론'은 『유마경』의 영향이 지대한 것으로 여겨진다. 원효의 실천행은 '유마힐'을 연상하게 한다.[81] 또한 "범

81) 趙明基, 「新羅佛教의 教學―統和理念의 存立」, 『박길진박사 화갑기념 한국불교사상사』, 1975, 153쪽.

부의 행도 아니고 성현의 행도 아닌 것이 보살의 행이며, 열반에 이르렀지만, 열반에 들지 않는 것이 바로 보살의 행이다"라고 설했던 『유마경』의 내용은 대중교화를 행했던 원효의 모습과 함께 『금강삼매경』「본각리품」의 내용을 무척 닮았다. 이처럼 원효는 유마힐의 모습과 매우 유사하다.

그리고 『유마경』의 '불이법문'에서 보여준 '염정통합론'[82]은 원효의 『기신론』체계와 무척 어울리기도 한다. 즉 원효는 이러한 『기신론』의 체계를 통해 '열반'의 진정한 의미를 이해하려 하고 있다.[83]

말하자면 『기신론』의 구조가 대중에 접근할 수 있다는 실천성을 인식한 원효는 『기신론』을 통해 『열반경』을 해석하고 있다고 보이며, 이러한 『기신론』적인 경전해석의 종합이 『금강삼매경론』이라고 이해할 수 있다.

4. 元曉의 '本覺'·'始覺' 논리

원효의 교학적 성숙기는 신라의 통일전쟁 수행과 때를 같이한다. 그의 학적 성과는 아마도 전시에 고통받은 민의 위무와 국가에 대한

---

82) 鳩摩羅什譯, 『維摩詰所說經』『大正新修大藏經』 14권, 550쪽 (다)에서 "德頂菩薩日 垢淨爲二 見垢實性 則無淨相順於滅相 是爲入不二法門"이라 하였다. ; 박용길 역(『유마경』, 민족사, 2000)을 참고하였다.

83) 元曉, 『涅槃宗要』『韓國佛敎全書』 卷1, 524쪽 (나)에서 "玄旨己而不嘗寂 至敎說而未嘗言 是謂理敎之一味也"라고 하였다. 이는 '진'과 '속'을 하나로 인식하여 깨달음에 머물지 않는다는 『기신론』의 '不住涅槃' 사상과 관련된다고 여겨진다(殷貞姬, 「元曉의 不住涅槃思想－大乘起信論疏·別記」『민족불교』 2, 청년사, 1992, 231쪽).

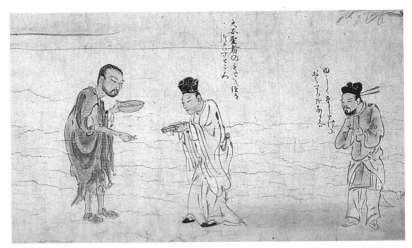

대안 대안은 원효의 스승으로 보여지며, 『금강삼매경』의 편집자로서 금강삼매경 설화에 등장한다. 그의 추천으로 원효가 『금강삼매경』의 주석과 강설을 맡게 되었다. 대안은 사복, 혜공과 함께 원효에게 대중교화와 경전에 대한 지식을 전수해 준 것으로 보인다.

봉사에 활용되었을 것이다. 당시 그는 중대 왕실과 혼인관계를 형성했으며,[84] 이를 통해 국왕의 전폭적 지원을 얻은 듯하다. 특히 그는 김유신의 작전 고문으로서 참여해 전공을 세운다.[85] 원효가 이처럼 계율 수지를 확신할 수 없는 전시 상황에서 적극적으로 활동한 것은 매우 흥미롭다. 신라 승려 가운데 전쟁의 참모로서 실무를 담당한 기록은 이례적이기 때문이다.[86] 이는 적어도 김춘추, 김유신 그리고

---

84) 『三國遺事』義解5,「元曉不羈」條에서 "師引師於宮 褫衣曬眼 因留宿焉"이라 하였다.

85) 『三國遺事』奇異1,「태종춘추공」條에서 "唐帥蘇定方 紙畵鷺犢二物廻之 國人未解其意 使問於 元曉法師 解之曰 速還其兵"이라 하였다.

86) 『三國史記』卷22, 高句麗 本紀 제7 보장왕 27년에 "男建以軍師委浮圖信誠"이라 하였다 ; 고구려의 경우, 승려 신성이 국가 비상시에 지휘관의 역할을 담당하고 있다. 하지만 신라에서는 상당히 이례적인 일이라고 판단된다 ; 趙明基, 『新羅佛敎의 理念과 歷史』, 新太陽社, 1962, 93~94쪽에서 "원효가 군직에 봉사

원효의 결합을 상정해 볼 수 있게 한다.[87]

이와 같은 상황 속에서 원효의 『金剛三昧經論』은 등장한다. 이는 그의 핵심 교학논리를 담고 있는 저술로 이해될 수 있다. 원효가 매우 중시하는 문헌인 『大乘起信論』의 내용을 대폭 수용하고 있으며, 완숙한 실천행의 단계를 보여주고 있기 때문이다.

통일기 신라 사회에서 『금강삼매경론』은 상당히 주목받았을 법하다. 아마도 전쟁과정 전후에 자국민에 대한 실천적 교화는 더욱 절실했을 것으로 보인다. 이러한 소명에 부응하듯 『금강삼매경론』은 중생교화를 위한 구체적 기법을 담고 있다.

그 가운데 '二覺圓通' 사상은 원효가 저술한 『금강삼매경론』의 중심개념이다. 원효의 행적을 담은 『송고승전』에서는 경전인 『금강삼매경』의 등장과 원효의 부상을 집중적으로 기록하고 있다. 이와 함께 원전인 『금강삼매경』의 핵심논리를 '이각원통' 사상으로 명시한다.[88] 원효 역시

했던 것은 그의 小名인 '誓幢'으로 보아 짐작할 수 있으며, 승려가 군직에 종사하는 것이 한국불교의 특색 중의 하나"라고 인식하였다.

87) 『三國遺事』 義解5, 「元曉不羈」條에서 "師嘗一日 風顚唱街云 誰許沒柯斧 我斫支 天柱 人皆未喩 時太宗聞之曰 此師殆欲得貴婦 産賢者之謂也 國有大賢 利莫大焉" 이라 하였다 ; 무력·서현의 유신계와 용춘·춘추의 진지계가 연합하여 중대 왕실을 성립시켰다는 것은 주지의 사실이며, 유신계는 한강유역(新州) 확보와 관산성 전투의 승리로 왕실의 군사기반으로 성장하였다(申瀅植, 「金庾信家門의 成立과 活動」 『韓國古代史의 新研究』, 一潮閣, 1984) ; 또한 『三國史記』 卷41, 「金庾信」條에서 김유신이 원효의 고향인 압량주에서 전열을 가다듬었던 사실을 확인할 수 있다. 따라서 이를 계기로 서로 교류하게 되었을 가능성이 있다.

88) 『宋高僧傳』 卷4, 「元曉傳」(『大正新修大藏經』 卷50, 730쪽 (가))에서 "我宮中先有金剛三昧經 乃二覺圓通示菩薩行也"라고 하였다 ; 이기영은 '본각'은 밤중에 보이지 않는 태양을 의미하며, '시각'을 새벽에 비유했다. 그러면서 '원효'라는 의미도 본각과 시각의 합성어일 가능성이 있다고 추정했다(李箕永, 「元曉思想」 『한국사의 재조명』, 독서신문사, 1975, 163쪽).

김유신의 묘　원효는 통일전쟁기 김유신의 자문역할을 담당하였으며, 당 군대가 보낸 암호문을 해독해
준 적이 있다. 원효의 또 다른 이름인 '서당'은 이 같은 원효의 현실 참여와 관련이 있을 것으로 보인다.

『금강삼매경』은 '二覺'을 주축으로 구성되었음을 천명했다.89)

　'二覺'은 '本覺'과 '始覺'을 말한다. '본각'은 '깨달은 성품'이라는 의미
로 부처님의 소질인 '여래장'을 가리킨다. 반면 '시각'90)은 '본각'91)을
성취하기 이전의 수행지위라고 할 수 있다. 이러한 양자의 평등을
강조한 논리가 바로 '이각원통' 사상인 것이다. 원효는『기신론』관련
저술을 시작한 이래 이러한 논리를 견지하고 있다. 그런데 '본각'·'시
각' 논리가 원숙한 실천행의 이론으로 부각되고 있는 저술이 바로

89) 『宋高僧傳』卷4,「元曉傳」(『大正新修大藏經』卷50, 730쪽 (나))에서 "曉受斯經
正在本生湘州也　謂使人曰　此經以本始二覺爲宗"이라　하였다.

90) 元曉,『金剛三昧經論』卷上『韓國佛敎全書』卷1, 612쪽 (가)에서 "始覺修成義故
新修之談　亦有道理"라　하였다.

91) 元曉,『金剛三昧經論』卷上『韓國佛敎全書』卷1, 612쪽 (가)에서 "本覺顯成義故
眞修之說　亦有道理"라　하였다.

『금강삼매경론』이다.

이 같은 '이각원통' 사상은 상당히 급진적으로 이해될 수 있다. 아직 완전히 깨달음에 이르지 못한 '시각'과 온전한 깨달음인 '본각'의 동일함을 강조함으로써, 하나의 깨달음(일승)을 내세울 수 있기 때문이다. 특히 모든 중생에 내재함을 강조한 '본각'은 주목될 수 있다. 이를 통해 대중교화 확대를 위한 명분을 도출할 수 있으며,92) 중생을 교화의 대상으로 크게 주목할 수 있기 때문이다. 즉 그들을 각성시킬 수 있는 기제로 활용할 수 있는 것이다.

원효는 '이각원통' 사상이 집중되어 있는 『금강삼매경』의 「본각리품」을 중시하고 있다. 이 「본각리품」을 이끄는 설주는 '無住菩薩'로서, 원효의 의도와 부합되는 명칭을 지니기도 한다.93) 따라서 실천수행을 고무하는 설정임을 짐작할 수 있다.

'이각원통' 사상을 주축으로 한 『금강삼매경론』은 신라 중대 왕실의 현안을 해결하는 과정에서 형성되었다. '경론'의 연기설화에는 왕실의 환우를 해소할 적임자로 원효가 지목되었기 때문이다. 중대 왕실은

---

92) 元曉, 『無量壽經宗要』『韓國佛教全書』卷1, 562쪽 (가)에서 "譬如世界無邊 不出虛空之外 如是萬境無限 咸入一心之內 佛智離相 歸於心原 智與一心 渾同無二 以始覺者 即同本覺"이라 하였다. 즉 "허공의 입장에서 끝없는 세상을 포용할 수 있는 것처럼, 마음의 근원인 '일심'의 차원에서 모든 중생의 심식을 담을 수 있다. 따라서 '본각'과 '시각'도 '일심'에 의해 하나로 볼 수 있다"는 것이다. 즉 '분별'적 입장에서 여러 중생을 포용할 수 있으며, '원융'의 견지에서 모두 깨달음으로 이끌고 있다. 이는 원효의 일관된 대중교화 논리로 생각된다. 또한 '본각'은 '시각'을 훈습하는 능력이 있어 결국 하나로 인정된다. 말하자면 '본각'과 '시각'의 융합은 중생의 심식을 상위 단계로 진전시켜 '일심'으로 향하게 하는 것이다.

93) 元曉, 『金剛三昧經論』卷中 『韓國佛教全書』卷1, 629쪽(다)~630쪽(가)에서 "言無住菩薩者 此人雖達本覺 本無起動 而不住靜寂 恒起普化 衣德立號 名曰無住 無住之德 契合本利 故因此人 以表其宗"이라 하였다.

원효의 역경에도 불구하고 끝까지 그를 옹호하며 지원했다. 이는
『금강삼매경론』의 출현과 중대 왕실과의 깊은 연관성을 암시하는
대목이다.[94]

'本覺'·'始覺'의 논리를 명확히 제시하고 있는 부분은 역시 그의
『大乘起信論』관련 저작이다.[95] 이를 통해 원효는 '생멸문'에 배치된
'본각'과 '시각'의 개념에 특히 주목했다. 양자는 '생멸문'에 배치된
수행의 단계로 '不覺'을 극복한 경지이다.[96]『기신론』은 이와 함께
여러 법상을 인정하는 유식론과 '상'을 부정하는 중관반야 교학의
통합에 기여할 수 있는 유용한 구조를 지녔다.[97] '一心'이라는 근본개
념으로 '(心)眞如門'과 '(心)生滅門'이라는 하위 양대 구조를 융섭할
수 있기 때문이다.[98]

'생멸문' 안에서 시작된 중생의 번뇌는 '불각'의 지위를 극복하여
점차 '각'의 계위로 진입하면서 '시각'에 이르게 된다.[99] 또한 '시각'을

---

94) 남동신은 '경'과 '경론'의 성격을 구분하면서, 현장 중심의 신역 불교에 대항
   하려는 불교세력이『금강삼매경』을 통해 기존 불교 사상을 결합하고자 한
   것으로 인식했다(남동신,「신라 중대불교의 성립에 관한 연구」『한국문화』
   21, 서울대, 1998).

95) 元曉,『起信論疏』卷上『韓國佛教全書』卷1, 710쪽 (나)에서 "覺知自心本無流轉
   今無靜息常自一心 住一如床故言得見心 性心卽常住 如是始覺不異本覺 由是道理
   名究竟覺"이라 하였다.

96) 元曉『大乘起信論別記』本『韓國佛教全書』卷1, 683쪽 (나)에서 "言覺義者 卽有
   二種 謂本覺始覺 言本覺者 謂此心性離 不覺相 是覺照性名爲本覺"이라 하였다.

97) 元曉,『起信論疏』卷上『韓國佛教全書』卷1, 678쪽 (가)에서 "今此論者 無不立而
   自遣 無不破而還許 是謂諸論之祖宗 群諍之評主也"라고 하였다.

98) 馬鳴菩薩造,『大乘起信論』『大正新修大藏經』에서 "依一心法有二種門 云何爲二
   一者心眞如門 二者心生滅門 是二種門皆各總攝一切法 此義云何 以是二門不相離
   故"라고 하였다 ; 元曉,『起信論疏』卷上『韓國佛教全書』卷1, 704쪽 (다)에서
   "一心法有二種門者"라고 하였다. 말하자면, '一心'은 교학은 물론 수행법의
   통합으로 여길 수 있어 '二門'을 '一心'으로 통섭할 수 있다.

거쳐 '본각'에 도달함으로써 '생멸문' 최고의 지위에 오른다. 이렇게 원효는 『기신론』의 '생멸문'에 나타난 '불각' '시각' 그리고 '본각'을 설명하면서 수행의 발전에 따라 결국 '깨달음'으로 진전함을 제시하고 있다. 이와 관련하여 다음의 자료가 참고된다.

> 야) 본각이 있는 것은 시각이 있기 때문이다. 또한 시각이 있는 것은 불각이 있기 때문이며, 불각이 있는 것은 본각에 의하기 때문이다. 말하자면(이는 다음의 글과 같이), 본각의 뜻이란 시각의 뜻에 대하여(의지하여) 말하는 것이다. 따라서 시각이란 바로 본각과 같기 때문이다. 또한 시각의 뜻은 본각에 의한 것이다. 따라서 불각이 있으며 불각에 의지하여 시각이 있다고 말하는 것이다. 이와 같이 서로 의지하여 전개되는 것이다. 다시 말해 모든 법이 없는 것이 아니지만 있는 것도 아니며 있는 것이 아니지만 없는 것도 아님을 알아야 할 것이다.[100]

> 쟈) '覺'의 뜻에는 두 가지가 있다. 이는 '本覺'과 '始覺'이다. 본각이란 심성이 不覺相을 극복한 것이다. 이때 '각'의 활동하는 성질(覺照)을 본각이라 하는 것이다. 이는 곧 자체에 큰 지혜광명의 뜻이 있다고 한 것과 같다. 시각이란 심체가 무명의 연을 따라 움직여

---

99) 元曉,『起信論疏』『韓國佛敎全書』卷상, 708쪽 (가)에서, "始覺待於不覺"이라 하였다.

100) 元曉,『大乘起信論別記』本『韓國佛敎全書』卷1, 683쪽 (다)에서 "有本覺者 由有 始覺 有始覺者 由有不覺 有不覺者 由依本覺 如下文云 本覺義者 對始覺義說 以始 覺者 即同本覺 始覺者依本覺故 而有不覺 依不覺故說有始覺 當知如是展轉相依 即顯諸法 非無而非有 非有而非無也"라고 하였다.

서 망념을 일으키지만 본각의 '훈습(활동성)'에 의해 점차 각의
작용이 있는 것이다. 즉 구경에 이르면 본각과 같아지며 이것이
곧 시각이다.101)

자료 야)에서는 불각과 시각, 그리고 본각이 서로 의지하여 성립한
다고 보았다. 상대가 있음으로써 자신이 존재한다는 표현은 양자의
본체가 같으며 하나라는 의미로 해석될 수 있다. 반면 서로가 '전전'한
다고 했으므로 서로 구분이 가능할 수도 있다고 여겨진다. 즉 불각에서
시각과 본각에 이를 수 있다고 본 것이다. 요컨대 서로 의지하며,
전전하는 것은 양자가 하나이면서도 서로를 별체로도 인정하고 있는
듯 보인다. 하지만 위에서 원효는 "시각이 곧 본각"이라고 주장하였으
므로 양자를 하나로 보는 경향이 강해 보인다. 그러면서도 다시 그는
불각·시각·본각을 "있는 것도 아니지만 없는 것도 아니다"라고 인식
하였다. 이는 분별적 존재를 인정하면서 동시에 이들의 근본적 통합을
모두 주장하고 있는 그의 균형적 견해를 나타내고 있는 것이다.
　자료 쟈)에서 원효는 '本覺'과 '始覺'의 존재를 부각시키며, 이들의
역할을 설명하고 있다. 그러면서 '각'에 이르지 못한 '불각'이 수련을
통해 도달한 것을 '각'으로 보고 있다. '각'에는 '二覺'인 본각과 '시각'이
배치된다. 여기에서 원효는 '시각'에 대한 '본각'의 작용을 강조하고
있다. 즉 '본각'의 작용에 의하여 불완전한 '시각'이 '구경(궁극)'의
지위에 오르고 있는 것이다. 그런데 그 궁극의 지위는 본각이며 시각과

---

101) 元曉, 『大乘起信論別記』『韓國佛教全書』卷1, 683쪽 (나)에서 "言覺義者 即有二
　　種 謂本覺始覺 言本覺者 謂此心性離不覺相 是覺照性名爲本覺 如下文云 所謂自體
　　有大智 惠光明義故言 始覺者即此心體 隨無明緣 動作妄念 而以本覺薰習故 稍有覺
　　用 乃至究竟 還同本覺 是名始覺"이라 하였다.

같다고 보았다.

그런데 본각의 역할과 불각·시각·본각의 관계를 보다 상세하게 제시해 준다. 즉 본각은 불각을 극복한 상태다. 이때 본각의 작용(훈습)으로 무명을 완전히 떨치지 못한 시각을 '궁극'에 이르게 하며, 이때 본각 시각이 같아진다는 것이다. 요컨대 번뇌에 덮인 '불각'이 수행을 통해 '각'에 오르고, '본각'의 '힘(훈습력)'으로 '시각'과 '본각'이 같아진다는 견해이다.[102] 이것이 원효가 강조한 '이각원통'의 논리이다.

여기에서 '훈습'의 개념은 주목될 수 있다. 이는 수행을 유발하는 작동원리라고 할 수 있다. 이로써 시각은 본각의 작용에 의해 하나가 될 수 있는 것이다. 이러한 논리는 자료 챠)를 통해 보다 구체화되고 있다.

> 챠) '생멸문'에는 여러 가지 작용('生意', 불각과 본각의 활동)이 있다.
> 말하자면, '불각의'가 '본각'을 훈습하므로 모든 염법을 내며,
> 또 '본각'이 '불각'을 훈습하기 때문에 모든 '정법'을 내는 것이다.
> 이 두 뜻에 의하여 일체법을 다 내기 때문에 '識'에 두 가지
> 뜻이 있어 일체법을 만든다고 한 것이다.[103]

위의 자료는 『기신론』 최고 개념인 '一心'의 변화 과정을 나타낸

---

102) 殷貞姬, 「元曉의 不住涅槃思想－大乘起信論疏·別記」『민족불교』 2, 청년사, 1992, 225쪽에서, 아라야식의 '각의'와 '불각의'를 제시함으로써, 아라야식이 염법과 정법 양자를 모두 지님에 주목했다. 이렇게 원효가 아라야식에 깨달음의 가능성을 부여함으로써 실천적 입장을 견지했다고 파악하였다.

103) 元曉, 『起信論疏』『韓國佛教全書』卷1, 707쪽 (다)~708쪽 (가)에서 "生滅門中有能生意故 此義云何 由不覺義熏本覺故生諸染法 又由本覺熏不覺故生諸淨法 依此二義通生一切 故言識有二義生一切法"이라 하였다.

것이다. 시각의 전단계인 '불각'은 '일심'의 유전으로 이해해야 한다. 하지만 본각의 작용(훈습)에 의해 불각은 향상될 수 있다. 이러한 논리는 '시각'에 대해서도 동일하다. 즉 본각의 힘에 의해 시각은 수행의 지위를 상승시키는 것이다.

그러면서 원효는 역시 '시각'·'본각'을 일원화하고 있다. 따라서 이들은 서로 의지하며 보다 상위단계를 향해 진행되는 것으로도 이해할 수도 있지만, 결국 같은 것으로 파악됨을 알 수 있다. 이러한 수행의 향상과 함께 원효는 본각의 다른 역할에도 관심을 표하고 있다.

> 캬) 중생의 마음을 두루 비춘다고 말한 것은, 본각이 분명히 드러날 때 중생의 근기를 평등하게 비추어 수많은 교화를 나타내는 것이다. 그런 이유로 중생의 생각에 따라 나타난다고 말한 것이다.[104]

위의 자료와 같이 '본각'은 대중교화의 역할과 크게 연관된다. 중생의 성불 가능성과 함께 원효는 본각의 활동에 상당한 관심을 기울였다. 무엇보다 본각은 중생의 근기에 따라 작용하는 힘이 있다. 본각의 그러한 힘에 의해 시각은 본각과 같아진다. 그런데 시각은 여러 지위(불각·상사각·수분각·구경각)로 나뉜다.[105] 이는 중생의 근기로 파

---

104) 元曉, 『起信論疏』 『韓國佛教全書』 卷1, 712쪽 (가)에서 "依法出離故 偏照衆生心者 卽彼本覺顯現之時 等照物機 示現萬化 以之故言隨念示現"이라 하였다.

105) 元曉, 『大乘起信論別記』本 『韓國佛教全書』 卷1, 685쪽 (다)에서 "分別內外 計我我所 名麤執着 雖捨如是麤分別相 而未證知唯識實性 名相似覺"이라 하였고 ; 『起信論疏』 같은 책, 709쪽 (다)에서 "雖復已得無分別覺 而猶眠於生相之夢 故名

악될 수 있을 법하다. 본각이 중생의 특성에 따라 작용하므로 시각에 해당될 수 있는 중생은 본각의 작용을 받았을 것이다. 이러한 본각의 성격은 대중교화와 무관하지 않았을 것으로 여겨진다.

다시 말해 중생심은 '무명'으로 인해 미혹될 수 있다. 이것을 '불각'이라고 말한다. 이를 본각의 작용으로 교화한다는 것이다. '본각'은 중생의 심식을 진단하는 '生滅門'에 배치되어 있으며 '생멸문'에서 얻을 수 있는 깨달음인 것이다.[106) 이러한 본각의 지위는 이타행을 처음 실현할 수 있는 단계이기도 하다. 그와 함께 '근기에 따른 교화'도 주장하고 있다. 그러므로 본각 이하의 수행단계에 있는 기층민에 대해 교화를 베풀 수 있는 기초가 된다.

이러한 논의는 본각의 세부구조에서도 드러난다. 본각은 '지정상'과 '불사의업상'이라는 수행단위로 분해된다.[107) 그런데 후자에 '이타행'이 유독 강조되고 있는 것이다. 말하자면 생멸문 최상위 단계인 본각에서는 중생에 대한 제도가 두드러진다고 할 수 있다. 이에 다음의 자료가 참고된다.

隨分覺"이라 하였으며 ;『大乘起信論別記』같은 책, 686쪽 (가)~(나)에서 "今至此位 無明永滅 還歸心源 無更起動 故言得見心性 心卽常住 更無所進名究竟覺 又說未歸心源 夢念未盡 欲滅此動 望到彼靜 今旣見心性 夢想都盡 覺知自心本無流轉 今無息滅 常自一心 如住一床 故言得見心性心卽常住 如是始覺卽與本覺 登同無別 名究竟覺"이라 하여 '불각'과 함께 '시각' 四位를 설명했다.

106) 高翊晉,「元曉의 起信論 哲學과 華嚴經觀」『韓國古代佛敎思想史』, 동국대 출판부, 1989, 199쪽에서 "생멸문에서는 '理'를 '불성'과 '본각'으로 표현하였으며, 진여문에서는 '理'를 '진여'와 '실제'로 표현하여 술어를 달리하였다"고 지적했다. 즉 '진여'는 생멸문의 '본각'과 같은 뜻이므로 생멸문의 최고위 개념으로 이해할 수 있을 것이다.

107) 元曉,『起信論疏』『韓國佛敎全書』卷1, 711쪽 (가)에서 "言智淨相者 正明隨染本覺之相 不思議業相者 明此本覺還淨時業也"라고 하였다.

탸) 본래 헤아릴 수 없는 성덕을 다 갖추고 중생의 마음을 훈습하여
　　여러 가지 일을 하기 때문에(두 가지 업을 일으켜) 본각의 이익이
　　라고 이름 붙인 것이다. 본각은 (결국) 둘이 아니므로 단 하나의
　　중생도 법신 밖으로 나가는 이가 없다.[108]

　　자료 탸)와 같이, 원효의 '본각'과 '이타행'에 대한 강조는 중생의
성불 가능성에 대한 강한 신뢰를 바탕으로 이루어졌다. 원효는 '본각
의 평등성'을 확신했다.[109] 본각을 소유한 중생의 깨달음을 위해
승려의 이타행도 필수적이라고 보았다.[110] 요컨대 '이타행'은 '본각'이
지닌 가장 큰 특징으로 이해한 것이다. 즉 무명에 덮인 일체중생은,
모두 '본각'을 소유하고 있다는 것이다. 따라서 '중생심'이 곧 '본각'임
을 인식한 대중교화승들이 '본각'의 능력(훈습)'을 바탕으로 대중을
제도할 수 있다고 이해한 것으로 보인다.
　　元曉는 『대승기신론』의 '본각'개념에 주목했다. 이는 아마도 본각이
'깨달음(자리)'과 함께 '대중교화(이타)'를 내포하고 있었음에 기인할
것이다.[111] 그가 『금강삼매경론』을 통해 본각을 중시하였음도 이를
증명한다.

---

108) 元曉, 『金剛三昧經論』 『韓國佛教全書』 卷1, 633쪽 (다)에서 "本來具有無量性德
　　熏衆生心 作二種業 故名本利 由是本覺無二義故 無一衆生 出法身外"라고 하였
　　다.
109) 元曉, 『金剛三昧經論』 『韓國佛教全書』 卷1, 631쪽 (가)에서 "一切衆生同一本覺
　　故言一覺"이라 하였다.
110) 元曉, 『金剛三昧經論』 『韓國佛教全書』 卷1, 631쪽 (가)에서 "以此本覺 令他覺故
　　故言常以一覺"이라 하였다 ; 金英美, 「阿彌陀信仰의 思想史的 意義」 『新羅佛教
　　思想史研究』, 民族社, 1994, 291쪽.
111) 元曉, 『金剛三昧經論』 『韓國佛教全書』 卷1, 630쪽 (나)에서 "旣得本利 自利利他
　　故言是大菩薩摩訶薩也"라고 하였다.

말하자면 원효는『기신론』을 통해 모든 중생이 소유한 '본각'의 영향력에 주목하면서 수행을 통해 이룬 깨달음인 시각을 본각에 포섭하고자 했다. 그러면서 현실적으로 '본각'에 이르지 않은 '불각'과 '시각'을 위해 실천수행을 결부시켰다. 이를 바탕으로 '불각'과 '시각'은 이후 '본각'과 동일한 지위에 오를 수 있었던 것이다.

『대승기신론』을 중시했던 원효는『금강삼매경론』에 이르러 더욱 확고히 '본각'과 '시각'의 원융을 역설한다. 이는 '이각원통'의 논리가 대중교화를 위해 더욱 적극성을 띠게 된 것으로 이해할 수 있다.

> 퍄) 시각은 본각 또는 여래장의 성격과 같다.[112]

> 햐) 시각이 원만하면 곧 본각과 같은 것이다. 즉 본각과 시각이 둘이 아니라 '일각'인 것이다.[113]

자료 퍄)에서 원효는 '여래장'이라는 보편적 '佛性'을 내세우고 있다.[114] '여래장'은 숨겨진 불성이라는 의미로 대승불교의 중심개념이다. 여래장 사상은 대중교화에 더욱 설득력을 가져올 수 있다.[115]

---

112) 元曉,『金剛三昧經論』『韓國佛敎全書』卷1, 615쪽 (가)~(나)에서 "始覺 不異本覺 如來藏性"이라 하였다.

113) 元曉,『金剛三昧經論』『韓國佛敎全書』卷1, 633쪽 (나)에서 "始覺圓滿 卽同本覺 本始無二 故名一覺"이라 하였다.

114) 김영미는 원효가 모든 중생에게 내재한 '일심'을 강조한 점을 들어 이를 '여래장 사상'으로 인식하였다. 또한 원효는 '불성론(여래장 사상)'에 입각하여 모든 사람의 성불 가능성을 강조하였으므로, 이를 전제로 아미타신앙을 보급하였을 것으로 이해했다(金英美,「阿彌陀信仰의 思想史的 意義」『新羅佛敎思想史硏究』, 民族社, 1994, 296쪽, 304쪽).

115) 이기영,『한국철학사』상권, 한국철학회, 1987, 169쪽에서 "이타적 보살도는

즉 '깨달음'의 평등이라는 입장에서 '시각'과 '본각'의 동일함을 거듭 주장하고 있는 것이다. 수행의 위계로서는 역시 차별이 존재한다. 그렇지만 근본적인 여래장의 입장에서 양자의 평등을 역설할 수 있는 것이다.

자료 햐)도 위의 논의와 연관된다. '시각'의 원만한 수행이 갖추어진 다면 '본각'과 같은 지위에 오를 수 있다는 논리를 펴고 있다. 시각을 포용할 수 있는 본각의 특성을 강조함으로써 평등의 논의는 활성화될 수 있다. 본각은 중생의 심성인 '여래장'에 해당한다. 따라서 본각의 강조는 모든 중생의 깨달음을 역시 부각시킬 수 있다.

하지만 원효는 '원칙적 평등'인 본각을 강조하면서 중생의 차별적 모습이 나타난 시각의 존재도 중시하고 있다.[116] 시각을 인정한다는 것은 중생의 차별적 심식도 감안한다는 의미이다. 기층민의 현실을 철저히 인식함으로써 대중교화는 보다 활성화될 수 있기 때문이다. 아마도 『금강삼매경론』에서의 본각·시각설은 대중교화로 전환하기 위한 실천적 논리를 내재하고 있는 듯하다. 또한 원효는 『기신론』에 나타난 '이각'의 평등과 본각의 이타적 측면을 중시했다.

거) '일심'이 하지 않는 일은 없다. 이타행도 마찬가지다. 따라서 "이익을 이루고 근본을 얻음이 '대법우'와 같다"고 하였다. 즉 비가 만물을 적셔서 열매를 얻는 것처럼 이 지혜도 다른 사람을 이롭게 하는 일을 통해 '본각'을 얻게 한다. 이것은 '성소작지'의

___

여래장사상을 통해서 그 이론적 타당성을 얻는다"고 이해하였다.

116) 元曉, 『大乘起信論別記』本 『韓國佛敎全書』 卷1, 683쪽 (다)에서 "有本覺故本來無凡 而未有始覺故 本來有凡"이라 하였다. 즉 본각의 입장에서 평등성과 시각의 측면에서 존재하는 현실적 차별성을 아울러 중시하는 태도로 인식된다.

뜻을 밝힌 것이다.[117]

위의 자료에서 원효는 '일심'의 이타성을 '본각'과 '成所作智'에 비유하였다. 우선 원효가 『금강삼매경』을 『기신론』에 입각해 해석하는 모습을 거듭 확인할 수 있다. '일심'과 '본각'은 『기신론』의 중심 개념으로 간주할 수 있기 때문이다. 자료 거)에서 원효가 제시한 '성소작지'에는 자신의 깨달음과 함께 남을 교화하는 측면이 담겨져 있다. 이는 본각의 의미와 결부되는 것이다. 또한 이타행이 이루어져야 본각이 성취되므로 본각은 이타행과 밀접한 것으로 보아야 할 것이다. 무엇보다 원효는 본각의 의미를 일심과 함께 중생을 위한 '단비(大法雨)'로 주시하였다. 이는 본각의 이타성을 강조함으로써 대중교화의 활성화를 주장하고 있는 것으로 이해할 수 있다.

이와 함께 『금강삼매경론』에서는 본각·시각의 원융을 보다 강조하면서 실천적 성격을 심화시키고자 하는 그의 의도 역시 확인된다.

너) (부처님께서 말씀하시기를) 네가 본래 어디서 온 것도 아니며 지금 또한 어디에 도달한 것도 아니다. 네가 얻은 본각의 이익은 불가사의 하니, '대보살마하살'이다.[118]

더) 본각이 지니는 이익, 즉 자리와 이타를 얻었으므로 '대보살마하

---

117) 元曉, 『金剛三昧經論』 『韓國佛教全書』 卷1, 633쪽 (나)에서 "如是一心無所作故 於利他事 無所不作 故言利成得本 如大法雨 雨潤萬物 令成菓實 此智亦爾 利他事 成 令得本覺 是明成所作之智義"라 하였다.
118) 元曉, 『金剛三昧經論』 『韓國佛教全書』 卷1, 630쪽 (나)에서 "佛言 汝本不從來 今亦不至所 汝得本利 不可思議 是大菩薩摩訶薩"이라 하였다.

살'이라고 말씀하신 것이다.119)

　자료 너)는 원전인 『금강삼매경』의 내용이다. 하지만 이는 원효가
주목한 본각의 특성과 일치한다. 본각의 이익과 보살의 특성을 대응시
키며 '이타행'을 강조하고 있는 것이다. 다시 말해 이타행의 상징인
보살을 등장시키면서 '본각'의 성격을 부각시키고 있는 것이다.

　자료 더)에서 원효는 본각의 지위를 다시 설명하고 있다. '본각'에
의해 '자리'와 '이타'를 얻을 수 있다고 지적하고 있는 것이다. 다시
말해 「무상법품」·「무생행품」을 거쳐 「본각리품」에 이르러야 이타적
성격이 드러날 수 있다는 것이다.120)

　이렇게 원효는 『금강삼매경론』을 통해 '이각(二覺)'의 개념을 실천
적으로 구체화하였다. 이에 따라 '본각'의 성격을 보살에 견주고 있는
것이다.121) 즉 원효는 본각과 시각의 통합을 명시하고, 중생의 본각을
계발하기 위한 교화승들의 실천행을 확대하고자 했던 것이다.

---

119) 元曉, 『金剛三昧經論』『韓國佛敎全書』卷1, 630쪽 (나)에서 "得本利 自利利他
　　　故言是大菩薩摩訶薩"이라 하였다.
120) 元曉, 『金剛三昧經論』『韓國佛敎全書』卷1, 629쪽 (다)에서 "依無生行 能會本覺
　　　方得普化 饒益一切"라고 하였다.
121) 元曉, 『金剛三昧經論』『韓國佛敎全書』卷1, 629(다)~630쪽(가)에서 "言無住菩薩
　　　者 此人雖達本覺 本無起動 而不住寂靜 恒起普化 依德立號 名曰無住 無住之德
　　　契合本利 故人此人 以表其宗"이라 하였다.

5. '二覺圓通' 思想과 실천수행

1) '一味觀行'과 '十重法門'의 강조

『금강삼매경』은 '6품'으로 구성된 수행계위를 갖는다. 「무상법품」으로 시작하는 수행은 결국 최종품인 「여래장품」에 도달하게 되어있다. 말하자면 무명에 덮여있는 중생심인 여래장이 '일심'으로 회귀하는 『기신론』 구조를 반영하고 있는 것이다. 원효의 이러한 의도는 『금강삼매경론』의 내용을 통해 확연히 드러난다.

그는 『금강삼매경』의 근간을 '一味觀行'과 '十重法門'으로 요약하고 있다.[122] '일미관행'은 일원화된 수행법을 강조하는 성격이 짙다. 그렇지만 이는 『기신론』을 실천으로 전환하고자 하는 의도가 확실하다. 『기신론』의 '중생유전'을 바로 '십중법문'으로 표현했으며, '일심회귀'를 '일미관행'으로 치환한 것이다.

요컨대 후자는 전자를 실천적으로 표현한 용어이다. 중생의 심식 양상을 진단한 후, 각기의 수행법을 권장하려는 것으로 사료된다. 이는 대중교화의 효율성을 극대화하고 한 원효의 의도였을 것이다.

말하자면 '십중법문'의 입장에서, 모든 중생에게 동일한 수행방식을 권하는 것은 아니라는 의미이다. 결국 각자의 소질에 맞는 수행을 통해 깨달음에 이를 수 있다는 주장인 것이다. 즉 『금강삼매경』에 시설된 '육품'에 의해 근기에 따른 수행을 인정하면서도, 결국 모든 수행의 '일미'를 주장하고 있는 원효의 독특한 대중교화 논리이다.

---

122) 元曉, 『金剛三昧經論』 『韓國佛教全書』 卷1, 604쪽 (다)에서 "此經宗要 有開有合 合而言之 一味觀行爲要 開而說之 十中法門爲宗"이라 하였다.

이것이 바로 『금강삼매경론』의 핵심이론이다.

'십중법문'의 수행법을 통해 다양한 중생에게 맞는 수행법을 권장할 수 있다. 또한 '일미관행'은 그들이 이르는 깨달음이 동질적이라는 것을 강조하고 있는 것이다. 말하자면 각자의 수행법도 결국 통일적으로 인식될 수 있는 소지를 지닌 것으로 이해할 수 있다.

이러한 중심논리를 '본각'과 '시각'의 통합에도 전적으로 원용하고 있다. '본각'은 깨달음의 평등이라는 의미를 담고 있다. 이는 원효가 강조한 일미관행의 의미에 해당될 수 있을 듯하다. 원칙적 평등을 내세우는 '본각'과 동일한 수행법의 강조는 상통할 수 있기 때문이다. 다시 말해 양자는 깨달음을 견지한다는 점에서 동일한 성격을 지니고 있다.

또한 '십중법문'은 다양한 수행단계를 포함하고 있는 '시각'에도 견줄 수 있다. 시각은 본각에 도달하기 위한 배려로서 4위의 수행단계를 구분하고 있다. 이는 중생에게 여러 수행법을 제시하고자 한 원효의 의도와 일치하는 것이다. 일미관행과 '십중법문'도 대립하는 개념이 아니다. 일미의 관점에서 '십중법문'은 일원화된다는 의미이다. 이는 서로 원융·융통하는 개념인 것이다. 이각인 본각과 시각도 전술한 논리와 공통점을 지닌다. 원효는 시각 역시 수행을 통해 본각에 도달할 수 있다고 주장했기 때문이다.

요컨대 『금강삼매경론』의 양대 구조인 '일미관행'과 '십중법문'은 '二覺'(본각·시각) 사상과 상응하고 있는 것이다. 이는 '다양성'과 '통일성'을 모두 염두에 둔 원효의 대중교화 논리로 파악해야 할 것이다.

2) 대중교화와 「本覺利品」의 설정

원효는 본각과 시각의 원융을 크게 강조하였다. 하지만 이를 통해 원효는 또 다른 실천수행을 이끌어 내고자 하였다. 그것은 '이타행'으로 대표되는 대중교화였다.

> 러) 일각(본각·시각)은 곧 법신이요 법신은 곧 중생의 본각이므로 일체중생의 본래 뿌리인 본각의 이익이다. 여기에 헤아릴 수 없는 성덕을 다 갖추고 중생의 마음은 훈습하여 두 가지 일을 하기 때문에 본각의 이익이라고 말하였던 것이다.[123]

자료 러)는 '본각'의 역할에 의해 중생을 깨달음의 대열로 인도하고 있음을 드러내고 있다. 그러면서 본각의 이타행이 주목되고 있는 것이다.[124] 말하자면 원융을 이끄는 본각의 힘이 바로 이타행인 대중교화인 것으로 본 것이다.

이러한 논리의 근거는 『금강삼매경론』의 등장배경을 기술하고 있는 『송고승전』의 연기설화를 통해서도 확연히 드러난다. 연기설화에서 검해의 용왕이 『금강삼매경』의 내용을 언급함이 바로 그것이다.

---

123) 元曉, 『金剛三昧經論』『韓國佛敎全書』卷1, 633쪽 (다)에서 "一覺 卽是法身 法身 卽是衆生本覺 故言卽一切衆生 本根覺利 本來具有無量性德 熏衆生心 作二種業 故名本利"라 하였다.

124) 金英美, 「阿彌陀信仰의 思想史的 意義」『新羅佛敎思想史硏究』, 民族社, 1994, 304쪽에서 "본각의 상태로 돌아가면 '불'이 되고 '불'의 지혜와 자비에 의해 '이타행'이 실현된다"고 보았다.

머) (검해의)용왕이 (신라의)사신에게 말하기를, 너희 나라 왕비는
   청제의 셋째 딸이다. 우리 용궁에 일찍이 『금강삼매경』이 있다.
   이 경전은 두 가지 깨달음(본각·시각)이 원만히 통하고 '보살행'
   을 나타내었다.[125]

   자료 머)는 자료 러)와 비교될 수 있다. 자료 머)는 용왕이 용궁에
비장된 『금강삼매경』을 신라의 사신에 건네면서 조언한 것이다. 즉
『금강삼매경』이 '본각'·'시각'을 주축으로 하며 '보살행'을 지닌다고
했다. 따라서 이는 중생에 대한 '적극적 교화활동'을 시사한다고 이해
해도 좋을 것이다.
   결국 이는 중생의 성불 가능성을 확대한 '이각' 통합과 중생제도의
'보살행'을 강조하고 있으며, 자료 러)의 내용과도 부합될 수 있다.
본각이 둘이 아님을 부각시키는 것과 성덕을 갖추었다는 언급이
그것이다. 즉 자료 러)와 머)는 '이각원통'과 '이타행'이라는 측면에서
명확히 상응하고 있는 것이다. 이러한 논의를 바탕으로 원효는 '이타
행'의 강조를 본격화하고 있다.

버) 모든 유정이 無始이래로 무명의 긴 밤에 빠져 들어가 망상의
   큰 꿈만 꾸고 있자, 이에 보살이 관을 닦아 '無生'을 얻었을 때
   중생이 본래 지닌 적정함에 통달하게 되었다. 이것이 곧 본각이
   다. 一如한 자리에 누워 이 본각의 이익으로 중생을 도와준다.[126]

---

125) 『宋高僧傳』卷4, 「新羅國黃龍寺元曉傳」(『大正新修大藏經』卷50, 730쪽 (가))에
    서 "龍王 王名鈐海 謂使者曰 汝國夫人是青帝三女也 我宮中先有金剛三昧經 乃二
    覺圓通示菩薩行也"라고 하였다.
126) 元曉, 『金剛三昧經論』『韓國佛教全書』卷1, 629쪽 (다)에서 "一切有情 無始已來

서) 무생행에 의하여 능히 본각을 만나(본각의 자리로 돌아가) 일체
　중생을 두루 교화하고 도움을 줄 수 있게 한다.[127]

　자료 버)와 서)는 『금강삼매경』의 「본각리품」의 성격을 여실히
보여주고 있다. 『금강삼매경』에서는 「본각리품」이라는 구조를 배치
하여 본각·시각설을 크게 강조한다. 그러면서 중생에 대한 대중교화
를 고무시키고 있다.

　이에 자료 버)는 무명에 빠져있는 중생이 '본각의 이익'을 통하여
구제될 수 있음을 명시한다. 자료 서) 역시 「무생행품」을 지나, 본각의
지위에서 일체중생이 교화될 수 있음을 확연히 언급하고 있다. '무생
행'은 주관적 '자의식을 멈춘다'는 의미이다.[128] 이는 스스로의 수행과
관련된 부분으로 이해된다.

　즉 「무상법품」과 「무생행품」에 제시된 '자리'적 수행을 마친 후
도달하는 「본각리품」을 통해 '중생교화'라는 측면을 크게 확대하고
있다. 다시 말해 『금강삼매경론』에서도 특히 이타행이 크게 강조되고
있는 부분이 「본각리품」인 것으로 인식할 수 있다. 이와 함께 '본각'을
중시하는 원효의 의도는 아래의 자료를 통해 보다 구체적으로 살필
수 있다.

　入無明長夜 作妄想大夢 菩薩修觀 獲無生時 通達衆生本來寂靜 直是本覺 臥一如床
　以是本利 利益衆生"이라 하였다.
127)　元曉, 『金剛三昧經論』 『韓國佛敎全書』 卷1, 629쪽 (다)에서 "依無生行 能會本覺
　　方得普化 饒益一切"라 하였다.
128)　元曉, 『金剛三昧經論』 『韓國佛敎全書』 卷1, 608쪽 (다)에서 "泯生心 所以第二顯
　　無生行"이라 하였다.

어) (열매의)싹은 본각의 이익을 비유한 것이다. 또한 열매는 본각을
   얻음을 비유한 것이다.[129]

위의 자료에서 원효는 '이타행'에 해당하는 '본각'의 작용(훈습)을
싹에 비유하고 있다. 그러면서 이타행을 통해 '본각'을 얻을 수 있음을
주장하고 있다. 그것을 바로 본각의 '열매'로 인식하고 있는 것이다.
「무상법품」·「무생행품」을 거쳐 최초의 깨달음인 본각을 얻는 것이
바로 이 「본각리품」이다. 그런데 깨달음의 단초로서 작용하는 것이
바로 '이타행'인 것이다. '깨달음'으로 진입하기 위해 요구되는 단계가
본각의 단계로 이해할 수 있다. 이를 통해 보다 궁극적 깨달음인
「여래장품」으로 향할 수 있는 것이다. 이러한 논의는 다음의 자료를
통해 확인할 수 있다.

저) 전품에서는 '심생멸문'을 밝혔고 지금 이 품에서는 '심진여문'을
   나타낸 것이다.[130]

자료 저)에서는 『기신론』의 양대구조인 '(심)진여문'과 '(심)생멸문'
을 제시하면서 『금강삼매경』의 6품 구조와 대응시키고 있다. 그러면
서 「본각리품」을 진리의 단계인 '진여문'에 배치시키고 있는 것이다.
'생멸문'과 '진여문'은 서로 다르지만 결국 같은 것이며, 모두 '일심'을

---

129) 元曉, 『金剛三昧經論』『韓國佛敎全書』卷1, 661쪽 (가)에서 "苗喩本利 實喩得本"
    이라 하였다.
130) 元曉, 『金剛三昧經論』『韓國佛敎全書』卷1, 639쪽 (다)에서 "前品明心生滅門
    今此品顯心眞如門"이라 하였다.

향한다는 것이『기신론』의 구조이다. 그런데「본각리품」이 양자의 교량적 역할을 수행하고 있는 것이다. 말하자면「본각리품」은 '자리' 의 수행을 거친 '무주보살'이 세속 중생을 위한 실천행의 단계이다.[131] 원효는 실천행을 깨달은 자의 의무라고 보았던 듯하다. 본각을 중시하는 원효의 의도는 여기에 있을 것으로 보여진다.

원전인『금강삼매경』은 각 '품'에 등장한 보살을 통해 수련의 발전과정을 보여주고 있다.「본각리품」에 의거한 수행에도 역시 '이타행'이 필수적이다. 그런데 이러한 '보살행'은 고도의 상징성을 지닌다. '이타행'에 의한 본각의 획득을 천명하면서, 대중교화를 독려하고 있는 것이다.

『금강삼매경』의「총지품」에서는 '일체중생'에 대한 구제를 위해 '무주열반'의 개념을 표방한다.[132] 이는 '깨달음에 안주하지 않겠다'는 의미이다. 즉 '성불' 이후 대중교화에 매진하겠다는 의지를 나타낸 것이다. 그러한 '무주보살'이「본각리품」을 이끌고 있다. 원효가 의도한 '본각'의 비중을 확인할 수 있는 부분이다. 이와 함께 원효는『기신론』의 '一心'에 해당하는「여래장품」에서 초품인「무상법품」으로, 즉 역순에 의한 내용전개를 시도한다.[133] 이는 '일심'에서 '생멸문'으로의 역행을 말한다. 이를테면 끊임없는 중생의 번뇌가 다시 시작되는 과정을 표현한 것이다. 그렇지만 그 안에는 또 다른 은유가 존재한다.

---

131) 元曉,『金剛三昧經論』『韓國佛敎全書』卷1, 608쪽 (다)에서 "內行卽無相無生 外化卽本利入實"이라 하였다 ; 高翊晉,「元曉의 起信論 哲學과 華嚴經觀」『韓國古代佛敎思想史』, 1989, 224쪽.

132) 元曉,『金剛三昧經論』『韓國佛敎全書』卷1, 675쪽 (나)에서 "住煩惱 由是不入涅槃 普化十方"이라고 하였다.

133) 元曉,『金剛三昧經論』『韓國佛敎全書』卷1, 671쪽 (나)에서 "六品六疑 劫次而決"이라 하였다.

중생에게 상존하는 '무명'에 의한 '一心 流轉'을 상기시킴으로써, 대중을 향한 열정을 배가하려는 의도가 담겨있는 것이다.

제5장 『금강삼매경론』의 '六品圓融' 사상과 대중교화

1. '육품' 구조의 논리

『금강삼매경론』은 원효를 일약 최상의 승려 반열에 올린 노작이며,[1] 그의 출세작이다. 원효는 당시 왕실에 환우가 있자, 『금강삼매경』의 강설을 통해 이를 해소한다.[2] 그 강론서가 바로 『금강삼매경론』인 것이다. 이러한 그의 『금강삼매경론』은 원효의 학문적 성과를 집약한 것으로도 이해될 수 있다. 대체로 원효의 초기 저술에서는 원전에 기재된 내용을 충실히 이해하고자 하는 경향이 강하다.[3] 그런데

---

1) 『宋高僧傳』卷4, 「元曉傳」(『大正新修大藏經』卷50, 730쪽 (나))에서 "昔日採百椽時 不預會 今朝橫一棟處 唯我獨能"이라 하였다.

2) 『宋高僧傳』卷4, 「元曉傳」(『大正新修大藏經』卷50, 730쪽 (나))에서 "王臣道俗雲擁法堂 曉乃宣吐有儀 解紛可則"이라 하였다.

3) 元曉, 『大慧度經宗要』『韓國佛敎全書』卷1, 487쪽 (나)에서 "今此經云 色受想等如幻如夢 乃至涅槃如幻如夢 若當有法勝涅槃者 我說亦復如幻如夢 當知此經同彼華嚴無上無容究竟了義 但其敎門各各異一"이라 하였다 ; 자성이 없고 생멸하는 '오온(色·受·想·行·識)'이 꿈과 같다고 하여, 온갖 존재는 '空'한 것(色卽是空)이라는 『반야경』의 교리를 그대로 풀이하고 있으며, 이를 『華嚴經』의 내용과 비교하려 하였다. 즉 해당 경전을 풀이하고 다른 경전과 비교하려는

여기에서는 자신의 학문적 성과를 원숙한 실천행으로 변용시키는 특성을 보인다.

원효의 전기를 쓴 일연은 「원효불기」조에서 『금강삼매경론』과 『화엄경소』에 주목하고 있다. 또한 찬녕 역시 『송고승전』을 통해 극적으로 등장한 『금강삼매경론』을 중심으로 승려의 상례에서 벗어난 원효를 묘사하였다.[4] 즉 양자 모두 '경론'의 '적극적 교화행'에 주시한 것이다. 일연 역시 원효의 대중교화를 그의 핵심 역할로 이해한 것으로 보여진다.

이렇듯 『금강삼매경론』은 원효의 이전 저술과는 달리 가장 체계적이고 실천적인 논리를 제시하고 있다. 어쩌면 『금강삼매경론』이 완전한 모습으로 현전하는 것도 그 명성에 기인한 것으로 이해된다. 즉 『금강삼매경론』의 장점에 착안한 승려들이 그 보급을 주도해 나갔을 것으로 보이기 때문이다.

『금강삼매경론』의 체재는 대안이 편집했다는 경전,[5] 『금강삼매경』에 따른 것이다. 그런데 진경으로 추정되던 『금강삼매경』의 구조에

서술방식을 채택하였다. 하지만 『大乘起信論』을 통해 제경전을 통일적으로 이해하려는 의도는 아직 나타나지 않는다. 따라서 『大慧度經宗要』는 원효의 초기저술로 이해할 수 있을 법하다.

4) 『宋高僧傳』 卷4, 「元曉傳」(『大正新修大藏經』 卷50, 730쪽 (가))에서 "或閭閻寓宿 或山水坐禪 任意隨機都無定檢"이라 하였다 ; 鳩摩羅什譯, 『維摩詰所說經』 卷上 『大正新修大藏經』 卷14, 539쪽 (가)에서 "雖爲白衣 奉持沙門 淸淨律行 雖處居家 不著三界 示有妻子 常修梵行 現有眷屬 常樂遠離"라고 하였다. 따라서 원효의 교화행은 '성속불이'를 강조하는 '유마힐'의 모습과 매우 유사하다. 이는 유마힐이 거주하던 '바이샬리' 지역이 상업이 성한 지역이었으므로 불교대중화운동이 일어났던 데 근거한다. 이는 통일 직후 신라 사회의 동향과 결부될 수 있을 것이다.

5) 『宋高僧傳』 卷4, 「元曉傳」(『大正新修大藏經』 卷50, 730쪽 (나))에서 "安得經排來 成八品 皆合佛意"라고 하였다.

원효가 중시한『대승기신론』이 대폭 수용된 것은 흥미롭다. 이는 어쩌면 관심의 초점이 되어야 한다고 생각한다.

『금강삼매경』은 초품인「무상법품」에서 시작하여「여래장품」으로 이어진다.[6] 그런데 경전의 '6품' 구조는『대승기신론』에 입각하여 편성된 것이 드러난다. 하근기 중생은 물론 고도의 수행자에 이르기까지 중생에 대한 배려가 모두 이루어지는『대승기신론』의 체계가 짙게 투영된 것이다. 다시 말해 낮은 지위의 중생을 배려하는「무상법품」을 극복하면서 점차 수행의 단계를 심화시키는 방향으로 진입하는 것이다. 이는『기신론』저술로부터 이어지는 원효의 독특한 교화방식으로 이해될 수 있다.

『대승기신론』은 각층의 중생을 포괄하여 모두 '一心'으로 회귀시킨다.[7] 이와 상응하여『금강삼매경론』도 6품 구조를 방편으로 하여 각 '품'의 지위에 해당하는 중생들을 배려하면서 최종 '품'으로 인도하고 있다. 이처럼『금강삼매경론』은 각층의 중생을 포용할 수 있는 획기적인 구조를 지니고 있는 것이다. 이는 대중교화를 보다 확대시키기 위한 기제로 생각된다. 또한 당시 통일 직후의 신라 중대 왕실은 고구려·백제 유민이 신라 사회에 유입되어 이들을 포용하기 위해 고심했을 가능성이 높다.[8]

---

6) 元曉,『金剛三昧經論』卷上『韓國佛敎全書』卷1, 604쪽 (다)에서 "無生之行 冥會 無相 無相之法 順成本利 利旣是本利而無得 故不動實際 際旣是實際而離性 故眞際 亦空 諸佛如來 於焉而藏 一切菩薩 於中隨入 如是名爲 入如來藏 是爲六品之大意 也"라 하였다.

7) 元曉,『起信論疏』卷上『韓國佛敎全書』卷1, 698쪽 (나)에서 "爲道者永息萬境 遂還一心之原"이라 하였다.

8) 전덕재,「4~6세기 농업생산력의 발달과 사회변동」『역사와 현실』14, 1994, 17쪽에서 "4~6세기 농업 생산력의 발달에 따라 농민층의 계층분화로 읍락공

신라 사회에 다양한 민이 유입되자, 다양한 교학을 섭취했던 원효는 누구보다도 그들을 제도할 능력을 지녔을 것이다. 이런 측면에서 신라 왕실은 원효에 주목했을 것으로 보여진다.[9]

원효는 『대승기신론』 관련 저술을 통해, 중생을 세속적 차별 상태인 '一心의 유전'으로 규정했다.[10] 이와 함께 그 분화된 심식이 어떠한 모습을 보여주는지 제시하기도 했다. 이를 통해 그는 하위단계의 심리 상태에서 고등의 단계까지 분류·설명하고 있다.

> 가) ① 첫째 '智相'은 '七識'이다. 추상 가운데 처음으로 '慧數(분별함)'가 있어서 '我'와 '塵'을 구분하므로 '지상'이라 하였다.[11]

동체의 해체와 밀접한 관련을 가지고 있다"고 보았다 ; 하지만 가장 큰 계층 분화는 통일기의 전쟁으로 이해하여야 할 것이다. 따라서 삼국 통일전쟁도 같은 맥락으로 이해해야 할 것이다 ; 강봉룡, 「신라통일기의 지배체제」 『역사와 현실』 14, 1994, 56쪽에서 "통일기 지배층은 지방 토착세력을 약화시키고 대민 지배력을 강화하는 시기"라고 이해했다. 이는 통일기 역역동원과 관련된 것으로 볼 수 있으므로 민의 경제적 부담은 가중되었을 것으로 여겨진다.

9) 『三國遺事』 卷4, 義解, 「元曉不羈」조에서, 원효가 거리에서 대중교화에 전념할 때, 그는 결혼하기 위한 노래("誰許沒柯斧 我斫支天柱")를 불렀다. 이때 오직 무열왕만이 이해할 수 있었다는 것은 당시 중대 왕실의 원효의 대중교화에 대한 관심을 표현한 것으로 보아야 할 것이며, 신라 왕실이 정책적으로 원효를 필요로 했던 것으로 이해할 수 있을 것이다.

10) 元曉, 『起信論疏』 卷上 『韓國佛敎全書』 卷1, 701쪽 (나)~(다)에서 "一心之外更無別法 但有無明迷自一心 起諸波浪流轉六道 雖起六道之浪 不出一心之海"라 하였다.

11) 元曉, 『起信論疏』 卷上 『韓國佛敎全書』 卷1, 713쪽 (나)에서 "初言智相者 是第七識麤中之始 始有慧數分別我塵 故名智相"이라 하였다 ; 은정희 역, 『원효의 대승기신론소·별기』, 一志社, 1991 ; 은정희·송진현 역주, 『원효의 금강삼매경론』, 一志社, 2000 ; 『한글대장경(155권 ; 금강삼매경론 외 3)』, 동국역경원, 1975 ; 『한글대장경(156권 ; 기신론소·열반경종요 외 5)』, 동국역경원, 1972 ; 이기영 역, 『한국명저대전집-금강삼매경론』, 대양서적, 1973 ; 『국역 원

② 둘째 '相續相'은 유발되는 '識(生起識)'이며, '識蘊'이다. 이는 추분별이며, 모든 법을 따라 의탁하여 상속된다. '愛取'를 일으켜 과거의 모든 행위를 끊어지지 않게 하며 나타나 상속하게 한다.[12]

③ 셋째 '執取相'은 '受蘊(감수성)'이다. '식온'에 의하여 싫고 좋음을 분별하여 고락을 받아들인다.[13]

④ 넷째 '計名字相'은 '想蘊'이다. 앞의 '수온'에 의하여 違順 등의 명언의 상을 분별한다.[14]

⑤ 다섯째 '起業相'은 '行蘊'이다. '상온'이 취한 명상에 의하여 사수를 일으켜 선과 악을 만든다.[15]

⑥ 여섯째 '業繫苦相'이라는 것은 앞의 '행온'이 만든 업에 의하여 삼유와 육취의 과보를 받아들인다.[16]

자료 가)①에서는 지상을 유식의 '칠식'에 대응시키며 사물을 분별(좋은 것을 취함)하는 지위로 보았다. 이를 시작으로 보다 하위의

효성사전서(1~6권)』, 보련각, 1987 ; 李箕永 譯, 『韓國의 佛敎思想－大乘起信論疏·別記·金剛三昧經論』, 三省出版社, 1981.

12) 元曉, 『起信論疏』 卷上 『韓國佛敎全書』 卷1, 713쪽 (다)에서 "第二相續相者 是生起識識蘊 是矗分別 遍計諸法得長相續 又能起愛取 引持過去諸行不斷 亦得潤生"이라 하였다.

13) 元曉, 『起信論疏』 卷上 『韓國佛敎全書』 卷1, 714쪽 (가)에서 "第三執取相者 卽是受蘊 以依識蘊 分別違順 領納苦樂"이라 하였다.

14) 元曉, 『起信論疏』 卷上 『韓國佛敎全書』 卷1, 714쪽 (가)에서 "第四計名字相者 卽是想蘊 依前受蘊 分別違順等名言相"이라 하였다.

15) 元曉, 『起信論疏』 卷上 『韓國佛敎全書』 卷1, 714쪽 (가)에서 "第五起業相者 卽是行蘊 依於想蘊所取名相 而起思數造作善惡"이라 하였다.

16) 元曉, 『起信論疏』 卷上 『韓國佛敎全書』 卷1, 714쪽 (가)에서 "第六業繫苦相者 依前行蘊所造之業 而受三有六趣苦果"라고 하였다.

심식을 분석하고 있다. 자료 가)②의 상속상은 인체의 오감에 의해 일어나는 중생의 마음이다. 자료 가)③ '집취상'은 중생이 느끼는 정신작용(수온)에 대응시키며 '괴로움'과 '즐거움'을 분별하는 것으로 보았다. 자료 가)④의 '계명자상(사물의 이름을 진리로 생각함)' 가)⑤ 의 '기업상(인연에 대해 집착함)'과 가)⑥ '업계고상(업에 의한 과보)' 모두 깨달음에 이르지 못한 중생의 상태를 진단한 것이다.

이는 중생이 무명에 '훈습'되는 현상을 제시한 것이기도 한데, 대중에게 친밀감을 느끼게 하기 위한 장치일 수 있다. 위의 내용과 같이, 원효는 우선 대중교화를 위해서 중생의 근기를 관찰해야 했을 것이다. 이를 통해 대중을 향한 제도의 열정을 도출해 낼 수도 있기 때문이다.

따라서 위의 다양한 심식설 전개는 원효의 대중교화에 자산이 되었음이 거의 확실하다. 즉 원효는 중생에 대한 다양한 심식분석을 보다 명확하게 제시하고 삼국통일기 신라로 유입된 다양한 중생의 심식을 이해하여 그 수련법을 제시하고자 했을 것이다. 원효 교학의 시대성은 이러한 측면과 무관하지 않을 것이다.

비록 '사물'과 '문자', '즐거움'에 집착하는 중생이지만, 그들은 모두 '일심'의 유전이므로, 근본(일심)으로 돌아올 수 있다고 여겨 모두 제도의 대상으로 여겼던 것이다.[17] 이는 자료 가)에 나타난 현실 속의 중생이 결국 깨달음을 얻게 된다는 논리이다.

또한 원효는 『기신론』에 나타난 심식분류를 기초로, 『금강삼매경』의 육품을 분석하고, 그 수행법을 명확하게 분석했을 것이다. 말하자

---

17) 元曉, 『起信論疏』 卷上 『韓國佛敎全書』 卷1, 700쪽 (가)에서 "言歸命 又復歸命者 還源義 所以者 衆生六根 從一心起 而背自原 馳散六塵 今擧命總攝六情 還歸其本 一心之源"이라 하였다.

면 수행자에게 깨달음의 과정을 해설한 것이며, 대중교화승에게는 전교의 지침을 제시한 것이기도 하다.

> 나) '無生行'은 무상과 만나고, 무상의 진리는 본각의 이익을 순조롭게 이룬다. 그 이익은 본각의 이익으로서 얻음이 없기 때문에 실제를 움직이지 않는다. '際'가 이미 실제로서 자성을 떠났기 때문에 진제 역시 空하다. 여러 부처와 여래가 여기에 존재하며, 일체의 보살도 그 안에 있다. 이를 여래장에 들어간다고 말하며, 또한 이것이 육품의 대의다.[18)]

위의 함축된 내용을 통해 원효는 『금강삼매경』의 근간인 '육품' 구조를 확연히 드러내고 있다. 즉, 경전의 핵심 체계인 '육품'의 운용 원리를 명확하게 제시한 것이다. 원효는 이를 통해 무명에 의해 미혹된 '일심'이 「여래장품」에서 본래의 '일심'으로 회귀하는 과정을 소개하고 있다.

최하위 수련인 「無相法品」은 보다 하층 근기를 위한 것일 수 있다. 그렇지만 원효는 이를 폄하하지 않는다. 모두 「여래장품」에 해당하는 '일심'에 귀입하기 때문이다. 말하자면 이 부분이 원효의 대중교화에 대한 이론적 강점이라고 이해할 수 있다.

즉, 수행을 진전시켜 최종품인 「여래장품」에 이를 수 있지만, 해당 '품'만을 수행하여도 상위 품과 평등한 수행의 성과(일미)를 거둘

---

18) 元曉, 『金剛三昧經論』卷上 『韓國佛敎全書』卷1, 604쪽 (다)에서 "無生之行 冥會 無相 無相之法 順成本利 利旣是本利而無得 故不動實際 際旣是實際而離性 故眞際 亦空 諸佛如來 於焉而藏 一切菩薩 於中隨入 如是名爲 入如來藏 是爲六品之大意 也"라 하였다.

수 있다고 주장한다. 말하자면 원효는 '육품'의 '일미'를 강조한 것이다.[19] 원효가 주장한 '육품원융' 사상은 바로 여기에 나타나 있다. 이 같은 주장은 다음의 자료를 통해 더욱 구체화 될 수 있다.

다) 「무상법품」은 '相'이 없는 관을 밝히는 것이고, 「무생행품」은 일어남이 없는 행위를 나타낸 것이며, 「본각리품」은 본각에 의하여 중생(모든 사물)을 이롭게 한다. 「입실제품」은 허상으로부터 실제에 들어가는 것이다. 「진성공품」은 일체의 행위가 진성의 공에서 나옴을 분별하는 것이고, 여섯째 「여래장품」은 한량없는 (무한한) 문이 '여래장'에 들어감을 밝히는 것이다. 이러한 여섯 문에 관행이 모두 포함되어 있다. 모든 망념이 계속 유전하고 있으므로, 이제 그 흐름을 돌이켜 근원으로 돌아가게 하려면 먼저 상을 깨뜨려야 한다.[20]

원효는 『기신론』의 '一心·二門' 구조를 이용하여, '일심'의 '流轉'을 「무상법품」으로부터 시작하고 있다. 육품을 차례로 거쳐 결국 '일심'인 '여래장'으로 이를 수 있도록 배려하고 있는 것이다. 이와 함께 원효는 지속적으로 육품의 평등(융통)을 역설하면서도[21] 육품의 개별

---

19) 元曉, 『金剛三昧經論』 卷上 『韓國佛敎全書』 卷1, 609쪽 (가)에서 "又此六品 唯是一味 所以然者 相生無性 本覺無本 實際離際 眞性亦空 何由得有如來藏性 如下如來藏品中言 是識常寂滅 寂滅亦寂滅"이라 하였다.

20) 元曉, 『金剛三昧經論』 卷上 『韓國佛敎全書』 卷1, 608쪽 (다)에서 "一無相法品明無相觀 二無生行品 顯無生行 三本覺利品 依本利物 四入實際品 從虛入實 五眞性空品 辨一切行 出眞性空 六如來藏品 顯無量門 入如來藏 如是六門 觀行周盡 凡諸妄想 無始流轉 今欲反流歸源 先須破遣諸相"이라 하였다.

21) 元曉, 『金剛三昧經論』 卷上 『韓國佛敎全書』 卷1, 609쪽 (가)에서 "第六如來藏品

170

적 역할도 주목하였다.[22] 『금강삼매경론』에서의 육품에 대한 분별적 인식은 역시 수행자의 특성을 감안한 것으로 보아야 할 것이다.

원효는 『기신론』 저술을 통해 모든 중생의 '성불' 가능성을 확신한 바 있다.[23] 그러면서 초보 수련자들을 배려하기 위해 '생멸문'의 심식 분석을 적극적으로 확대하여 그들을 포용하고 있다.[24] '생멸문'에서 그는 세밀한 분석을 통해 그에 해당하는 수행을 권장하고, '일심'으로 귀환할 수 있도록 배려하기도 한다.[25] 이는 아래의 자료를 통해 확인할 수 있다.

    라) 모든 교문(敎門)이 비록 많지만 수행에는 두 문을 벗어나지 않는
        다. '진여문'에 의해 지행을 닦고 '생멸문'에 의하여 관행을 일으
        켜, '지'와 '관'을 모두 수행하면 만행이 갖추어지므로 이를 수행하
        면 모든 '문'을 다 통달할 수 있다.[26]

遍收諸門 同示一味"라고 하였다.

22) 元曉, 『金剛三昧經論』卷上 『韓國佛敎全書』卷1, 609쪽 (나)에서 "如是無所得之
    一味 正爲此經之宗之要 但以無所得故 無所不得 所以諸門 無所不開故 作無量義之
    宗也 雖是一味 而開六門"이라 하였다.
23) 元曉, 『起信論疏』卷上 『韓國佛敎全書』卷1, 714쪽 (가)에서 "衆生六根 從一心起
    而背自原 馳散六塵 今擧命總攝六情 還歸其本一心之原 故曰歸命所歸一心"이라
    하였다 ; 馬鳴菩薩造, 『大乘起信論』 『大正新修大藏經』 32卷, 578쪽 (나)에서
    "一切衆生有眞如"라고 하였고 ; 같은 책, 같은 쪽 (다)에서 "一切諸菩薩 皆願度
    脫一切衆生"이라 하였다.
24) 元曉, 『起信論疏』卷上 『韓國佛敎全書』卷1, 714쪽 (가)에서 "六種麤相 依於現相
    所現境起 三種細相 親依無明"이라 하였다.
25) 元曉, 『大乘起信論別記』卷上 『韓國佛敎全書』卷1, 687쪽 (나)에서 "一心不覺
    即同本覺 故言本來平等同一覺也"라 하였다.
26) 元曉, 『起信論疏』卷上 『韓國佛敎全書』卷1, 714쪽 (가)에서 "明諸敎門雖有衆多
    初入修行不出二門 依眞如門修止行 依生滅門 而起觀行 止觀雙運 萬行斯備 入此二
    門 諸門皆達"이라 하였다.

마) 첫 번째는 '觀'을 닦는 뜻을 밝혔고, 다음은 '觀'을 닦는 방법을 나타냈다. 세 번째는 수행의 권장을 총결(요약)하였다. 두 번째 중에서 네 가지 '觀'을 나타내었다. 첫째 '법상관'은 無常과 苦와 流轉과 不淨을 말한 것이다.[27]

자료 라)과 같이 원효는 '진여문'과 '생멸문'을 수행의 논리로 활용하기도 했다. 현상계를 식별하는 인식작용인 '관'을 '생멸문'에 배치하였고, 인식작용을 멈추는 '지'를 '진여문'에 대응시켰다. 이는 양자(진여문·생멸문)를 각기 수행의 단계로 이해했다고 보아도 좋을 것이다.

특히 '염정'의 '개별적 측면(별상)'을 나타내는 '생멸문'[28]에 의해 사물의 '상'을 관찰하는 '관'이 일어난다는 것이다. 그런데 자료 마)를 살펴보면 이러한 '관'의 강조가 두드러진다. 아마도 이러한 '관'은 자료 라)과 같이 '생멸문'을 통해 이루어졌을 것이다. 그리고 생멸문 역시 일심의 한 측면이다. 따라서 '생멸문'에서 수행의 강조를 통해 결국 '일심'으로의 회귀를 도모했을 것이다.

『금강삼매경론』역시 수련자가 자신에게 어울리는 단계를 찾아 '육품' 과정에서 지위를 상승시켜 '일미'인 「여래장품」에 도달할 수 있도록 이끌었다. 『기신론』에서는 차별적인 '생멸문'의 심식이 '진여문'의 평등화 작용을 통해 근원인 '일심'에 도달하게 하였다. 여기에서 더 나아가 『금강삼매경론』은 심식의 차별성에 부합하는 수련법을 제시하여 육품

---

27) 元曉, 『大乘起信論疏記會本』卷上 『韓國佛教全書』卷1, 787쪽 (다)에서 "初明修觀之意 次顯修觀之法 其第三者 總結勸修第二之中 顯四種觀 一法相觀 謂無常苦流轉 不淨"이라 하였다.

28) 元曉, 『起信論疏』卷上 『韓國佛教全書』卷1, 705쪽 (가)에서 "生滅門者別顯染淨染淨之法 無所不該 故亦總攝一切諸法"이라 하였다.

으로 배치하였으며, 모두 깨달음의 차원으로 인도하려고 했다.

요컨대『기신론』이 인간 심성의 차별을 모두 '일심'의 차원에서 통일했다면,『금강삼매경론』은 낮은 수행과 고도의 수련을 결국 '일미'라는 관점에서 통합하였던 것이다. 즉 '일심'의 유전으로 파생된 심식들에 대한 수련은 일미의 차원에서 통일될 수 있었던 것이다.

이렇게 '심식'과 '수련'이 근원적 시각인 '일심'과 '일미'로 각각 일원화됨으로써, 하층근기 중생을 깨달음으로 이끌 수 있었으며 중생의 성불 가능성을 크게 확대시켰다고 볼 수 있다.

이는 대중교화가 확산되는 당시의 시대상에 부합될 수 있을 것으로 생각된다. 삼국의 통일로 보다 다양한 민중이 신라에 귀속되었을 것이며, 전쟁의 고통으로 민중의 국가에 대한 사회·경제적 요구는 증대되었을 것이다. 욱면의 설화도 이와 연관될 수 있다.[29] 욱면은 진골 귀족의 노비로서 최하층민에 해당한다. 그런데 그는 자신의 소박한 수행으로 결국 뜻을 이루고 있다. 이는 '생멸문'에서 다양한 수행법을 강조하여 '일심'으로의 회귀를 의도했던 원효의 뜻과 부합될 수 있을 것이다.

통일기 전쟁으로 인해 농민은 대체로 경제적 곤란을 겪었을 것이며, 지배세력은 전리품과 토지 확보로 상대적 부유함을 유지했을 것이다. '욱면'은 통일 이후 하층민의 모습을 보여주는 전형적 사례라고 생각된다. 그는 혜숙이 세운 '미타사'에서 '현신성불'하였다.[30] 혜숙은 원효의 선배이며 그 역시 대중교화승으로 보여진다. 또한 혜숙이 주석했던

---

29) 『三國遺事』卷5,「욱면비염불서승」條.

30) 『三國遺事』卷5,「욱면비염불서승」條에서 "婢湧透屋樑而出 西行至郊外"라고 하였다.

사찰(미타사)에서 욱면은 깨달음을 얻었다. 미타사는 아마도 혜숙의 유풍이 존재했던 것으로 여길 수 있을 것이다.

또한 혜숙의 일화가 전파되면서 미타사는 대중들의 주목을 받았을 것이다. 혜숙과 욱면은 불교의 대중화와 관련된 인물이다. 그렇다면 양자의 연결고리로서 '미타사'를 거론할 수 있다. 그런데 혜숙과 관련하여 다음의 자료가 주목된다.

바) 진평왕이 (혜숙의 교화행을) 듣고 사자를 보내어 그를 데려오게 하였다. 그런데 사자는 혜숙이 부인의 침상에 있는 것을 보았다. 이를 비루하게 여겨 돌아오는 길에 사자는 혜숙을 만났다. 사자는 그가 어디에서 오는지 물었다. 혜숙은 "성안에 있는 시주집에 가서 칠일재를 마치고 오는 길이요"라고 말했다. 사자가 이를 왕에게 고했다. 그러자 사람을 보내 그 시주집을 조사하게 했다. 이 또한 사실이었다.[31]

혜숙은 그의 교화행으로 인해 국왕의 부름을 받는다. 하지만 그는 승려의 상례에 벗어난 행동을 보이며 사실상 거절한다. 이러한 사실은 대중교화승으로서 대안의 행위와 견줄 수 있다. 대안 역시 『금강삼매경』의 편집과정에서 국왕의 초청을 거부했기 때문이다.[32] 또한 혜숙은 부인의 침상에 누워 사자를 놀라게 하였다. 이는 『금강삼매경』의 「무상

---

31) 『三國遺事』卷4, 義解 제5, 「二惠同塵」條에서 "眞平王聞之 遣使徵迎 宿示臥婦床 而寢 中使陋焉 返行七八里 逢師於途 問其所從來 曰城中檀越家 赴七日齋 席罷而 來矣 中使以其語逢於上 又遣人檢檀越家 其事亦實"이라 하였다.

32) 『宋高僧傳』卷4, 「元曉傳」(『大正新修大藏經』卷50, 730쪽 (나))에서 "王命安 安云但將經來 不願入王宮闕"이라 하였다.

174

법품」을 연상시킨다.33) 국왕의 사자는 남녀의 '상'에 집착하였던 것으로 보인다. 이러한 상을 파하기 위한 것이 「무상법품」이다.34) 따라서 혜숙은 『금강삼매경』의 편집자인 대안과 유사한 면모를 보이며, 왕의 사자를 위해, '상'을 극복하는 교화행도 제시한 것으로 짐작된다.

이러한 점이 인정된다면 혜숙도 원효의 『금강삼매경론』에 일정 부분 영향을 주었을 것으로 추정되며, 『금강삼매경론』은 진평왕대의 혜숙과 경덕왕대 욱면의 연결고리로 작용할 수 있었을 것이다.

또한 삼국통일과 함께 삼국의 각기 독특한 교학체계를 가진 승려들도 『금강삼매경론』에 주목했을 가능성이 크다. 통일전 원효는 고구려계 승려 보덕과 교유했다.35) 고구려승 보덕은 백제 지역에 거주했다. 따라서 원효는 완산주의 보덕에게 수학하면서 백제와 고구려에 유포된 불교학을 일부 흡수했을 것으로 보인다.

그래서 원효의 『금강삼매경론』은 당시의 교학을 한층 조화롭게 종합할 수 있었을 것이다. 또한 '6품' 구조를 통해 다양한 중생을 위한 여러 수행법을 통일함으로써, 신라 대중을 포용할 수 있었을 것이다. 그래서 신라 중대 왕실은 다양한 수행법을 제시하여 대중을 위무할 수 있는 원효의 『금강삼매경론』을 희구했을 것으로 여겨진다. 이러한 논의는 다음의 자료를 통해 더욱 구체화된다.

---

33) 元曉, 『金剛三昧經論』 卷上 『韓國佛敎全書』 卷1, 608쪽 (다)에서 "一無相法品 明無相觀"이라 하였다.

34) 元曉, 『金剛三昧經論』 卷上 『韓國佛敎全書』 卷1, 609쪽 (나)에서 "謂無相觀 破諸 相故"라고 하였다.

35) 『三國遺事』 卷4, 「보장봉로 보덕이암」條에서 "乃以申力飛方丈 南移于完山州 孤大山而居焉"이라 하였다.

사) '제도할 수 있는 중생(可度衆生)'이라고 한 것은 여래께서 교화하는 모든 중생은 일심의 유전이 아님이 없는 이유에서이다. 모두 일미를 설명하였다는 것은 여래께서 말씀하신 모든 교법이 그들에게 모두 일각의 맛에 들어가게 하려는 까닭이다. 말하자면 모든 중생이 본래 일각이지만, 무명에 의해 몽상을 따라 유전하다가 모두 여래의 일미의 설법에 의해 일심의 근원에 돌아가지 않음이 없음을 밝히려 한 것이다.[36]

『대승기신론』의 논리와 같이 원효는 모든 심식의 원천을 '일심'으로 보았다. 따라서 '일심'의 유전인 중생의 심식은 '일심'의 입장에서 차별이 없다고 이해하였다.[37] 그러면서 원효는 『열반경』을 인용해, 여러 약초의 맛은 약초의 터전인 하나의 '山(일미)'에 머문다고 이해했다.[38] 이 같은 중생의 차별적 심식에 대한 일원적 태도는 그들을 위한 제도를 극대화시키고 있는 것이다. 이와 함께 위의 자료는 수행과정에서의 차별도 모두 깨달음을 추구하므로 '일미'라 칭하며 수행법을 적극적으로 통합시키고 있다.

---

36) 元曉, 『金剛三昧經論』卷上 『韓國佛敎全書』卷1, 610쪽 (가)에서 "可度衆生者 如來所化一切衆生 莫非一心之流轉故 皆說一味者 如來所說一切敎法 無不令入一 覺味故 欲明一切衆生 本來一覺 但由無明 隨夢流轉 皆從如來一味之說 無不終歸一 心之源"이라 하였다.

37) 元曉, 『大乘起信論別記』本 『韓國佛敎全書』卷1, 682쪽 (나)에서 "一心隨無明緣 反作多衆生心 而其一心常自無二"라고 하였다.

38) 元曉, 『大乘起信論別記』本 『韓國佛敎全書』卷1, 682쪽 (나)에서 "如涅槃經云 一味之藥 隨其流處 有種種味 而其眞味亭留在山"이라고 하였다.

2. '육품' 구조의 실천성

원효의 실천적 성향은 '경론'의 도입인 「무상법품」에서 크게 나타난다. 「무상법품」은 사물의 분별적 시각을 견지하는 중생의 감각상태를 다루고 있다. 이른바 하층근기 중생을 위한 구성에 해당한다고 볼 수 있다. 그런데 이 하층근기를 다스리는 「무상법품」을 통해 깨달음에 대한 적극적 시각을 한층 더 드러내고 있다.

> 아) '일심'은 일체 염정의 모든 법이 의지한다. 따라서 이를 모든 법의 근본이라고 부른다. 본래의 청정한 문은 항하의 모래 같은 공덕을 갖추지 않은 바가 없기 때문에 일체의 법을 갖추고 있다고 하였다. 하지만 염법을 들어 마음의 본체를 바라보면 두루 통하지 않는다. (마음의 본체에서)벗어나게 되는 듯하지만, 마음의 본체를 통해 염법을 바라보면 두루 통하지 않음이 없다.[39]

> 자) '불사의업상'을 해석하는 가운데 '智淨(지혜의 깨끗함)'에 의한다는 것은 앞의 '수염본각'의 마음이 비로소 맑고 깨끗해짐(淳淨)을 말하는 것이다. 이는 '시각'의 지혜이며 이 지혜의 힘에 의하여 '응화신'이 나타난다. 따라서 이를 '무량공덕의 상'이라고 부른다.[40]

---

[39] 元曉, 『金剛三昧經論』 卷上 『韓國佛教全書』 卷1, 615쪽 (다)~616쪽 (가)에서 "如是一心 通爲一切染淨諸法之所依止故 即是諸法根本 本來靜門 恒沙功德 無所不備 故言備一切法 隨緣動門 恒沙染法 無所不具 故言具一切法 然舉染法 以望心體 不能遍通 所以離脫 若舉心體 望諸染法 遍諸染法 無所不通 故言於世法中 不離不脫"이라 하였다.

위의 자료는, '일심'인 청정한 문이 '항하' 모래와 같은 염법을 갖추지 않은 바가 없으므로 일체의 법을 포용하고 있다고 주장했다. '항하'의 모래는 중생의 '차별적인 마음(생멸문)'을 뜻한다고 보아야 한다. 그러면서 중생의 '분별심'을 통해 마음의 본체를 바라보기는 어렵고 보았다. 하지만 본체(一心)를 통해 심식을 바라보면 서로 통한다고 이해했다. 다시 말해 '일심'의 관점으로 차별상인 '생멸문'을 바라보면 분별이 나타날 수 없다고 여긴 것이다. 이를 위의 자료에서는 '염정'의 근본으로 이해했다. 말하자면 '일심'을 통해 '진속'을 하나로 이해함으로써 대중교화를 확대하는 측면을 지니고 있는 것으로 보아야 한다.

이러한 논리는 '일심'을 '觀'함으로써 '性相'을 통합했던 천태종의 '일심·삼관법'과도 통할 수 있을 것이다.[41] 이는 '일심'의 차원에서 모든 중생은 제도의 대상이 될 수 있다는 논리로 해석될 수 있을 것이다.

제도의 대상을 확대시켰던 이 같은 원효의 논리는 『기신론』의 '일심·이문' 구조를 내포한 것으로 보인다. 즉 '일심'에 의해 '수행법(진

---

40) 元曉, 『起信論疏』卷上 『韓國佛教全書』卷1, 711쪽 (나)~(다)에서 "次釋不思議業相中 依智淨者 謂前隨染本覺之心 始得淳淨 是始覺智 依此智力現應化身 故言無量功德之相"이라 하였다.

41) 金杜珍, 「諦觀의 天台思想」 『韓國學論叢』 6, 國民大, 1984(「교종 입장에서 선종사상의 융합」 『고려전기 교종과 선종의 교섭사상사 연구』, 일조각, 2006, 306~307쪽)에서는 체관의 『천태사교의』의 '一心'을 주목하였는데 이는 선정으로의 연결이 가능하다고 이해했다. 즉 "'일심'은 性相을 구족하며 성상의 경지는 卽空·卽假·卽中으로 이해할 수 있다. 이것이 '一心三觀法'으로 천태사상의 기본이다"라고 이해했으며, 원효의 『법화종요』가 고려시대에 체관에게 이어졌을 가능성이 짙다고 보았다. 따라서 '일심'의 논리가 선종에 영향을 주었을 것이라고 추정했다. 이는 원효의 '일심·이문'체계와 매우 유사하다. 어쩌면 의천이 원효를 존경했던 것은 이러한 교학관에서 연유했을 것으로 보인다.

여문·생멸문)'을 일원적으로 인식할 수 있기 때문이다. 또한 근본적인 수행법으로 하위의 수행단계를 포용할 수 있다. 이는 '일심'의 관점에서 모든 수행법에 대해 의미를 부여할 수 있다. 따라서 원효의 수행관은 대중교화를 보다 확대한다는 의미를 지니고 있는 것으로 인식될 수 있을 것이다.

또한 원효는 『금강삼매경론』에서 '본각'의 존재를 매우 중시했다.[42] 여기에는 이타성이 강하게 내재되어 있다.[43] 주지하듯 본각과 시각은 『기신론』을 기반으로 한 개념이다. 또한 이타성은 일심에 회귀하기 위한 과정이기도 하다. 따라서 '이타성'을 발휘해 중생을 제도함은 곧 '공덕'이라고 할 수 있을 것이다.

'이타성'에 입각한 '공덕'은 자료 자)를 통해서도 확인할 수 있다. '불사의업상'은 본각의 한 부분으로 중생의 근기에 따라 교화할 수 있는 힘이다. 본각의 이타성은 '불사의업상'을 통해서도 확인된다. 즉 '불사의업상'을 통해 '불각'이 '본각을' 얻게 되는 과정을 '무량공덕의 상'이라고 표현하고 있다. 이는 깨달은 자의 의무로서의 '제도행'을 연상시킨다. 이처럼 원효는 끊임없이 모든 중생이 제도의 대상임을 상기시켰으며, 이들을 교화시킬 수 있다는 논리를 지속적으로 추구하였다.

이와 함께 원효는 지속적으로 '육품원융'을 주장하고 있다.[44] 그는

---

42) 元曉,『金剛三昧經論』卷中『韓國佛教全書』卷1, 631쪽 (가)에서 "一切衆生同一本覺 故言一覺 諸佛體此 乃能普化"라고 하였다.

43) 元曉,『金剛三昧經論』卷中『韓國佛教全書』卷1, 631쪽 (가)에서 "以此本覺 令他覺故 故言常以一覺 覺諸衆生"이라 하였다.

44) 元曉,『金剛三昧經論』卷上『韓國佛教全書』卷1, 631쪽 (가)에서 "又此六品 唯是一味"라고 하였다.

관행(수행법)을 여섯 부분으로 보았으며, 그 첫 번째가 무상관, 즉 「무상법품」을 가리키고 있다.45) 이와 함께 모든 수행을 하나로 보려는 '일미관행'도 강조하고 있다. 그는 '일심'과 함께 '수행의 평등(일미)'을 아울러 주장하고 있는 것이다. 원효의 평등성과 포용성은 또 다른 비유를 통해 강조되고 있다.

> 차) 하나의 도시라고 한 것은 하나의 여실한 뜻에 비유한 것이다. 그리고 네 개의 대문을 열어 놓는다고 한 것은 네 가지 가르침 말하자면 '삼승'교와 '일승'교에 비유한 것이다. "이 네 문의 안은 (결국)모두 한 도시로 돌아온다(歸)"고 한 것은 네 가지의 가르침 (四敎)에 의지하는 자는 모두 하나의 여실함에 귀착하기 때문이다. 또한 이렇게 많은 사람들이 뜻에 따라 들어간다고 한 것은 근기의 얕고 깊음에 따라 한 가지 가르침('일교', '일미')에 들어가기 때문이다.46)

원효는 「기신론」의 '생멸문'에 배치된 중생에 대한 분석을 마친 후 실천행의 확대를 위해 '城門의 비유'를 들고 있다. 각기 네 개의 다른 문을 통해 같은 성안으로 진입할 수 있다는 논리이다. 즉 '모든 문(삼승)'을 통해 결국 '하나의 도시' 즉 '일미(일승)'에 도달할 수 있음을 주장하였다. 이는 『금강삼매경』의 '육품' 구조를 다시 한번

---

45) 元曉, 『金剛三昧經論』卷中 『韓國佛教全書』卷1, 623쪽 (다)에서 "別顯觀行 有六 分中 第一遣諸境相 顯無相觀"이라 하였다.

46) 元曉, 『金剛三昧經論』卷下 『韓國佛教全書』卷1, 660쪽 (가)에서 "喩中言一市者 喩一實義 開四門者 喩四種敎 謂三乘敎及一乘敎 是四門中 皆歸一市者 依四敎者 皆歸一實故 如彼衆庶 隨意所入者 隨根深淺 隨入一敎故"라 하였다.

강조하는 의미를 지니고 있다. 중생의 자질에 따라 '육품' 구조 가운데 하나를 선택하면 결국 모두『대승기신론』의 '일심'에 도달할 수 있다고 이해하였다. 성문의 구조 역시 육품과 마찬가지로 수행의 차별을 현실적으로 인정하면서도 하나의 깨달음을 아울러 인정하는 원효의 독특한 교학을 담고 있는 것이다.

『금강삼매경』이 통일기에 주목될 수 있는 이유는 다양한 성품의 중생을 포용하고 여러 경전의 중생 제도법을 수렴함에 있을 것이다. 또한『금강삼매경』은 소외계층을 위무함은 물론 민을 포섭하려는 지배층의 의도에 부응하는 시대성을 지닌 경전이었음을 짐작된다. 원효가 중대 왕실과 밀착되었던 것은 이런 이유에서 찾아야 할 것이다.

3. 신라 대중교화승과 『금강삼매경론』

『금강삼매경』의 육품 구조는 다양한 학적 배경을 가진 중생을 제도하기 위한 기제로 볼 수 있다. 중생을 철저하게 배려한다면 상층근기 중생도 제도 대상에 포함됨은 물론이다.

원효가 모든 중생의 제도에 관심을 가진 이유는 아마도 통일기 열악해진 민의 사회경제적 처지와 삼국 유민들의 유입이 가중되었던 것에서 찾아야 할 것이다.[47] 또한 중대 아미타 신앙이 강조된 이유도 여기에 있을 것이다.[48]

---

47) 이기백,「통일신라와 발해의 사회」『한국사강좌』1, 고대편, 일조각, 320쪽.
48) 이기백,「신라 정토신앙의 두 유형」『역사학보』99·100합집, 1983 ;『신라불교사상사』, 일조각, 1986, 149쪽.

원효는 타인을 교화할 수 있는 수련의 지위로 「본각리품」을 설정하였다. 즉, 본각의 이익이 중생을 포용할 수 있다고 이해했다. 그래서 원효는 대중교화에 크게 주목하고 그 방법론을 설법하고 있다.

> 카) '구경지'는 곧 대원경지이다. 오직 구경위에서 이 지혜를 얻어서 일체의(모든) 경계에 대하여 다하지 않음이 없다. 따라서 하나의 여실한 뜻에 들어가기 때문에 '여실함에 들어간다'고 하였다. 즉 이는 어떤 경계에도 모두 드러난다. 그래서 '도를 구족하였다'고 하였다. 전체적 설명 가운데 네 가지 큰 작용(事用)이라고 한 것은 작용이 어느 곳에도 존재하기(無不周) 때문이다. 또한 '모든 부처님께서 말씀하신 것이다'라고 한 것은 모든 부처님의 말씀의 이치가 같은 이유로 말한 것이다. '큰 다리'라고 한 것은 삼승의 사람을 싣고 일승의 피안에 이르도록 하기 위함이다. 또한 '큰 나루'라고 한 것은 네 가지 지혜를 사용하여, 육도를 두루 지나면서 출세간의 도를 보여 애착의 강을 건너게 하기 때문이다. 교화하려는 자는 마땅히 이 지혜를 사용해야 한다.[49]

원효는 최고의 가르침인 '구경지'를 원전을 통해 부각시키고 있다. 여기에서 그는 최고의 가르침을 얻는 자는 어떤 경계에도 드러나야 함을 역설하였다. 이는 '무명'의 영향을 받은 '생멸문'의 영역을 시사하

---

49) 元曉, 『金剛三昧經論』 卷下 『韓國佛敎全書』 卷1, 661쪽 (나)~(다)에서 "究竟之者 大圓鏡智 唯究竟位 得此智故 於一切境 無不窮故 入一實義 故名入實 無境不現 名具足道 摠明中言 言四大事用者 用無不周故 諸佛所說者 諸佛道同故 大橋梁者 以是四智 載三乘人 令到一乘之彼岸故 大津濟者 用此四智 遍涉六道 示出世道 度愛河故 是故化者 應用是智也"라고 하였다.

는 것으로 보인다. 왜냐하면 "모든 경계에 드러나야 함"을 강조함으로써 세속을 향한 대중교화와 연관됨을 나타내기 때문이다. 이는 중생의 마음 상태를 판단하기 위해 심식을 분석하는 영역이기도 하다. 따라서 여기에서는 이타적 자비행이 강조될 수 있다. 이와 함께 중생 제도를 위한 보다 적극적인 언급이 드러난다.

즉, '중생을 위한 말씀'은 모두 부처님의 뜻으로 서로 같다는 주장이 그것이다. 이는 깨달음을 위한 모든 말씀이 결국 '일미'임을 드러낸 것이다. 또한 일승의 피안(성불)에 이르는 도구인 '큰 나루'를 들어 설명하고 있기도 하다. 원효는 계율 관련 저술에서 계율은 근본(일심)을 향하게 하는 '나루터'임을 강조하였다.[50] 즉, 원효는 일관성 있게 '하나의 깨달음(일승)'과 '하나의 말씀(일미)'의 논리를 펴고 있음을 알 수 있다.

또한 '선각자'의 필수적 임무로서 대중교화도 강조한다. 따라서 구경지에 오른 자는 반드시 '출세간의 도'를 보여야 하며 이를 대중교화에 적용해야 한다고 주장하는 것이다. 이러한 논리는 아래의 자료에서도 지속적으로 나타난다.

> 타) 저 법은 생멸하며 '斷邊'이 있다. 저 법이 항상 적멸한다면 또한 '常邊'이 있게 된다. '二乘'의 허물과 같이 중도에 벗어나게 된다. 하지만 부처님께서 말씀하신 한 게송의 뜻은 단변과 상변에 집착하지(떨어지지) 않기 때문에 이것은 곧 두변을 떠났다고 하였다. 또한 움직임과 고요함이 없는 것이 아니므로 한 곳에

---

50) 元曉, 『菩薩戒本持犯要記』 『韓國佛敎全書』 卷1, 581쪽 (가)에서 "菩薩戒者 返流歸源之大津 去邪就正之要門也"라고 하였다.

머무르지도 않는다고 하였다. '한곳에 머무르지 않는다(不在一住)'는 것은 하나의 여실한 '일심'의 자성에 집착하지 않는다는 뜻이다.[51]

원효의 대중교화는 『기신론』의 구조에 기반하고 있다. 요컨대 '생멸문'에서의 수행단계를 거쳐 평등한 '진여'의 깨달음을 이룬 후, 근본적 깨달음인 '일심'의 지위에 이르고 있는 것이다. 수행의 단계에서는 반드시 단계를 상승시켜 보다 높은 깨달음에 도달해야 한다. 그렇지만 세속은 물론 높은 위상의 깨달음에도 머물러 있어서는 안된다고 지적한 것이다.[52]

다시 말해 깨달음을 성취한 자는 다시 '생멸문'의 위치로 되돌아와 대중을 교화해야 한다는 적극적인 교화 논리를 펴고 있는 것이다. 이러한 교화행을 담당하고 있는 것이 바로 경전에 등장하는 보살들이다. 그들은 모두 대중교화에 헌신하는 인물로 그려진다. 또한 보살의 명칭이 실천행을 담고 있는 것도 주목해야 할 것이다.[53]

파) ① '아가타'란 번역하면 '無去(없애다)' 또는 '滅去(사라지게 하다)'

---

51) 元曉, 『金剛三昧經論』 卷下 『韓國佛教全書』 卷1, 663쪽 (나)에서 "此法生滅 即有斷邊 此法常寂 即有常邊 同二乘過 乖中道故 然佛所說一偈之義 不墮斷常故 此即離於二 不無動靜故 亦不在一住 不在一住者 不守一實一心性故"라고 하였다.

52) 元曉, 『金剛三昧經論』 卷中 『韓國佛教全書』 卷1, 640쪽 (나)에서 "不有之法 不即住無者 雖融俗爲眞 而不守眞無之法故 不無之相 不即住有者 雖融眞爲俗 而不守俗有之相故"라고 하였다.

53) 「무상법품」의 '해탈보살', 「무생행품」의 '심왕보살', 「본각리품」의 '무주보살', 「입실제품」의 '대력보살', 「진성공품」의 '사리불', 「여래장품」의 '범행장자'가 등장한다. 그런데 흥미로운 것은 수행이 진전될수록 대중교화를 강조하는 방향으로 보살의 명칭이 변화해 간다는 것이다.

184

이다. 이것은 약 이름이다. 이 약은 모든 병을 제압하므로 '무거'라 하였다. 이 보살도 역시 이와 같이 모든 중생의 번뇌 병을 치료하므로 약명을 이름으로 삼은 것이다.[54]

② '해탈보살'이란 모든 중생을 똑같이 해탈하게 하는 까닭으로 (이름 붙여졌다).[55]

③ '심왕보살'이라 한 것은 '體'에 따라 이름을 붙인 것이다. 그런데 '심왕'의 뜻은 두 가지다. 첫째는 팔식의 마음이 모든 心數를 거느리기 때문에 '심왕'이라고 한 것이다. 둘째는 '일심'의 법이 모든 덕을 다 거느리기 때문에 '심왕'이라고 한 것이다.[56]

④ 처음 '무주보살'이라 한 것은 이 사람이 비록 본각이 본래 움직임이 없음을 깨달았지만 적정에 머물지 않고 항상 널리 교화를 행한다. 따라서 '무주'라 한 것이다. 또한 머무름이 없는 공덕이 본각의 이익에 부합되기 때문에 이 사람으로 종체를 나타냈다.[57]

⑤ 이름을 '대력'이라 한 것은 이 사람이 '실제'의 법문에 들어가 법계를 두루 거치며 하지 못함이 없으므로 대자재함을 얻어

---

54) 元曉, 『金剛三昧經論』 卷上 『韓國佛教全書』 卷1, 608쪽 (가)에서 "阿伽陀者 此云 無去 或言滅去 此是藥名 能令諸病 皆悉滅盡 故名無去 此菩薩 亦如是 能治衆生諸 煩惱病故 以藥名爲其目也"라고 하였다.

55) 元曉, 『金剛三昧經論』 卷上 『韓國佛教全書』 卷1, 610쪽 (나)에서 "解脫菩薩者 令諸衆生 同一解脫故"라고 하였다.

56) 元曉, 『金剛三昧經論』 卷中 『韓國佛教全書』 卷1, 624쪽 (가)에서 "心王菩薩者 從體立名 然心王之義 略有二種 一者八識之心 御諸心數 故名心王 二者一心之法 摠御衆德 故名心王"이라 하였다.

57) 元曉, 『金剛三昧經論』 卷中 『韓國佛教全書』 卷1, 629쪽 (다)~630쪽 (가)에서 "言無住菩薩者 此人雖達本覺 本無起動 而不住寂靜 恒951普化 依德立號 名曰無住 無住之德 契合本利 故因此人 以表其宗"이라 하였다.

대력이라 하였다.[58]

⑥ 이름을 '범행'이라 한 것은 사람의 모습이 비록 속인이지만 마음이 '일미'에 머물러 일체의 맛을 융섭했다. 또한 비루한 세속의 여러 맛을 지녔지만 일미의 '범행(청정한 행위)'을 잃지 않았다. 그는 이러한 의미를 지닌 것이다.[59]

위의 자료 파①과 같이 '아가타'는 중생의 번뇌를 치료하는 약이다. 이는 『금강삼매경』 서두에 등장하는 보살의 이름으로 대중교화를 독려하기 위한 명칭으로 보인다. 그런데 『송고승전』 「원효전」에 '검해의 용왕'은 원효의 경전 주석(『금강삼매경론』)을 '아가타약'에 비유하였다.[60] 물론 '검해 용왕'은 설화에 등장하는 가상의 인물이다. 그렇지만 『금강삼매경』의 핵심을 이미 '이각원통'과 '보살행'이라고 파악했던 용왕[61]은 다시 경전에 등장한 '아가타'를 거론했다. 아마도 설화의 용왕은 경전의 내용을 이미 알고 있음이 분명하다. 그런 그가 주석자로 오직 원효를 지목했다. 그렇다면 적어도 설화의 구조상 『금강삼매경』이라는 경전 자체와 원효의 관련성은 매우 긴밀하다고 보아야 한다. 또한 탁월한 약으로서의 '아가타'는 중생의 번뇌 역시 치료한다. 따라

---

58) 元曉, 『金剛三昧經論』 卷中 『韓國佛教全書』 卷1, 639쪽 (가)에서 "名大力者 此人 得入實際法門 遍周法界 無所不爲 得大自在 故名大力"이라 하였다.

59) 元曉, 『金剛三昧經論』 卷下 『韓國佛教全書』 卷1, 659쪽 (나)에서 "名梵行者 是人 形雖俗儀 心住一味 以是一味 攝一切味 雖涉諸味之穢塵俗 不失一味之梵淨行 此中 顯如是義"라고 하였다.

60) 『宋高僧傳』 卷4, 「元曉傳」(『大正新修大藏經』 卷50, 730쪽 (나))에서 "龍王言 可令大安聖者 銓次綴縫 請元曉法師造疏講釋之 夫人疾愈無疑 假使雪山阿伽陀藥 力亦不過是"라고 하였다.

61) 『宋高僧傳』 卷4, 「元曉傳」(『大正新修大藏經』 卷50, 730쪽 (가))에서 "我宮中先有 金剛三昧經 乃二覺圓通示菩薩行也"라고 하였다.

서 아가타는 설화의 내용에서 신라 왕실의 염원과 원효의 대중교화를 모두 만족시키고 있다. 이런 측면을 통해서도 신라 중대 왕실과 원효는 결합은 인정될 수 있다고 보여진다.

자료 파)②의 해탈보살 역시 모든 중생의 해탈을 강조함으로써 강한 대중교화의 의지를 나타내고 있다. 자료 파)③의 '심왕보살'은 특히 주목된다. '심왕'은 '상'을 인식하는 주체이다. 그런데 원효는 이같은 해석에서 나아가 '심왕'을 '일심'의 덕으로 명확히 해석했다.[62] 이는 '일심'에 의해 '진여문'와 '생멸문'을 통합해 '진속'을 하나로 파악했던 원효를 연상시킨다. 『대승기신론』의 핵심 논리인 '일심'을 상징하는 '심왕보살'이 등장하고 있는 것이다. 이는 경전 자체에 원효의 영향이 있음을 감지할 수 있는 부분이다.

자료 파)④는 '무주보살'로서 적정(깨달음)에 안주하지 않는 무주보살을 강조하였다. 역시 대중교화를 강조할 수 있는 보살이 지속적으로 경전에 등장하고 있다. 그런데 '무주보살'은 『금강삼매경』의 「본각리품」에 등장한다. '본각'과 '시각'은 『대승기신론』에 나타난다. 「본각리품」의 설정과 제도행을 강조하는 '무주보살'의 등장은 『대승기신론』을 중시했던 원효와 무관하지 않을 것으로 여겨진다. 모든 법계에 통할 수 있는 파)⑤의 대력보살과 원효와 대안, 혜공, 혜숙을 연상시키는 대중교화승 범행장자는 위에서 살펴본 보살과 부합되는 면모를 지닌다.

요컨대 『금강삼매경』에 등장하는 보살들은 대중교화를 추구하는 듯 보이며, 『대승기신론』의 영향을 받은 명칭이라고 보여진다. 『대승

---

62) 元曉, 『金剛三昧經論』 卷上 『韓國佛教全書』 卷1, 618쪽 (나)~(다)에서 "無量功德 卽是一心 一心爲主 故名心王"이라 하였다.

기신론』의 영향을 강하게 받은 대중교화승으로 단연 원효를 지목할 수 있다. 따라서『금강삼매경』과 원효의 상관성은 매우 높다고 할 수 있을 것이다.

경전과 부합되는 이 같은 원효의 이타적 교화행 강조는『금강삼매경론』과『기신론』의 기본구조인 '일심·이문'의 구조에서 이해되어야 할 것이다. 일연은 원효가 '초지(보살)'를 강조하고 있음을 묘사하였다.[63] 이것도 중생과 쉽게 접할 수 있는 적극적 대중교화를 주장하고 있는 것으로 보인다. 그가 '소성거사'로 자칭했음도 이와 관련될 것이다. 왜냐하면 보살은 중생제도를 위해 항상 세속을 떠나서는 안되기 때문이다. 이렇게 그의 중생에 대한 교화 열정은 중생에 대한 신뢰에 기반한 것으로도 볼 수 있다.

> 하) (중생을) 외아들처럼 여기는 경지라고 한 것은 초지 이상에서 이미 일체의 중생이 평등함을 깨달아(증득하여) 모든 중생 보기를 (자신의) 외아들 보는 것과 같이 한다. 이것을 청정한 '증상의 락(북돋아 이루게 함)'이라고 한다. 이는 하나의 비유로서 마음을 나타내어 외아들처럼 여기는 경지라고 한 것이다. '번뇌에 머문다'는 것은 보살이 비록 모든 진리(제법)의 평등함을 얻었지만, 방편(대중교화)의 힘으로써 번뇌를 버리지 않는 것이다.[64]

---

63) 『三國遺事』卷4, 「元曉不羈」조에서 "分軀於百松 故皆謂位階初地"라고 하였다.

64) 元曉, 『金剛三昧經論』卷下 『韓國佛教全書』卷1, 674쪽 (다)에서 "一子之者 初地已上 已證一切衆生平等 視諸衆生 如視一子 是名淸淨增上意樂 奇喩表心 名一子地 而住於煩惱者 菩薩雖得諸法平等 而以方便力 不捨煩惱"라고 하였다.

위의 자료와 같이, 원효는 일체중생을 '대비'의 대상으로서의 '외아들'로 주목하고 있다. 배려와 교화의 대상으로서 중생에 대한 애착과 열정을 표현한 것이다. 또한 번뇌에 머묾으로서 중생을 위한 대중교화의 의지(증상의락)를 천명하였다. 그러면 원효는 어떠한 이유로 대중교화에 이토록 전념하게 되었는가를 살펴야 할 것이다.

이는 원효의 선배였던 진평왕대의 혜숙에게서 그 이유를 어느 정도 얻을 수 있을 것으로 사료된다. 혜숙은 도당 유학의 기회가 있었다.[65] 하지만 그는 뜻을 이루지 못하고 구참공의 낭도로서 활동하였다.[66] 낭도는 진골은 물론 육두품과 그 이하 신분으로 구성되어 있다.[67] 그런데 혜숙이 화랑도의 명부인 '황권'에서 이탈되고, 20년 동안 '積善村'에서 은거한 사실[68]은 주목할 필요가 있다. '적선'은 '대중'에 대한 교화활동을 연상시킨다. 혜숙은 '적선촌'에서 구참공을 다시 만나 그를 교화시킨다. 아마도 그때 혜숙은 장년기에 가까운 나이였을 것이다. 20년이 지난 뒤 구참공을 다시 만났기 때문이다. 낭도였던 그가 장년기에 이르기까지 지방에 칩거하였다면 그는 적어도 육두품 이하의 신분으로 보아야 할 것이다. 그렇다면 혜숙의 신분이 유학에 곤란을 주었을 가능성도 있다. 그가 신분상의 이유로 의지가

---

65) 『海東高僧傳』「安含」條(『大正新修大藏經』卷50, 1021쪽 (다))에서 "與高僧惠宿爲伴"이라 하였다.

66) 『三國遺事』卷4, 義解「二惠同塵」條에서 "始吾謂公仁人也 能恕己通物也 故從之爾 今察公所好 唯殺戮之耽 篤害彼自養而已 豈仁人君子之所爲 非吾徒也 遂拂衣而行 公大慚"이라 하였다.

67) 三品彰英, 『新羅花郎の研究』, 1943, 57~58쪽 ; 李基白, 「韓國社會發展史論」『韓國史』23, 국사편찬위원회, 1977, 231쪽 ; 李基東, 「新羅 花郎徒의 社會學的 考察」『新羅骨品制社會와 花郎徒』, 一潮閣, 1997, 337쪽.

68) 『三國遺事』卷4, 義解「二惠同塵」條에서 "釋惠宿 沉光於好世郎徒 郎旣讓名黃卷 師亦隱居赤善村二十餘年"이라 하였다.

좌절되는 듯한 모습도 보이기 때문이다.[69) 또한 적선촌 은거와 방황도 그의 신분적 고민과 입당유보에서 해석될 여지가 있는 것이다. 이 같은 그가 구참공을 교시하고, 왕실의 부름을 받았다.[70) 결국 혜숙은 대중교화승의 반열에 올랐으며, 원효에게 영향력을 줄 수 있었을 것이다.

원효에게도 신분은 제약으로 작용했을 가능성이 있다. 원효는 유학에 대한 강한 열정을 보였다.[71) 현장·규기의 신유식에 관심을 보이고 있었기 때문이다. 그런데 원효 역시 그 뜻을 이루지 못한다. 의상과 함께했던 유학과정은 공교롭게도 의상에게만 소기의 목적을 달성할 수 있는 기회가 주어졌다. 하지만 의상은 진골 귀족 출신이었다. 어쩌면 의상은 신분적 특권을 이용하여 도당유학을 성공적으로 마쳤을 수 있다. 따라서 원효는 신분상의 이유로 입당의 여건이 순조롭지 않았을 가능성이 있다. 원효는 이러한 처지에 대한 돌파구로 자신의 깨달음 이후, 대중교화에 투신했을 것으로 짐작된다. 이는 혜숙의 인생경로와 어느 정도 일치한다고 여겨진다.

원효의 선배인 대안 역시 신라의 대중교화승으로서 도당 유학의 흔적이 찾아지지 않으며,[72) 중앙 교단과 유리되어 중생제도에 전념했다. 혜숙·혜공 역시 같은 길을 걸었다.[73) 원효도 유학 시도 이후,

---

69) 『海東高僧傳』「安含」條(『大正新修大藏經』 卷50, 1021쪽 (다))에서 "有旨簡差堪成法器者 入朝學問"이라 하였다.

70) 『三國遺事』 卷4, 義解 「二惠同塵」條에서 "眞平王聞之 遣使徵迎"이라 하였다.

71) 『宋高僧傳』 卷4, 「元曉傳」(『大正新修大藏經』 卷50, 730쪽 (나))에서 "嘗與湘法師 入唐 慕奘三藏慈恩之門"이라 하였다.

72) 『宋高僧傳』 卷4, 「元曉傳」(『大正新修大藏經』 卷50, 730쪽 (나))에서 "大安者 不測之人也 形服特異 恒在市廛"이라 하였다.

73) 『三國遺事』 卷4, 「二惠同塵」條.

자신의 활로를 대중교화에서 찾았던 것으로 보인다. 그는 토굴에서 깨달음을 얻은 직후, 독백을 통해 자신의 심경을 표현하였다.[74] 그런데 이는『대승기신론』의 구절과 일치한다.[75] 이는 '일심'의 한 측면으로서의 '(심)생멸문'(心生則種種法生)이 다시 '일심으로 회귀하는 모습(心滅則種種法滅)'을 표현하고 있다. 따라서 원효는 '진'과 '속', 그리고 '생멸'과 '불생멸'을 하나로 인식하는『대승기신론』을 크게 주목한 것이다.[76] 따라서 이는 중생에 대한 교화를 강조하는 표현으로 해석되어야 할 것이다. 또한 이는『대승기신론』의 중심개념으로 대중교화에 적용되기 때문이다. 원효는 평소『대승기신론』에 조예가 있었는데, 입당 도중『대승기신론』의 실천성을 자각한 것으로 볼 수 있다. 즉 그는 유학좌절 직후, 깨달음을 얻었으며, 이는 자신의 역할이 적극적 제도행에 있음을 아울러 표현한 것으로 보인다. 이런 이유로 그는 실천행에 치중했고, 자신의 명성도[77] 여기에서 도출된 것으로 인식된다.

어쩌면 원효는 신유식을 수학하고 귀국한 승려들과 교학적 갈등도

---

74) 『宋高僧傳』卷4, 義湘傳(『大正新修大藏經』卷50, 729쪽 (나))에서 "心生故種種法生 心滅故龕墳不二"라고 하였다.

75) 馬鳴菩薩造, 『大乘起信論』(『大正新修大藏經』卷32, 577쪽 (나))에서 "心生卽種種法生 心滅卽種種法滅"이라 하였다.

76) 元曉, 『大乘起信論別記』本『韓國佛敎全書』卷1, 682쪽 (가)에서 "今此論者 楞柯經 爲治眞俗別體執 就其無明所動義門 故說不生滅與生滅和合不二"라고 하였다 ; 高翊晉, 「元曉의 眞俗圓融無碍觀과 成立理論」『佛敎學報』10, 佛敎文化研究院, 1973 ;『古代韓國佛敎敎學研究』, 民族社, 1989, 257쪽에서『유가론』의 '아뢰야식'이 '一向生滅'이지만, 『대승기신론』은 '불생불멸'과 '생멸'의 화합식인 것에 주목하였으며 ; 같은 책, 283쪽에서 "진여문은 俗으로, 생멸문은 眞으로 움직여 상입·화합(진속원융무애)한다"고 이해했다.

77) 『宋高僧傳』卷4, 「元曉傳」(『大正新修大藏經』卷50, 730쪽 (나))에서 "時國王置百座仁王經大會 遍搜碩德 本州以名望 擧進之"라고 하였다.

느꼈을 가능성이 있다. 현장의 신유식은 강한 '분별적 논리'로서[78] '일심'을 강조하는 원효의 포용적인 교학[79]과 대립된다. 신유식을 습득한 유학승이 있었다면 그들과의 교학적 대립은 분명 존재했을 것이다. 그런데『금강삼매경』에 신유식의 용어가 등장함은 주목된다.[80] 이는 경전의 성립 당시 현장이 전래한 새로운 불교학이 신라 사회에 전해졌음을 짐작할 수 있게 한다.

아마도 자유로운 유학이 보장되었던 진골 귀족에 비해 원효의 유학 기회는 쉽게 확보되지 않았을 것이다. 따라서 원효는 학문적 성취와 함께 '민'을 자신의 사회적·정치적 지향점으로 삼았을 가능성이 있다. 그는 '민'을 위한 교화를 독려하기 위해 '二入說'을 활용하기도 한다.

> 갸) ① 대력보살이 말하였다. '二入(두 가지 들어감)'이 마음에 일어나지 않는다는 것은 무엇이며, 본래의 마음이 일어나지 않으면 어떻게 들어갈 수(有入 : 들어감) 있습니까?

---

78) 竹村牧男,『唯識의 構造』, 春秋社, 1985(정승석 옮김,『유식의 구조』, 민족사, 1989, 204쪽)에서 "명칭이 표현하는 사물은 실체가 없으나, '무'와 는 달리 무언가 존재 한다"고 하여 유식의 유적 긍적을 지적했으며, "다른 것에 의존해 있는 '유'"를 표현했다고 서술했다. 특히 "현장의 법상종은 '오성각별설'을 주장하여 현실 근기의 차별을 극대화함으로써,『열반경』계열의 '일체중생 실유불성'파와의 대립이 발생했다"고 인식했다.

79) 은정희,『대승기신론소·별기』, 一志社, 1991, 15쪽에서 "『대승기신론』의 '생멸문'내에 '여래장(아뢰야식)'이 '불생멸심'과 '생멸심'을 포용·화합한다고 보아, 그 안에 '覺義'와 '不覺義'의 두 가지 뜻이 있다고 이해한 원효의 논리는『대승기신론』의 '일심·이문' 구조에 영향을 받은 것으로 보아야 한다고 주장했다.

80) 元曉,『金剛三昧經論』卷下『韓國佛敎全書』卷1, 663쪽 (나)에서 '본각의 이익'을 가리키며, "是大神呪 是大明呪 是無上明呪 是無等等呪"라고 하였다.

부처님께서 말씀하였다. '二入'은 첫째는 '理入'이고, 둘째는 '行入'이다. '理入'이라는 것은, 중생이 참된 성품과 다르지 않으며, 동일하지도 함께하는 것도 아니다. 하지만 '객진'이 그들을 가리고 있음을 알면서, 가지도 오지도 않고 '覺觀(수행을 위한 정신 작용)'에 머무르며, 불성이 무도 유도 아님을 자세히 관찰한다. 또한 범부와 성인이 다르지 않아 금강심의 경지에 있어 적정하여 분별이 없게 된다. 이를 '이입'이라고 한다.[81]

② '理入'이라고 한 것은 이치에 순응하여 믿고 이해하였으나, 아직 증득하여 행하지 못하기 때문에 '이입'이라고 한 것이다. 이는 계위가 '地前(초지 이전)'에 있다. '行入'이라고 한 것은 이치를 얻어 수행하여 '무생행'에 들어갔으므로 '행입'이라고 한 것이다. 따라서 '地上(초지 이상)'에 해당한다.[82]

③ 訟事로 인해 몸을 백 그루의 소나무에 나누었으므로, 이를 위계의 '초지'라고 하였다.[83]

④ 비록 마음이 일어남도 없고 경계의 상도 없지만, 적멸의 자성을 취하지 않고, 항상 일체중생을 버리지 않는다. 그러므로 취하지도 버리지도 않는다고 하였다. 이 같은 두 가지 행동을 '행입'이

---

81) 元曉, 『金剛三昧經論』 卷中 『韓國佛教全書』 卷1, 641쪽 (다)에서 "大力菩薩言 云何二入 不生於心 心本不生 云何有入 佛言 理入者 一謂理入 二謂行入 理入者 深信衆生 不異眞性 不一不共 但以客塵之所翳障 不去不來 凝住覺觀 諦觀佛性 不有不無 無己無他 凡聖不二 金剛心地 堅住不移 寂靜無爲 無有分別 是名理入"이라 하였다.

82) 元曉, 『金剛三昧經論』 卷中 『韓國佛教全書』 卷1, 641쪽 (다)에서 "此中理入者 順理信解 未得證行 故名理入 位在地前 行入者 證理修行 入無生行 故名行入 位在地上"이라 하였다.

83) 『三國遺事』 卷4, 義解 「元曉不羈」조에서 "嘗因訟 分軀於百松 故皆謂位階初地"라고 하였다.

라고 한다.[84]

　자료 갸)①은 보리달마의 것으로 보이는 '이입설'이 『금강삼매경』
에 나타난 부분으로, 『금강삼매경』의 위경 판정과 관련되어 주목받았
던 부분이다.[85] 그런데 『금강삼매경』과 『금강삼매경론』에 나타난
'이입설'은 보리달마의 '이입사행설'[86]과 달리, 철저하게 대중교화와
결부지어 해석되고 있다. '理入'은 중생이 객진에 가려진 참된 성품이
며, 성인과 다르지 않음을 관찰하는 경지다. 그런데 원효는 자료
갸)②에서 이를 '十地 이전(초지 이전)'의 지위로 이해했다. 범부를
성인과 같이 보는 단계임에도 수행하지 않았으므로 보살의 계위인
'십지(41위 : 초지)'아래로 이해한 것이다. 그러면서 중생을 신뢰하는
'이입'에 입각한 수행인 '행입'이 수반돼야 '초지'로 인정하였다. 이러한

---

84)　元曉, 『金剛三昧經論』卷中 『韓國佛教全書』卷1, 642쪽 (나)에서 "雖心無生 亦無
　　境相 而不敢其寂滅之性 恒不捨於一切衆生 以之故言不敢不捨 如是二行 名爲行
　　入"이라 하였다.

85)　水野弘元, 「菩提達摩の二入四行說と金剛三昧經」 『印度佛教學硏究』3, 1955 ; 南
　　東信, 『元曉의 大衆敎化와 思想體系』, 서울대 박사학위 논문, 1995, 134쪽 ; 서
　　영애, 「元曉의 禪觀論의 역사적 위치 및 意義」 『신라 원효의 금강삼매경론
　　연구』, 民族社, 2007, 834쪽에서 "원효의 주석한 '二入說'은 菩堤達摩의 이입설
　　과는 거리가 있으며, 신라에 유포되던 '禪'관념을 원효가 섭렵해 습득하고
　　있었던 것"으로 보았다.

86)　關口眞大, 『達摩大師の硏究』, 春秋社, 1969, 79쪽 ; 서영애, 「元曉의 禪觀論의
　　역사적 위치 및 의의」 『신라 원효의 금강삼매경론 연구』, 2007, 836쪽에서
　　"달마의 行入은 '四行'으로서 원망의 근본에 통달하여 수행하는 것(報怨行),
　　自我가 없으므로 모두 '緣'과 '業'이 변하여 생긴 것을 깨닫는 수행(隨緣行),
　　모든 존재가 공임을 깨닫고 구하려 하지 않으려는 것(無所求行), 그리고 본래
　　의 성품이 맑고 깨끗하다는 이치를 보고 확인하는 법으로서 染淨과 道俗을
　　구분하지 않음(稱法行)"을 설했다. 하지만 달마의 '행입'을 위한 '사행설'은
　　자리적 수행과 밀접하다는 느낌을 준다. 따라서 적극적인 대중교화를 강조
　　하는 『금강삼매경』의 '行入'과는 차이를 보인다.

194

인식은 대중교화의 중요성을 강조한 대목임이 분명하다.

　자료 갸)③에서는 원효를 역시 '초지'로 지목했음이 무척 흥미롭다. "송사로 인해 몸을 백송에 나누었다"는 서술은 중생제도에 분주한 원효를 표현한 것으로 여겨진다. 이러한 그의 모습을 자리와 이타를 갖춘 '초지보살'로 지칭해야 했기 때문이다. 따라서 자료 갸)②와 갸)③의 '초지'는 대중교화를 강조한 것으로 이해해도 좋을 것이다. 그럼에도 원효는 여기에서 나아가 자료 갸)④와 같이 '행입'을 더욱 적극적으로 해석하고 있다. 즉, 경계를 넘어 적멸에 머물지 않고, 중생을 버리지 않는 것이 바로 '행입'이라고 강조한 것이다. 원효는 이렇게 대중교화를 독려할 수 있는 방향으로 교리를 해석하고 있는 것이다. 이러한 측면은 원효가 민을 교화의 대상으로 크게 자각하고 대중교화의 폭을 넓혔던 연유와 결부될 수 있을 것이다. 그렇지만 그가 중생제도에 전념해감에 따라, 국가의 지원을 받아 큰 사찰에 주석하는 기회는 얻지 못했을 것으로 보인다.

　또한 원효는 제자 양성에도 커다란 곤란을 겪었을 것이다. 그런데 『금강삼매경』은 수행과 대중교화에 대한 '문답'형태로 구성되어 있다. 이와 관련하여 다음의 자료가 주목된다.

　　냐) ① 아난이 말하였다. "어떤 마음으로 수행해야 하며, 누가 이 경전
　　　　을 받아 가질(受持) 수 있습니까? 부처님께서 말씀하셨다. "선남
　　　　자야, 이 경을 지니게 되면 사람의 마음에 얻고 잃음이 없게
　　　　된다. 항상 범행을 닦으며, 희론에도 항상 깨끗한 마음이 있으
　　　　며, 마을에 들어가도 마음은 항상 선정에 있으며, 在家에 처하여
　　　　도 '三有'에 집착하지 않는다.[87)]

② 우선 경을 받아 지니는 자의 心行을 물었고 그 뒤에 경을 가진 자의 복과 이익을 물었다. 대답 가운데 두 가지 물음에 차례로 답하였다. 처음 가운데 다섯 가지 마음의 행위를 밝혔다. 첫째, "마음을 얻고 잃음이 없다"고 한 것은 다른 사람의 장단점을 보지 않는 이유에서 이다. 둘째 "항상 범행을 닦는다고 한 것"은 안으로 상을 떠난 청정한 행실(淨行)을 닦기 때문이다. 셋째 "항상 고요한 마음을 즐긴다고 한 것"은 움직여도 움직이지 않기 때문이다. 넷째 "마음이 항상 선정에 있다고 한 것"은 산란함에 들어가서도 산란하지 않기 때문이며, 다섯째 "三有에 집착하지 않는다고 한 것"은 '染'에 거처해도 물들지 않기 때문이다.[88]

   자료 냐)는 『금강삼매경』을 가질 수 있는 사람의 자격을 말하고 있다. 특히 경전의 내용인 자료 냐)①에서 '범행'을 행하는 보살이 이 경전을 지녀야 한다고 말하고 있다. '범행'은 '염정'에 치우치지 않고 중생 제도에 힘쓰는 보살행을 말한다. 이는 원효를 비롯한 대중교화승(혜숙·혜공·대안)의 활동과 밀접하며, 그들에게 매우 유리한 구절이라고 할 수 있다. 즉 『금강삼매경』과 원효의 연관성은 위의 자료를 통해서도 확인될 수 있는 것이다. 또한 원효가 경전의 주석을 지을

---

87) 元曉, 『金剛三昧經論』卷下 『韓國佛教全書』卷1, 676쪽 (가)에서 "阿難言 云何心行 云何人者受持是經 佛言 善男子 受持是經者 是人心無得失 常修梵行 若於戲論 常樂淨心 入於聚落 心常在定 若處崛家 不着三有"라고 하였다.

88) 元曉, 『金剛三昧經論』卷下 『韓國佛教全書』卷1, 676쪽 (가)에서 "先問受持經者 心行 後問受持經者福利 答中次第答此二問 初中卽明五種心行 一心無得失者 不觀 他人之長短故 二常修梵行者 內修離相之淨行故 三常樂靜心者 在動不動故 四心常 在定者 入散不散故 五不著三有者 居染不染故"라고 하였다.

때 찾았던 혜공과 나누었던 희론은,[89] "희론에도 '깨끗한 마음(淨心)'을 지닌다"는 구절과 일치시킬 수 있다. 원효와 혜공의 '희론'은 아마도 대중과의 친밀성을 강조하는 과정에서 행했던 것으로 보인다. '희론'을 통해 기층민의 관심을 모을 수 있었을 것이기 때문이다. 따라서 이는 대중교화승이 지녀야 할 교화의 방편이었을 것이다. 하지만 이는 청정한 마음을 바탕으로 해야 함을 『금강삼매경』은 지적하고 있다.

또한 재가인처럼 보이지만 '삼유'인 '상'에 연연하지 말 것도 주장한다. 이는 설총을 낳고 '소성거사'로 활동했던 원효를 연상시킨다. 자료 다)②에서도 다른 사람의 장단점을 평가하지 않음과 움직여도 움직이지 않는 깨끗한 마음(淨心), 흐트러짐 속에서도 선정을 갖출 것을 요구하였다. 이는 원효를 비롯한 대중교화승이 갖추어야 할 덕목을 주지시키고 있음이 분명하다. 이렇듯 『금강삼매경』과 『금강삼매경론』은 통일기 신라 사회에서 대중교화 지침서로서의 역할을 담당했을 것으로 보인다. 그럼으로써 원효의 『금강삼매경론』에 공감했던 후대의 승려들과 원효는 저술을 매개로 한 간접적 사제관계를 형성하였을 것으로 이해된다.

---

89) 『三國遺事』卷4, 義解「二惠同塵」條에서 "時元曉撰諸經疏 每就師質疑 或相調戲 一日二公沿溪 掇魚蝦而啖之 放便於石上 公指之戲曰 汝屎吾魚 故因名吾魚寺"라고 하였다.

제6장 『금강삼매경론』의 신라사적 의미

1. 원효 저술에서 『금강삼매경론』의 위치

『대혜도경종요』에서 원효는 '반야'의 개념을 서로 대립하는 교학 논리의 통합으로 생각하였다.[1] 이는 논쟁의 대상이 되었던 반야 공관사상[2]에 대한 원효의 독특한 이해일 수 있다.

원효의 통합적 교학 인식은 『대혜도경종요』 곳곳에서 나타난다. 원효는 자신의 원융적인 교학특성을 반야 공관사상에서 찾았을 수도 있다. 하지만 원효의 수학과정은 대단히 다양하였다. 다양한 학문적 경향을 아우르고자 할 때, '공관 반야'의 개념으로는 그의 학적 성과를 종합할 수 없었을 것이다. 무엇보다 다양한 근기를 지닌 기층민에게 이를 교수하여 깨달음으로 이끌고자 할 때, 이보다 많은 교학을 종합할 수 있는 논리가 요구되었을 것으로 보인다.

---

1) 元曉, 『大慧度經宗要』 『韓國佛教全書』 卷1, 480쪽 (가)에서 "無所示故無所不示 無所得故無所不得"이라 하였다.
2) 『般若波羅密蜜多心經』 『大正新修大藏經』 卷8, 848쪽 (다)에서 "是諸法空相 不生 不滅 不垢不淨 不增不減"이라 하였다.

서당화상비 원효의 일대기를 적은 비석으로 원효의 화쟁사상을 강조하고 있으며, 그의 일생을 추적하기 위한 중요 자료이기도 하다.

또한 원효는 부처님의 말씀을 강조하면서 '회통'의 경향을 드러낸다. 이는 모든 불전을 하나의 체계로 정리하려는 원효의 의도로 추정될 수 있다. 이러한 경향은 「서당화상비문」에서 인용한 『십문화쟁론』의 내용에서도 찾을 수 있을 것으로 보인다.

　가) 「십문화쟁론」은 석가여래가 세상에 계실 때 이미 원만한 소리(圓音)에 의지하였다. 하지만 중생들이 비처럼 흩뿌리고 여러 공허한 논리가 구름처럼 흩어졌다. 어떤 사람은 내가 옳고 다른 사람이 틀리다 하였으며, 혹은 그렇기도 하고, 혹은 사리에 맞지 않다고 하여, 말이 한도 끝도 없게 되었다. '유'를 싫어하고 '공'을 좋아함은 나무를 버리고 큰 숲으로 달려가는 것과 같다. 비유하

자면 청색과 쪽풀은 본체가 같고 얼음과 물은 근원이 같다. 즉 거울이 수많은 형상을 받아들이고 물이 갈라지는 것과 같은 것이다.[3]

「서당화상비문」에서는 원효의 주요 저서를 『화엄종요』와 『십문화쟁론』으로 이해한 듯하다. 『기신론』은 중생의 심식을 파악하기 위한 '생멸문'에 대한 해석이 매우 자세하다. 여기에서는 종래의 유식설과 『대승기신론』의 '생멸문'의 체계와 서로 대응시키는 작업도 이루어진다.[4] 이는 다음의 자료를 통해 확인할 수 있다.

나) '三相(三細－業識·轉識·現識)'은 '아리야식'이며, 六麤相은 '七識'이다.[5]

위의 자료를 통해 원효는 유식의 '팔식설'과 『대승기신론』의 심식

---

3) 「慶州高仙寺誓幢和上碑文」『한국불교금석문교감역주』卷1, 가산문고, 1993 에서 "十門論者 如來在世 已賴原音 衆生等 △△雨驟 空空之論雲奔 或言我是 言他不是 或說我然 說他不然 遂成河漢矣 山而投廻谷 憎有愛空 猶捨樹以赴長林 譬如靑藍共體 氷水同源 鏡納萬形"이라 하였다.

4) 高翊晉, 「元曉의 起信論 哲學과 華嚴經觀」『韓國古代佛敎思想史』, 동국대, 1989, 204~207쪽.

5) 元曉, 『大乘起信論疏記會本』卷三 『韓國佛敎全書』卷1, 756쪽 (가)에서 "此中先 三相是微細有在阿梨耶識位 後六麤相是餘七識"이라 하였다 ; 은정희 역, 『원효의 대승기신론소·별기』, 一志社, 1991 ; 은정희·송진현 역주, 『원효의 금강삼매경론』, 一志社, 2000 ; 『한글대장경(155권 ; 금강삼매경론 외 3)』, 동국역경원, 1975 ; 『한글대장경(156권 ; 기신론소·열반경종요 외 5)』, 동국역경원, 1972 ; 이기영 역, 『한국명저대전집－금강삼매경론』, 대양서적, 1973 ; 『국역 원효성사전서(1~6권)』, 보련각, 1987 ; 李箕永 譯, 『韓國의 佛敎思想－大乘起信論疏·別記·金剛三昧經論』, 三省出版社, 1981.

용어를 결부지어 비교하고 있다. 즉『대승기신론』에 나타난 '三細'를 유식의 '八識(아뢰야식)'에 배치하고, '六麤'를 유식의 '七識(마나스식)'에 대응시켰다. 이는 원효가 자신의 저술을『대승기신론』에 입각해 해석하고자 했다는 또 다른 증거임이 분명하다. 말하자면 그는 하나의 체계로 모든 교학을 정리하고자 했던 것으로 이해된다. 이러한 작업을 통해 원효는『기신론』에 입각한 통합적 교리인식을 도모했을 것이다. 이와 같은 교학인식을 지닌 원효는 한 종파를 형성하기 어려웠을 것이며, 문도의 양성도 쉽지 않았을 것이다. 게다가 그는 거사를 자처하였다. 따라서 그의『기신론』저술은 대체로 불교계의 비주류에 해당했을 것이다. 이와 함께『기신론』에 영향을 받았을 법한 원효의 계승자들도 원효와 달리 저술활동에 전념하지 않았을 가능성이 있다. 왜냐하면 원효 이후『금강삼매경』을 해석한 저술이 전하지 않으며 심지어『기신론』과 결부되는 저술이 거의 발견되지 않고 있다. 원효의 대중교화는 신라 사회와 고려 사회에 커다란 영향을 주었지만, 그의 학통을 계승하는 학승은 배출되지 않았다.

따라서 후대의 승려들은 자파의 이론에 적용하기 위해 '생멸문'에서의 심식분석이 자세한『대승기신론』보다는[6] 포괄적이고 추상적인『십문화쟁론』에 주목했을 가능성이 있다. 이는 모든 학승들이 인용해

---

6) 朴太源,「『大乘起信論』思想을 評價하는 元曉의 觀點」『韓國思想史 : 釋山 韓鍾萬 博士 華甲紀念 論文集』, 圓光大, 1991, 236쪽에서 "원효가『능가경』의 중심 개념(寂滅者名一心 一心者名如來藏)으로『기신론』을 해석하였으며,『기신론』설을 유식의 '팔식설' 체계에 엄밀하게 배대시킨 것은 원효가『기신론』을 유식사상의 관점으로 해석하고 있는 증거일 것"으로 이해했다 ; 화엄학에서도『기신론』생멸문에서의 심식분석을 볼 때, 이를 유식적 성향으로 간주하여 화엄경보다 낮은 것으로 평가한 것을 지적하였다(高翊晋,「元曉思想의 史的 意義」『東國思想』 14, 東國大, 1981, 63쪽).

도 좋을 만한 논리가 포함되어 있기 때문이다.

위의 자료 가)에서는『십문화쟁론』의 중심 내용이 담겨져 있다. 이는『기신론』의 '일심·이문'체계와 어울릴 수 있다. 말하자면 분별의 상징인 나무는 '二門', '근본'인 '숲'은 '一心'에 대응하여 이해될 수 있다. 역시 '청색'은 '이문', '쪽풀'은 본체 즉 '일심'이라는 해석이 가능할 수 있을 것이다. 그렇다면 이는 '관행'을 통해 '일심'으로 향하는 관법의 통합으로 해석될 여지도 있다.[7] 원효가 일심을 근본으로 교학은 물론 수행법 역시 통합하였음을 나타내는 자료로 풀이할 수도 있을 것이다. '청색'·'얼음'·'거울' 모두 모든 '상'을 포섭할 수 있으며, 또한 모든 '상' 근본으로 인식될 수 있다. 이는 일심의 의미와 통할 수 있다. 원효는 이러한 근본적 논리를 제시함으로써 교학은 물론 수행법의 통일을 도모할 수 있었을 것이다.

이러한『십문화쟁론』에 직접적으로『기신론』체계가 담겨져 있지는 않다. 하지만『기신론』과 통할 수 있으며 오히려『기신론』을 수렴할 수 있는 추상적이고 포용적인 논리를 소지하고 있다. 이같은『십문화쟁론』의 포용성은 다른 종파에도 수용될 수 있는 폭넓은 개방성을 지녔다. 따라서 후대 여러 종파의 승려들은 원효의『금강삼매경론』보다는『십문화쟁론』에 더욱 주목할 수 있었을 것이다.

요컨대『십문화쟁론』은 원효 불교학의 '총체'이며 포괄적 논리를 소유하고 있다. 따라서 어떠한 종파의 승려들도 이를 친숙하게 대할 수 있었을 것이며, 후대에도 강한 생명력을 지녔을 것으로 생각된다.

또한 원효는 여러 경전을 섭렵하면서 자신의 논지를 총정리한

---

7) 李貞熙,『元曉의 實踐修行觀 研究』, 東國大 博士學位 論文, 2006, 227쪽.

저술을 원했을 가능성이 있다. 만약 그렇다면 그 의도에『금강삼매경론』은 매우 적합하고 유용했을 것이다. 왜냐하면『금강삼매경론』은 『기신론』의 '일심·이문' 구조를 실천적 용어인 '6품' 체계와 결합시켰으며, 대중교화와 관련된 경전의 내용을 포함했기 때문이다.

말하자면 그의 일관된 '화쟁론'의 실천적 활용이『금강삼매경론』인 것이다. 원효의 '화쟁론'과『대승기신론』이 그의 이념적 뿌리였다면, 『금강삼매경론』은 대중교화를 위한 실천적 불전으로 평가해야 할 것이다. 원효는 다른 불전을『기신론』에 입각해 정리하고 이를『금강삼매경론』에서 종합해 대중교화를 위한 지침서로 삼았을 것이다.

하지만『금강삼매경론』을 따랐을 것으로 보이는 대안을 비롯한 대중교화승은 교단의 구축보다는 대중교화에 치중하였으므로 원효의『금강삼매경론』을 계승·발전시키지 못했으며,『금강삼매경론』을 후대에 크게 유포시키지 못했을 것이다. 원효를 제외한 대중교화승들이 어떠한 저술도 남기지 못했음은 이를 방증하고 있다. 또한『금강삼매경론』은 근기에 맞는 수행을 독려하는 '육품'체계를 지녔다. 오히려 이 같은 대중성으로 인해『금강삼매경론』은 진골 귀족들과 기존 교단의 구미에 맞지 않았을 수도 있다.

말하건대 원효의『금강삼매경론』은 그의 교학과 대중교화관을 종합시킨 저술에 해당한다. 자신이 수렴한 모든 불교학의 내용이 포함되어 있으며, 일관된 논리로 서술되어 있기 때문이다. 즉 원효는 『기신론』의 '일심·이문'에 의해 거의 대부분의 불교학을 정리하였다. 특히 그는 불교 교학의 근본개념으로 '일심'·'일미'에 주목하였다. 이는 원시 불교와 부파불교의 교학은 물론, 유식과 공관 반야계 교학의 근본으로 지목됨으로써, 제 논리를 높은 차원으로 통합할 수 있는 개념으로 상정한 것이다. 그러면서 원효는 '일심'에 도달하는 수행법을 하나로 통합하는 '일미관행'을 주장하였다. '일심'의 관점에서 여러 교학을 하나로 통합했던 것이다. 따라서 원효의 '일심'은 교학의 통합과 함께 수행법의 통합을 이루게 하는 근거로도 작용하였다. '일심'의 관점에서 '진여문', '생멸문'의 교학과 그 수행법을 통합했다면, 역시 '일심'에 입각해 『금강삼매경』의 '六品'의 수행법을 통합했던 것으로 보인다. 육품은 각기 모두 '진여문'과 '생멸문'에 속한다고 보았기 때문이다. 진여문과 생멸문은 결국 하나로 인식했으므로 수행법들도 통일될 수 있다. 이를 '일미관행'의 논리로 보아도 좋을 것이다.

따라서 원효는 『기신론』을 습득하기 이전에는 논쟁이 일어나고 있는 양대(중관·유식) 불교학을 융섭할 수 있는 개념과 논리를 찾기 위해 고민했을 것이다. 그는 양자를 초월하여 모든 불교학을 실천수행에 활용하고자 했을 것으로 보인다. 이를 통해 보다 다양한 근기를 지닌 중생을 포섭하여 대중교화를 확대시킬 수 있을 것으로 이해했기 때문이다. 그래서 『기신론』의 기제를 습득한 원효는 이를 모든 경전에 일관되게 적극 활용하여 자신의 독특한 교학체계를 완성하였다. 그는 제도행을 수행하기 위해 다양한 교학논리를 활용하였으며, 이를 하나의 체계로 정리하고자 했다. 원효는 『기신론』을 통해 다양한 경전을 주석하는 작업을 수행했으며, 여러 교학을 융합시켜 대중교화를 추진할 수 있었다.

또한 원효는 당시 삼국통일 과정에서 발생한 새로운 민의 유입으로 발생한 민의 다양성을 감안하여 『기신론』적인 논리를 증시했을 것으로 보인다. 『기신론』은 상·하층 모든 중생을 배려하는 포용적 논리를 지니고 있기 때문이다. 또한 삼국통일 과정에서 포함된 고구려와 백제의 불교학을 아우르는 과정에서도『기신론』은 절실히 요구되었을 것이다. 왜냐하면 백제, 고구려 지역에서 다양한 교학을 수학한 승려들이 제불교학과『기신론』의 교리가 담긴 원효의 핵심 저술을 거부감 없이 수용했을 가능성이 크기 때문이다. 따라서 삼국통일기 원효의『기신론』체계가 담긴『금강삼매경론』이 주목되었을 가능성이 높다.

나아가 모든 경전을『기신론』에 입각해 정리했으며, 이를 바탕으로『금강삼매경론』을 완성하였다. 원효는『기신론』체계에 깊이 호응하면서『기신론』논리를 충족시킬 수 있는 경전을 찾으려 했을 것이다. 하지만 그러한 경전은 나타나지 않았을 것이므로 원효가『금강삼매경』을 창안하고『기신론』적 논리를 대폭 반영했을 것으로 보인다.

요컨대『금강삼매경론』은『금강삼매경』의『기신론』적 변용이며, 원효의 저술을 총정리한 것으로 이해할 수 있다. 이러한『금강삼매경론』의 교학적 포용성은 다양한 경전의 교학을 수용하여 통일기 여러 계층과 승려들에게 주목받았을 것이다. 따라서 원효는 통일기 불교학을 주도할 수 있었던 것으로 여겨진다.

2. '이각원통' 사상의 강조와 그 사회적 의미

『금강삼매경론』은 원효에 의해 왕실로부터 권위를 부여받으며 불교계에 등장한다. 또한『금강삼매경론』의 원전인『금강삼매경』은 용왕의 권위를 기반으로 삼고 있으며 용왕은 당시의 신라 왕실을 신성화하고 있다.[8]

이와 결부될 수 있는 것은 불교계의 재편 움직임이다. 『금강삼매경론』이 완성되자, 박복한 이들에 의해 이것이 유실되고 만다.9) 이는 『금강삼매경론』의 논리와 배치되는 기존의 불교계가 존재함을 방증하고 있는 것이다. 이와 함께 원효가 이전 백고좌회의 참석이 좌절되었던 것10)도 경전 발생의 또 다른 배경이 될 수 있을 것이다. 말하자면 원효는 왕실의 철저한 신임을 바탕으로 『금강삼매경론』을 완성한 것으로 보인다. 그는 이를 통해 불교계를 완전히 압도할 수 있었다.

양자가 결연됐음을 암시하는 첫 번째의 단서로는, 사회적으로 부상하는 신진 정치세력을 들 수 있을 것이다. 바로 사륜계 김춘추의 집권이다. 그는 알천을 제압하고 왕위에 올랐다.11) 진골출신 계승자로서 이전의 왕계와는 구별되는 혈통을 지닌 그였다.12) 하지만 김춘추는 당과의 외교관계를 통해 국난을 탁월하게 극복할 수 있었다. 따라서 그 이전 성골의 권위와 동렬에 설 수 있었을 것으로 보여진다. 말하자면 현실적 힘에 의하여 집권에 성공할 수 있었다. 즉 국가에 대한 헌신적 공로에 의해 국왕의 지위에 오를 수 있었던 것이다.

---

8) 『宋高僧傳』卷4, 「元曉傳」(『大正新修大藏經』卷50, 730쪽 (가))에서 "汝國夫人 是靑帝第三女也"이라 하였다 ; 남동신, 「신라 중대불교의 성립에 관한 연구」 『한국문화』, 서울대, 1998, 124쪽에서, 『금강삼매경』의 출현을 문무왕대 신라 사회로 파악하고 있다.

9) 『宋高僧傳』卷4, 「元曉傳」(『大正新修大藏經』卷50, 730쪽 (나))에서 "薄徒竊盜新 疏"라 하였다.

10) 『宋高僧傳』卷4, 「元曉傳」(『大正新修大藏經』卷50, 730쪽 (나))에서 "國王置百座 仁王經大會 遍搜碩德 本州以名望擧進之 諸德惡其爲人 譖王不納"이라 하였다.

11) 『三國史記』卷5, 太宗武烈王 즉위조에 "群臣請關川伊飡攝政 關川固讓曰 臣老矣 無德行可稱 今之德望崇重 莫若春秋公 實可謂濟世之英雄 遂奉爲王"이라 하였다.

12) 『三國史記』卷5, 眞德王 8년조에 "國人謂始祖赫居世至眞德二十八王 謂之聖骨 自武烈至永王 謂之眞骨"이라 하였다.

태자인 법민도 국왕과 동일한 역할을 수행했다.[13] 당군과 연합하여 백제를 타도하고 현실적 업적을 이룬 것이다. 이는 통일 전쟁기에 부상하는 새로운 권위의 등장을 의미한다. 하지만 이들은 이전 동륜계 왕실이 과시했던 석가족 관념과 성골의식 표방에 상대적 열등감과 소외감을 지녔을 것이다.[14] 적어도 진골 왕실의 시작을 '중대'로 기록 하였다면, 이전과 확연한 혈통적 차이를 지니고 있음이 분명하다.

통일기 업적으로 인해 새로운 왕실을 개창했던 중대 왕실은 이러한 혈연적 관념에 고민했을 것으로 보인다. 그런데 이러한 고민을 불식시 킬 수 있는 논리가 바로 이 '이각사상'에 내포되어 있다. 또한 이러한 원융논리에 현실적 수행, 즉 '정치적 업적', '실력'으로 대응될 수 있는 '이타행'이 전제되기 때문이다.

비록 '시각'의 지위에 있다고 하더라도 수행을 통해 '본각'의 반열에 오를 수 있다고 보았던 것이다. 이는 현실적 업적으로 인해 권위를 축적했던 중대 왕실의 입장에 부합될 수 있을 듯하다.

원효 역시 이전 자장[15]으로 대표되는 중고시대의 귀족 승려와는

---

13) 『三國史記』卷5, 太宗武烈王 7년조에 "法敏跪隆於馬前 唾面罵曰 向者 汝父枉殺 我妹 埋之獄中 使我二十年間 痛心疾首 今日汝命在我手中 隆伏地無言"이라 하였 다 ; 金壽泰, 「文武王」『新羅中代政治史研究』, 一潮閣, 1996, 167쪽에서 "통일과 정에서 문무왕은 태종무열왕을 계승하여 당과의 효율적 외교관계를 통해 당의 친 신라 정책을 이끌어냈으며, 이를 통해 백제와 고구려를 제압할 수 있었다"고 보았다. 또한 권력분산과정을 걷고 있던 백제와 고구려의 국내 정세를 정확히 파악하고 이용하여 삼국통일을 달성할 수 있었을 것으로 이해하였다.

14) 김두진, 「신라 진평왕대 석가불신앙」『한국학논총』10, 국민대, 1988.

15) 『三國遺事』卷4, 「慈藏定律」條에서 "眞骨蘇判 茂林之子 其父歷官淸要"라고 했 다 ; 『三國遺事』卷1, 「진덕왕」條에서 "王之代有閼川公 林宗公 述宗公 虎林公 (慈藏之父, (細註) 廉長公 庾信公 會于南山 亐知巖議國事"라고 했다.

구별되는 출신성분을 지녔다. 그는 중앙보다는 지방과 밀착된 기반을 가진 세력일 가능성이 크다.[16] 원효 역시 부단한 교학연구와 수행으로 입신한 인물이며, 김춘추의 중대 왕실과 상응하는 불교계의 신진에 해당될 수 있을 것으로 보인다. 따라서 양자는 정치와 종교계를 대표하는 새로운 축으로서 상호 협력할 수 있는 소지를 지니고 있다.

『금강삼매경론』은 원효를 반대하는 불교세력, 즉 기존 불교세력의 저항에도 불구하고 대안과 원효에 의해 신라 사회에 유포되었던 듯하다. 이는 역시 정치세력의 개편과 함께 불교계에서도 새로운 경향이 등장했음을 시사하고 있다. 아마도『금강삼매경』의 연기설화에 등장하는 백고좌회에 참여했던 대부분의 승려들은 중대 왕실 이전의 정치세력과 연결되어 있었던 것으로 보인다.

경론이 유실된 후 왕실은 원효를 제외하고 왕비의 치유를 위한 백고좌회를 진행할 수 있었을 것이다. 하지만『금강삼매경론』설화에는 원효를 끝까지 신임하며 경론의 완성과 그의 강론을 지원하고 있다.[17] 이러한 과정에 신라 중대 왕실과 원효의 결합이 내재되어 있음은 분명하다.

말하자면 김춘추의 등장과 때를 같이하여 불교계에서도 신진의 승려군이 부상하고 있었던 것이다. 원효의 선배 승려이자 대중교화승인 사복·혜숙·혜공·대안의 출현이 그것이다. 이들의 활동은 기존의 불교계에 커다란 파문을 일으켰음이 확실하다. 그 가운데 사복의 출생과 성장과정은 매우 주목된다. 기층민 가운데서도 더욱 열악한

---

16) 이기백, 「신라육두품연구」『신라정치사회사연구』, 일조각, 1974.
17)『宋高僧傳』卷4,「元曉傳」(『大正新修大藏經』卷50, 730쪽 (나))에서 "以事白王 延于三日 重錄成三卷 號爲略疏"라고 하였다.

생활환경의 소유자임을 제시해 주고 있기 때문이다.

다) 경주 만선북리에 있는 과부가 남편도 없이 태기가 있어 아이를 낳았는데 12세가 되어도 말이 없었으며 일어나지도 못했다.[18]

위의 자료는 원효의 동학이자 선배인 '사복'에 관한 내용이다. 그는 부친이 없었으며 어린 시절 언어와 행동에 장애가 있는 불우한 처지의 기층민으로 묘사되고 있다. 다시 말해 당시 신라 사회의 소외계층인 '환과고독'에 해당하는 사복의 가정환경을 소개하고 있는 것이다. 그런데 오히려 이러한 처지가 강조되고 있다는 인상이 짙게 느껴진다. 이는 기존의 불교세력과 매우 이질적인 사회경제적 배경임을 알 수 있게 한다. 특히 12세가 되어도 말을 하지 않았다는 부분은 '침묵'으로 보살들을 압도하는 '유마힐'을 연상시킨다.[19] 이는 재가자 중심의 대중불교 확산을 의미하고 있는지도 모른다. 그렇다면 이는 당시 신라 사회의 새로운 추이에 해당하는 듯하다. 이와 함께 원효와 동시대를 영위했던 의상의 제자로 기층민에 해당하는 진정이 간취되고 있기 때문이다.[20] 아마도 서민 출신 승려의 대두와 이들의 권위수식에 부응하는 새로운 불교 세력의 고민이 이러한 설화를 탄생시켰을 것으로 보인다. 또한 이전의 전통을 넘어서려는 경향도 나타난다.

---

18) 『三國遺事』 卷4, 「사복불언」條에서 "京師萬善北里有寡女 不夫而孕旣産 年至十二歲 不語亦不起"라고 하였다.

19) 鳩摩羅什譯, 『維摩詰所說經』 卷中(『大正新修大藏經』 卷14, 551쪽 (다))에서 "維摩詰默然無言 文殊師利歎曰 善哉善哉 乃至無有文字語言 是眞入不二法門"이라 하였다.

20) 『三國遺事』 卷5, 「眞定師孝善雙美」條에서 "法師眞定羅人也 白衣時隷名卒伍 而家貧不娶 部役之餘 傭作受粟 以養孀母"라고 하였다.

원효가 사복의 모친에 대해 애도하려하자 이를 지적하며 오히려 원효를 교시하고 있다.[21] 요컨대 이전과는 상이한 사회경제적 배경을 지닌 승려 세력이 전통적 권위에 도전하며 성장하고 있었다고 생각된다. 대중교화승인 혜숙과 혜공 역시 같은 흐름으로 이해할 수 있다.

> 라) "처음에 내가 생각하기에 당신은 어진 사람이어서 자신을 사랑하는 것처럼 모든 생명을 아끼리라 여겨 따라왔던 것입니다. 하지만 이제 당신이 좋아하는 것을 살펴보니 사냥을 탐하며 남을 해쳐 자기 몸을 위할 뿐입니다. 어찌 어진 사람이나 군자가 할 일이겠습니까. 당신은 우리의 무리가 아닙니다."라고 말하자 공이 크게 부끄러워했다.[22]

자료 라)는 국선인 구참공과 사냥에 참여했던 혜숙에 대한 내용이다. 그는 살생을 즐기는 구참공을 교화하기 위해 자신의 신체를 훼손한다. 이로써 혜숙이 섬기던 구참공에게 감화를 준 것이다. 주목되는 것은 구참공이 낭도의 일원인 혜숙으로부터 깨달음을 얻는 모습이

---

21) 『三國遺事』 卷4, 「사복불언」條 ; 金相鉉, 「사복설화의 불교적 의미」 『사학지』, 단국대, 1982, 607쪽에서 "사복은 원효의 제자로 보는 것이 타당하다고 주장하면서 원효와의 만남이 윤색되어 나타난 설화"라고 보았으며, 사복의 어머니가 돌아간 연화장 세계는 『화엄경』과의 친연성이 깊다고 보았다. 여기에 사복의 교시 내용을 원효의 대중교화용 가사인 '一切無礙人 一道出生死'와 대응시켰다 ; 한편으로 원효의 '무애가' 가사(一切無礙人 一道出生死)는 사복 설화와 일치하며, 원효가 중시한 『기신론』 구조와 유사하다. 또한 「사복불언」 조에 나타난 '苦兮生死元非苦'는 '생멸문'의 의미와 상통하며, '연화장 세계'로의 귀환은 '一心'에 회귀와 일치하기 때문이다.

22) 『三國遺事』 卷4, 「二惠同塵」條에서 "始吾謂公仁人也 能恕己通物也 故從之爾 今察公所好 唯殺戮之耽 篤害彼自養而已 豈仁人君子之所爲 非吾徒也 遂拂衣而行 公大慚"이라 하였다.

나타난다는 점이다. 이는 기존의 권위에 대한 일종의 도전으로 보여진다. 다시 말해 직접 대중과 직면하여 교화활동을 펴는 승려세력이 이전 권위를 압박하는 현상을 살필 수 있다.

동시대에 활동했던 대중교화승 혜공의 경우에서도 이와 유사한 경향이 나타남을 알 수 있다. 자신의 상전, 천진공을 치료해준 혜공은 다시 그가 간절히 희원하는 매를 찾아온다. 그러자 천진공은 혜공에게 감복하고 기층민인 그에게 아래와 같이 존경을 표하였다.

> 마) "나는 지극한 성인이 나의 집에 와 있는 것을 알지 못하고 경거망
> 동하였으니 그 죄를 어찌 씻을 수 있겠습니까. 이제는 나의
> 선생님이 되어 나를 인도해 주십시오"라고 말하며 드디어 내려가
> 서 절을 했다.[23]

천진공이 와병 중이었을 때 문병객이 거리를 채웠을 정도로 그의 권세는 대단했던 것으로 보인다.[24] 이러한 천진공의 노비였던 혜공이 그를 압도하고 있는 것이다. '치병'과 '독심'이라는 실질적인 교화방편으로 전교활동을 펴고 있음을 알 수 있다. 혜공의 유년기 이름은 '우조'였다. 이를 통해 기층민의 고통을 위무하며, 그들을 돕는 역할을 담당하고 있었을 것으로 짐작된다.

전술한 사복과 혜숙도 대중교화 활동 측면에서 불교계의 새로운 동향을 읽을 수 있다. 그들은 기존의 불교계와 갈등을 일으킴으로써

---

23) 『三國遺事』卷4,「二惠同塵」條에서 "僕不知至聖之托吾家 狂言非禮汚辱之 厥罪何雪 而後乃今願爲導師導我也 遂下拜"라고 하였다.

24) 『三國遺事』卷4,「二惠同塵」條에서 "公嘗患瘡濱於死 而候慰塡街"라고 하였다.

자신의 존재를 더욱 부각시킬 수 있었을 것이다. 이와 함께 대중과 밀착된 정서를 공유하며 자신들의 입지를 굳히고자 했으며, 이러한 성향으로 인해 기존 불교계와의 마찰이 불가피했을 것으로 보여진다. 이렇게 그들은 새로운 권위를 획득해 가고 있었지만 이를 확대·재생산하기 위해 고심했을 것이다.

이러한 사회동향과 '이각원통' 사상은 서로 부합될 수 있다. 말하자면, '본각'은 선천적으로 내재한 깨달음이며, 시각은 수행을 통해 얻은 후천적 깨달음이다. 양자의 통일을 주장한 원효의 '이각원통' 사상은 신진세력이 호응을 얻는 변화의 시대상에 부합했을 것으로 이해된다.

말하자면 시각은 본각과 결국 동일하지만, 하위의 수행 지위일 수 있다. 하지만 수련을 통해 얻은 시각은 결국 본각과 동일하다는 이론이다. 즉 이는 새롭게 등장한 신진이 기존의 불교세력과 같은 반열에 오를 수 있다는 개념으로 파악될 수도 있을 것이다.

'이각원통' 사상은 하나의 '깨달음(일각)'이라는 측면에서도 급진성을 지녔다. 기층민에게 가장 낮은 수행단계를 권장하면서도 궁극적으로 깨달음에 이를 수 있도록 배려하고 있기 때문이다. 즉 본질적인 깨달음인 '본각'을 지속적으로 강조하면서 그들의 성불 가능성을 확대·고무시키고 있다.

바) "모두 일미를 설한다"는 말씀은 여래께서 설하신 일체교법이 '일각'의 맛에 들지 않는 것이 없기 때문이다. 일체중생이 본래 '일각'이었지만 무명으로 인해 꿈속을 유전하다가 여래의 '한결같은 교설(一味之說)'을 듣고 '일심'의 원천으로 모두 돌아오는

것이다.[25]

　자료 바)는 원효가 『기신론』을 통해, 모든 중생의 깨달음을 전제하고 그들을 교화의 대상으로 수렴한다는 내용이다. 즉 속세에서 번민하는 모든 중생이 결국 '일미'의 가르침을 통해 근본인 '일심'으로 회귀할 수 있음을 확신한 것이다. 제시된 '일각'의 입장에서 '본각'과 '시각'은 일원될 수 있다. 이는 '일체 중생'을 교화시킬 수 있는 실천성을 지니는 것이다. '일각'의 강조는 역시 '이각원통' 사상으로 이어질 수 있다. 양자 모두 '하나의 깨달음'이라는 의미를 담고 있기 때문이다. 원효는 이러한 실천적 성격을 내포한 '이각원통' 사상을 선양하기 위해 선배승려로부터 이어지는 대중교화활동을 적극 활용하고 있음을 알 수 있다.

　사) 원효가 사신에게 이르기를 이 경은 본각과 시각의 두 깨달음을 중심으로 삼고 있습니다. 나를 위해 소가 끄는 수레를 준비하고 그 위에 붓과 벼루를 준비해 주십시오.[26]

　아) 붓과 벼루를 소의 두 뿔 위에 놓았으므로 '각승(角乘)'이라고 했다. 이는 본·시 이각을 나타낸 것이다.[27]

---

25) 『金剛三昧經論』卷上, 『韓國佛教全書』卷1, 610쪽 (가)에서 "皆說一味者 如來所說一切敎法 無不令入一覺味故 欲明一切衆生本來一覺 但由無明 隨夢流轉 皆從如來一味之說 無不終歸 一心之源"이라 하였다.

26) 『宋高僧傳』卷4, 「元曉傳」(『大正新修大藏經』卷50, 730쪽 (나))에서 "謂使人曰 此經以本始二角爲宗 爲我備角乘 將案几在兩角之間 置其筆硯"이라 하였다.

27) 『三國遺事』卷4, 「元曉不羈」조에서 "置筆硯於牛之兩角上 因謂之角乘 亦表 本始二角之微旨也"라고 하였다.

위의 자료 사), 아)와 같이 원효는 '본각'과 '시각'의 평등을 강조하기 위해 '소'의 '두 뿔'을 이용하고 있다. 이는 '이각'('본각'·'시각')의 융통을 상징적으로 나타내기 위함과 동시에 학문적 기반이 없는 대중들을 위한 강연과도 같은 것이었다. 원효는 여기에서 각('覺', '角')의 동음요소를 활용하고 있다. 다시 말해 '소'의 '두 뿔'이 동일하듯, '본각'과 '시각'의 지위도 결국 같다는 논리를 피력한 것으로 생각된다.

요컨대 소의 두 뿔이 서로 일치하는 것과 마찬가지로, 깨달음도 결국 동일하다는 상징적 표현을 과감하게 시도한 것이었다. 환언하면 지적 기반이 없는 대중들도 일상 속에서 제도할 수 있음을 과시한 것으로 볼 수 있다.

원효는『금강삼매경론』을 저술하면서도 서로 같은 논리를 비유하고자 할 때 소의 두 뿔을 연상하곤 했다.[28] '이각'('본각'·'시각')원통' 논리를 동일한 상징을 통해서 자신의 '경론'에도 제시하고 있는 것이다. 이렇게 원효는 대중과 밀접한 사물을 이용하여 '민'을 교시했다.

원효가 여러 마을에서 사용한 교화용 '박'은 그 모양이 통상의 그것과 달랐다.[29] 그곳에 대중구제와 연관된『화엄경』의 핵심구절을 담고 있다.[30] 이는 대중에 대한 교육효과를 높이기 위한 방편으로

---

28) 元曉,『金剛三昧經論』卷上『韓國佛敎全書』卷1, 612쪽 (나)에서 "無本末異 如牛兩角"이라 하였다.

29)『三國遺事』卷4,「元曉不羈」조에서 "偶得優人舞弄大瓠"라 하였다 ; 이인로,『파한집』하권에서 "옛날에 원효 대성이 '가항인'들과 어울려 지냈다. 한번은 목이 굽은 조롱박을 어루만지며 저자에서 가무하고 '무애'라 한 일이 있다"라고 하였다.

30)『三國遺事』卷4,「元曉不羈」조에서 "因其形制爲道具 以華嚴經一切無㝵人 一道出生死 命名曰無㝵"라고 하였다. 원효는『화엄경』의「십회향품」을 집필하다가 대중교화에 전념하였다. '회향'은 공덕을 대중에게 되돌린다는 의미로 그의 교학이 대중교화에 적용되었음을 알 수 있다.

사용되었을 수 있다.[31] 어쩌면 이 도구는 입당좌절과 동료 승려의 질시, 그리고 파계로 이어지는 자신의 인생역정을 표현한 것일 수도 있다. 하지만 이는 생활의 굴곡을 지녔으며, 고단한 삶을 영위했던 '민'을 형상화 한 것으로 여겨진다. 다시 말해 열악한 사회경제적 배경을 지닌 기층민도 모두 성불의 대열로 이끌기 위한 교화활동으로 인식할 수 있다.

이는 대안의 실천행과도 통할 수 있다. 그는 특이한 복장을 착용하고 그릇을 치며 대중의 이목을 집중시켰다.[32] 대안의 '발우'와 원효의 '박'은 기층민을 배려한 교화용 도구였을 것이다. 원효의 선배 승려인 혜공도 그와 유사한 교화 용구를 지녔다. 삼태기를 이용해 대중들과의 친밀도를 높였던 것이다. 즉 자신을 대표하는 상징적 사물을 통해, 스스로를 대중에게 홍보했던 것으로 이해할 수 있다. 이는 대중교화 활동을 극대화하기 위한 의도였음이 분명하다.

또한 혜숙의 수행도 원효의 대중교화에 커다란 영향을 주었던 것으로 추측된다. 그는 교화했던 대중들을 떠나면서 짚신 하나를 남기고 있다.[33] 이는 물론 달마의 '척리귀서설'과 연관될 수 있다.[34]

---

31) 원효는 대중교화를 위해 기층민이 가장 친숙하게 여겼을 것으로 보이는 도구를 사용했다. 「원효불기조」에서 보이는 '삽(삽관법)'과 '박(무애)'이 바로 그것이다. 원효는 정토신앙을 펴기 위해 간략한 불교용어를 사용했을 것으로 추정되므로, 그가 활용한 민의 생활용구도 피교육자와의 거리를 좁혀줄 수 있는 강의용 교구로 활용되었을 것으로 보아야 한다. 즉 현재 자신의 처지를 극복하여 얼마든지 깨달음의 경지에 오를 수 있다는 것이다. 이는 원효의 기신론계 저술과 『금강삼매경론』의 일관된 논리라고 할 수 있다.
32) 『宋高僧傳』 卷4, 「元曉傳」(『大正新修大藏經』 卷50, 730쪽 (나))에서 "大安者 不測之人也 形服特異 恒在市廛 擊銅鉢 唱言大安大安 故號之也"라고 하였다.
33) 『三國遺事』 卷4, 「二惠同塵」條에서 "唯芒鞋一隻而已"라고 하였다.
34) 南東信, 『元曉의 大衆敎化와 思想體系』, 서울대 박사학위 논문, 1995, 70~71쪽

그렇다 해도 온전한 짚신이 아닌 한편만을 남긴 것은, 이로써 모두를 대표할 수 있다는 은유적 표현으로 볼 수도 있을 법하다. 즉 원효가 강조한 평등한 깨달음, 즉 '이각원통'과 '일미'로 판단할 수 있다. 자신이 이룬 성불은 다른 사람의 그것과 같다는 논리와 통할 수 있다는 것이다.

원효는 이러한 승려들의 전통에서 나아가 소의 뿔 위에서 경론을 저술하는 새로운 시도를 보여주었다. 이는 대중교화 이론을 자신이 생산하고 있다는 자신감의 표현으로 볼 수 있다.

대중교화와 학문적 업적을 동시에 성취하고자 하는 의욕을 드러낸 것이다. 원효의 역사성은 여기에 있을 것이다. 즉 그는 이전의 학구적인 성취를 기반으로 하여 새롭게 일어나는 대중교화승들의 실천적 강점을 전수받았던 것으로 이해된다.

그는 모든 대중을 깨달음의 대열로 인도하는 교화의 새로운 장을 열었을 뿐만 아니라 실질적 업적을 통해 얻은 지위와 본래 가진 지위는 동일하다는 이각원통 사상을 통해 불교계를 압박했으며 자신의 위상을 부각시킬 수 있었다고 여겨진다. 기존 불교계의 반발은 원효의 이러한 시도로 인해 격화되었다고 볼 수 있을 것이다. 이렇듯 『금강삼매경론』은 왕실과의 친분을 통해 영향력을 과시하려는 원효의 노작이다. 왕실 역시 정권의 권위를 부여받기 위해 원효와 결합되고 있는 듯하다. 『금강삼매경론』은 원효의 불교적 일탈과도 연관될 수 있을 것이다. 대중교화에 전념하던 원효는 김춘추에 의해 정치적으로

(『영원한 새벽 - 원효』, 새누리, 1999, 97~98쪽)에서 "達摩의 '隻履歸西說'이 처음 등장한 문헌은 荷澤神會의 『南陽和尙問答雜徵義』로 732년 이후 저술로 추정되므로 惠宿의 사실은 후대에 현창사업의 일환으로 윤색되었을 것으로 보았으며, 『宋高僧傳』의 「杯度傳」의 영향도 받았을 것"으로 인식했다.

포섭된 것으로 보이며, 그와의 결연을 상징하는 설총도 탄생한다. 원효가 '소성거사'로 겸칭한 연유는 여기에 있는 것이다. 말하자면 승려들의 거부감을 자아낸 원효의 '파계행'은 일정부분 중대 왕실의 책임으로 보아야 한다고 여겨진다.

이에 대해 당시 불교계는 원효와 중대 왕실의 현실적 타협에 비판적 태도를 보였을 것이다. 따라서 왕실은 스스로 탄생시킨 설총을 보호해야 할 필요성을 절감했을 것이며, 원효의 활동도 보장하려했을 것이다. 이는 자신들의 정치적 권력유지와 관련될 수 있을 것이기 때문이다. 『금강삼매경론』의 완성은 이러한 정치적 역학관계에서도 파악될 수 있다. 요컨대 원효가 위축될수록, 그와 닿아있는 왕실의 부담도 증가되었을 것으로 인식된다. 이러한 상황 속에서 원효와 왕실의 협력은 더욱 돈독해진 것으로 이해할 수 있다.

또한 『금강삼매경론』은 『기신론』 가운데 '본각'·시각설을 크게 원용했다. 깨달음의 차별을 엄격히 구분하지 않았으며, 각지의 수행법을 통해 하나의 '깨달음(일각)'에 귀착할 수 있다고 주장했다. 원효는 본각의 역할에 내재된 평등성을 강조함으로써 양자를 통합할 수 있었던 것이다.

3. 『금강삼매경론』의 육품 구조와 그 특성

원효의 『금강삼매경론』은 그의 학문적 이력을 종합하는 저술이다. 그는 『금강삼매경론』을 통해 자신의 입지를 굳히고 대중교화에 매진했던 것으로 보인다. 그의 극단적 이타행은 여기에서 연유한 것으로 추정된다. 원효의 불교대중화는 이러한 원효의 의도와 함께 더욱 적극화될 수 있었을 것이다. 이전 원효는 선배 승려와 함께 특유의 교화법으로 교단의 거부감을 초래했던 적이 있다. 따라서 자신의 행적에 대한 정당성을 『금강삼매경』을 통해 피력하고 있는 것으로 보인다.

> 자) 대력보살이 말하였다. "불가사의합니다. 이와 같은 사람은 출가
> 한 것도 아니지만 출가하지 않은 것도 아닙니다. 왜냐하면 열반
> 의 집에 들어가 여래의 옷을 입고 보리의 자리에 앉으니 이와
> 같은 사람은 사문이라도 마땅히 존경하고 공양해야 합니다."[35]

위의 자료는 『금강삼매경』이 대중교화승에 의해 작성되었을 것이라고 추정할 수 있게 하는 의미 있는 대목 중 하나이다. 이는 당시 '거사(재가자)' 불교의 확산과 연관되어 있을 것이다. 출가와 재가의 구분이 무의미하다는 주장을 하고 있기 때문이다.[36] 또한 이 경전에는 열반의 경지, 다시 말해 '일심'의 지위에 안주하는 것을 경계하고 있다.[37] 이는 원효가 교화로써 '무애행'을 추구했으며, 승가의 일원으

---

35) 元曉, 『金剛三昧經論』卷中『韓國佛敎全書』卷1, 647쪽 (나)에서 "大力菩薩言 如是之人 非出家 非不出家 何以故 入涅槃宅 着如來衣 坐菩提座 如是之人 乃至沙 門 宜應敬養"이라 하였다.

36) 鳩摩羅什譯, 『維摩詰所說經』卷中『大正新修大藏經』卷14, 541쪽 (다)에서 "父母 不聽不得出家 維摩詰言 然汝等便發阿耨多羅三藐三菩提心 是卽出家 是卽具足." 유마힐이 젊은이에게 출가를 권하자, 대중들이 현실적 곤란을 표했다. 그러 자 깨달음에 대한 '발심'과 '수행'이 곧 '출가'며 '구족계'라는 대범한 논리를 펴고 있다. 이는 '출가'와 '재가'의 구분을 두지 않는 원효의 행적과 일치한다. 따라서 원효가 『유마경』에 관심을 표명했음이 거의 분명하다.

37) 元曉, 『金剛三昧經論』卷下『韓國佛敎全書』卷1, 634쪽 (나)에서 "佛言 常住涅槃

로 통상적 승려의 수련을 행하지 않았음을 변호하고 있는 것으로도
볼 수 있다.

『금강삼매경』이 만약 원효의 저술이라면, 이 언급은 그 결정적
증거가 될 수 있다. 왜냐하면 원효의 '무애행'을 지지해줄 수 있는,
불설의 권위를 지닌 대목이기 때문이다. 또한 『금강삼매경』은 출가와
재가의 구분을 두지 않는 '재가보살(거사)'의 모습을 지속적으로 제시
하고 있다.[38] 또한 선각자로서의 중생에 대한 관심도 강조했다.[39]
따라서 『금강삼매경』은 원효의 영향을 받았거나 적어도 원효와 뜻을
같이하는 승려들에 의해 기재되었을 것임은 거의 확실하다.

말하자면 원효는 '일심'이 무명의 훈습을 받아 유전하여 최하층
중생이 됨을 『대승기신론』 저술을 통해 강조하고 있다. 그 말단의
중생이 수행계위를 거쳐 '6품'의 과정을 통해 「여래장품」 또는 '일심'에
도달하고 있다. 그런데 '일심(여래장품)'에서 수행을 그치는 것이
아니라, '생멸문'이라는 번뇌에 쌓인 세속으로 나와 다시 헌신해야
한다는 논리를 펴고 있다.

이 같은 내용은 원효의 『기신론』 저술 및 『금강삼매경론』의 6품
구조와 상응함을 확인할 수 있다. 이와 함께 『금강삼매경』은 『법화경』

是涅槃縛"이라 하여 직접 경전(金剛三昧經)에서 열반에 머물지 않아야함을
강조했고 ; 같은 책, 같은 부분에서 원효(金剛三昧經論) 역시 "常住涅槃是涅槃
縛者 設有常覺住於涅槃 即是執著 縛於涅槃 云何常住是解脫也"라고 표현하면서
'열반의 집착에서 벗어난다'는 '不住涅槃'을 강조하였다.

38) 元曉, 『金剛三昧經論』卷下 『韓國佛教全書』卷1, 634쪽 (나)에서 "如是之人 不在
二相 雖不出家 不住在家故 雖無法服 不具持波羅提木叉戒 不入布薩 能以自心 無
爲自恣 而獲聖果 不住二乘 入菩薩道 後當滿地 成佛菩提"라고 하였다.

39) 元曉, 『金剛三昧經論』卷下 『韓國佛教全書』卷1, 647쪽 (나)에서 "入涅槃宅 心起
三界"라고 하였다.

을 인용한 부분이 등장한다. '장자궁자'의 비유가 그것이다. 미혹한 아들이 금전을 지녔지만, 이를 깨닫지 못하고 여행 중 고난을 겪는다는 내용이다.[40] 그런데『금강삼매경』에서는 무주보살이 매우 인상적인 질문을 부처님께 하고 있다.

> 차) 무주보살이 말하였다. "저 아버지가 아들이 미혹하다는 것을 알았다면, 무엇 때문에 오십 년 동안 모든 곳(十方)에서 방황하고 고난을 겪게 한 이후에야 비로소 말해 주었습니까?" 부처님께서 말씀하셨다. "오십년이 지난 것은 일념의 마음이 움직인 것이고 온갖 곳으로 돌아다닌 것은 두루 거침을 오래도록 한 것이다."[41]

보살의 의문에 대해 경전의 '佛(부처님)'은 상당히 독특한 해석을 가한다. 즉, "오십년이 지난 것"은 '일념의 마음이 움직인 것'으로 교시했다. 그런데 위의 내용에 대하여 원효는『대승기신론』을 강조하며 "일심(自性淸淨心)이 무명의 바람으로 인해 움직이다"고 결론짓고 있다.[42] 이는 아마도『금강삼매경』이『기신론』의 영향을 받고 있다는 느낌을 가지게 한다. '일념이 움직인 것'은 '일심'이 무명에 의해 유전하며, 중생은 일심의 유전이라는『대승기신론』의 내용을 연상시키기

---

40) 元曉,『金剛三昧經論』卷中『韓國佛教全書』卷1, 635쪽 (가)에서 "譬如迷子 手執金錢而不知有"라고 하였다.

41) 元曉,『金剛三昧經論』卷中『韓國佛教全書』卷1, 636쪽 (가)에서 "無住菩薩言 彼父知己子迷 云何經五十年 十方遊歷 貧窮困苦 方始告言 佛言 經五十年者 一念心動 十方遊歷 遠行遍計"라고 하였다.

42) 元曉,『金剛三昧經論』卷中『韓國佛教全書』卷1, 636쪽 (가)에서 "一心旣動 帶此四相 是故說名一念心動 如起信論云 自性淸淨心 因無明風動 乃至廣說 於中委悉如彼記說"이라 하였다.

때문이다. 또한 위의 내용은 『대승기신론』에 영향 받은 『법화경』 해석이라고도 볼 수 있을 것이다. 어쩌면 이러한 측면은 『송고승전』에서 원효만이 『금강삼매경』을 주석할 수 있다는 대안의 언급을 떠오르게 한다.[43]

원효는 경전을 풀이하며 '금전'이 새롭게 얻어진 것이 아님을 주장하였다.[44] '금전'은 중생이 미처 깨닫지 못한 보배를 가리키므로, 이는 중생이 지닌 숨겨진 '불성'을 상징한다고 보아야 한다. 원효 역시 '금전'을 '본각'과 같다고 명확히 지적했다.[45] 역시 『대승기신론』의 본각설을 활용하고 있다. 말하자면 이는 '여래장'이라고 이해해도 좋을 것이다. 따라서 원효가 중생의 성불 가능성('여래장')을 최대한 신뢰한 것과 연관지어 생각할 수 있다. 또한 '육품' 가운데 각 품에도 역시 깨달음이 내재돼 있음을 은연중 주장하고 있다.

'일념의 마음'이 '깨달음'이라면 '돌아다닌 것(편력한 것)'은 방편으로의 '육품'으로 이해할 수 있기 때문이다. 이렇게 위의 내용과 6품 사상을 연관지어 이해할 수도 있다. 이와 함께 경전의 종합편인 「총지품」에서는 모든 뜻을 집약시키는 '사구게'를 제시하였다.

> 카) 인연으로 생긴 뜻은 滅이며, 生이 아니다. 모든 생멸을 멸한다는 것은 生이며 滅이 아니다.[46]

---

43) 『宋高僧傳』 卷4, 「元曉傳」(『大正新修大藏經』 卷50, 730쪽 (나))에서 "速將付元曉講"이라 하였다.
44) 元曉, 『金剛三昧經論』 卷中 『韓國佛敎全書』 卷1, 635쪽 (다)에서 "所得金錢是汝本物者 示其所證本覺之利本來屬汝 非始有故"라고 하였다.
45) 元曉, 『金剛三昧經論』 卷中 『韓國佛敎全書』 卷1, 635쪽 (다)에서 "本覺本淨 性無改轉 似彼金錢性無改故"라고 하였다.
46) 元曉, 『金剛三昧經論』 卷下 『韓國佛敎全書』 卷1, 658쪽 (다)에서 "因緣所生義

원효는 불법의 요체(핵심)를 위의 '사구게'에 있다고 확신하고 있다. 또한 그는 자신의 경전 이해 방식을 '일심·이문' 구조로 판시하여 이에 모든 불법이 포함됨을 천명하였다.[47] 그런데 경전의 핵심을 담고 있는 자료 카)의 구절은 상당히 인상적이다. 이는 중생의 '일심'에서부터 유전함을 나타내는 '생멸문'과 '생멸문'이 진전해 도달하는 『대승기신론』의 핵심을 담고 있는 것이다. 이를 통해 『금강삼매경』이 『대승기신론』의 세례를 받고 있음을 확인할 수 있다. 무엇보다 경전의 긴요한 부분으로 요약하면서 『기신론』의 '이문' 구조를 제시한다는 것은 흥미롭다. 대중교화승 가운데 『대승기신론』과 관련한 저술을 남긴 사람은 원효를 제외하고 찾아지지 않는다. 즉 원효만이 『대승기신론』과 관련된 저술이 확인될 뿐이다.

아마도 『금강삼매경』은 원효의 저술일 가능성이 짙다고 볼 수 있다. 당시 『기신론』의 영향을 강하게 받은 승려로서 『기신론』에 집중적인 연구 성과를 남긴 승려가 바로 원효이기 때문이다. 이와 함께 '다라니'의 성격을 지니고 있는 사구게는 『무량수경종요』의 '칭념불'과도 통하는 바가 있다.[48] 모두 원효가 선호하는 바이기 때문이다.

이렇게 『금강삼매경』은 대중을 포섭하기 위해 다양한 수행법을 제시하고 있다. 즉 '육품'의 표방이 그것이다. 그러면서 『법화경』 등 대승경전에 나타난 다양한 방편을 육품에 대응시키고 있는 것으로

是義滅非生 滅諸生滅義 是義生非滅"이라 하였다.

47) 元曉, 『金剛三昧經論』 卷下 『韓國佛敎全書』 卷1, 658쪽 (다)에서 "別則明二門義 總卽顯一心法 如是一心二門之內 一切佛法 無所不攝"이라 하였다.

48) 元曉, 『無量壽經宗要』 『韓國佛敎全書』 卷1, 559쪽 (가)에서 "若不能念者 應稱無量壽佛"이라 하였다.

보인다. 육품을 통해 보다 포괄적으로 다양한 대중을 수용하고자
했던 의도일 것이다. 원효가 만약『금강삼매경』의 저자 중 한사람이라
면. 이러한 경전 서술을 크게 환영했을 것이다.

  결국『금강삼매경』은『대승기신론』논리의 다양한 적용이라는
새로운 실천적 시도를 과감하게 보여준 것으로 인식할 수 있다. 즉
『법화경』의 '회삼귀일'[49] 사상을『기신론』의 '一心·二門' 또는『금강삼
매경』의 '일미'·'육품'에 적용한 것으로도 볼 수 있다. 방편의 차별인
'삼승'은『기신론』의 이문체계에 적용될 법하다. 특히 '생멸문'을 통해
다양한 수행법을 수용할 수 있기 때문이다. 이 같은 다양한 수행법의
인정은『금강삼매경』의 '육품원융' 구조와 결합될 수 있다. 그럼으로
써 원효는 다른 대승경전을 보다 실천수행에 이용할 수 있도록 새로운
시각을 제시한 것이다. 즉 이는『기신론』의 참신한 응용이라고 할
수 있다.『금강삼매경』과『금강삼매경론』의 불교사적 의미는 여기에
있을 것이다.

---

49) 天台宗의 智顗는 三諦圓融과 三千實相의 이론을 실천화하기 위해 '一心三觀'과
  '一念三千'을 주장하였으며, 이를 구체화하고자 摩訶止觀과 法華三昧懺儀를 저
  술하였다고 보았다. 또한『法華經』에 설해진 '會三歸一' 思想은 신라 중심의
  삼국통일을 정당화하는 논리로 활용되었으며, 원효의『法華經宗要』도 이러한
  의도로 저술되었을 것으로 이해하였다(安啓賢,「統一新羅의 文化」『한국사』
  3, 국사편찬위원회, 1978, 204~205쪽) ; 원효의 법화사상은 '會三歸一'의 논리
  에 근거하고 있으며, 智顗의 교학에서 영향을 받았으며, 법화경의 '一心·三觀
  (空·假·中)의 수행법이 원효에게 전수되었을 가능성이 크다(金杜珍,「諦觀의
  天台思想」『韓國學論叢』6, 國民大, 1984(「교종 입장에서 선종사상의 융합」
  『고려전기 교종과 선종의 교섭사상사 연구』, 일조각, 2006) ; 李永子,「韓國
  天台思想의 展開」『日本學』2, 1982, 77쪽. 그리고 이영자 교수는 이 글에서
  천태교학에는 '敎觀一致' 사상 으로서 교학과 실천이 동시에 중시됨을 주목하
  였으며, 원효의 선은 중국적 전개를 한 선종 이전의 '천태선'을 배경으로
  전개된 것으로 인식했다.

다시 말해『기신론』의 실천적 적용에서 나아가 다른 경전을『기신론』의 '일심·이문' 또는『금강삼매경』의 '6품' 구조에 적용시켜 보다 대중교화를 활성화 시키는데 크게 기여한 것으로 보아야 할 것이다.

요컨대 원효는『대승기신론』의 핵심 구조('一心·二門')를『금강삼매경』의 '6품' 구조에 적용하여 해석했듯이,『대승기신론』을 통해 다른 경전을 이해하려 했던 것으로 추정할 수 있다.『대승기신론』의 통합적 특성에 주목한 원효는[50]『금강삼매경』은 물론 모든 경전에『대승기신론』의 논리를 적극 활용하려 했을 것이다.

이 같은 원효의 새로운 교학 이해는 불교계에 파장을 일으켰을 것으로 짐작된다. 아마도 그의『금강삼매경론』이 도난당한[51] 연유는 여기서 찾아야 할 것이다. 이와 함께 원효는 자리적 성향의 승려를 '闡提'로 표현하며 적극 공박하였다.[52] '천제'는 성불하지 못한다는 뜻으로, 깨달음의 가능성이 희박한 중생을 말한다. 이런 논리 역시 원효의 교학에 반감을 일으킬 수 있는 소지로 작용했을 것으로 보이며, 상대적으로 그를 더욱 부각시켰을 것이다. 즉, 원효는 공격적인 교학을 표방하며 자신의 존재감을 더욱 확대시켰던 것으로 추정할 수 있다.

또한 원효의『금강삼매경론』은 신라 중대 왕실의 전폭적 지원 속에서 완성된 불전이기도 하다. 즉 이는 시대적 소산으로 이해될

---

50) 元曉,『大乘起信論疏記會本』卷一『韓國佛敎全書』卷1, 733쪽 (가)에서 "是謂諸論之祖宗 羣諍之評主也"라 하였다.

51)『宋高僧傳』卷4, 「元曉傳」(『大正新修大藏經』卷50, 730쪽 (나))에서 "時有薄徒竊盜新疏"라 하였다.

52) 元曉,『金剛三昧經論』卷下『韓國佛敎全書』卷1, 654쪽 (가)에서 "未發無上菩提心前 皆名闡提"라 하였다.

수 있는 것이다. 왜냐하면 당시 중대 왕실의 신성화 작업과 주류에서 이탈한 교화승들의 역할이 나타나기 때문이다. 이는 경전발생의 요인을 추적할 수 있는 단서가 된다. 이와 함께 목록에서 사라진『금강삼매경』이 신라의 대중교화승에 의해 도출되었다는 것도 그 시대적 방증이 될 수 있을 것이다.

이러한『금강삼매경』과 '경론'은 당시 유포되는 거의 모든 대승경전을 포함하고 있다. 말하자면 원효의 저술성향과 통할 수 있는 것이다. 즉 원효의 경전 주석에 의해 신라의 교학수준이 진일보했기 때문이다. 따라서 원효의 다작 경향은 그가『금강삼매경』의 저자라는 또 다른 증거로 작용할 수 있다.

4.『금강삼매경론』의 특성과 그 사회적 의미

『금강삼매경』의 연기설화는 신라중대 사회상과 연관된다. 이는 당시 주류 불교학에 대응하여 새로운 변화가 있음을 보여주고 있는 것이다. 원효 이전 혜숙·혜공으로 이어지는 대중불교의 토대는 신라 사회의 불교인식에 대한 전환으로 이해할 수 있다.

그중 혜숙은 구참공의 수렵행위를 '이타행'의 관점에서 폄하했다.[53] 그는 대승불교의 핵심논리인 '보살행'을 강조하면서, 불교의 근본이념을 거듭 상기시키고자 했을 것이다. 즉 혜숙은 중생을 해치려는 구참공을 질타함으로써, 모든 중생에 대한 보살의 '자비'를 강조할 수 있었을

---

53)『三國遺事』卷4, 의해4,「二惠同塵」條에서 "今察公所好 唯殺戮之耽 篤害彼 自養 而已 豈仁人君子之所爲 非吾徒也"라고 하였다.

것이며, 그러한 중생 역시 모두 소중한 깨달음을 얻을 수 있다는 '여래장사상'을 강조한 것으로 보인다. 이는 대중에 대한 '이타행'과 매우 밀접한 것으로 이해될 수 있기 때문이다.

즉 '이타행'은 중생의 성불 가능성을 인정한 기반에서 보다 부각될 수 있을 법하다. '중생의 불성'을 전제함으로써 그들에 대한 교화가 확대될 수 있기 때문이다. 또한 그가 상층신분인 '구참공의 수렵'을 비판했다는 것은, 상대적으로 '중생에 대한 이타행'이 강조될 여지가 생긴다.

만약 혜숙이 전술한 '여래장 사상'과 '이타행'을 지녔다면, 대중의 소박한 수행이 강조될 수 있다. 최소한의 수행으로도 성불의 진입이 보장되기 때문이다. 이는 원효의 '십중법문' 및 '일미관행' 논리와 어울릴 수 있다. 이와 전자를 결부시켜 본다면 중생은 '여래장 사상'에 입각해 '수행'으로써 '일심'을 향할 수 있다. 요컨대 대중교화승들에게 '일체 중생의 깨달음'을 전제로, 그들의 '실천수행'이 요구될 수 있었을 것이다.

혜공은 천민 출신이라는 점에서 이전과는 다른 불교계의 분위기가 감지된다. 그러한 그의 신이함은 소외 받는 대중으로부터 상당한 주목을 얻었던 것으로 보인다. 혜공 역시 다양한 수행법을 강조했을 법하다.

> 타) 그는 항상 조그만 절에 살면서 항상 크게 취해 삼태기를 들고 거리에서 노래하며 춤추니 '負蕢和尙'이라 불렸다. 또한 절의 우물 속에 들어가면 몇 달씩 나오지 않으므로 그의 이름을 따서 우물의 이름을 지었다.[54]

위의 자료에 나타난 그의 '파계행'도 전자와 같은 맥락으로 이해될 수 있을 것으로 보인다. '삼태기'와 '음주 가무', 그리고 '우물'은 신라 일반 백성의 일상과 관련되어 있을 것이다. 이 역시 당시 신라 불교계의 새로운 기풍과 관련이 깊다. 특히 그는 우물을 수행의 장소로 활용하고 있는 것으로 보인다. 다양한 공간을 수도처로 사용했다면 그의 파계행은 다양한 수행법으로 생각해도 좋을 듯하다. 그가 이처럼 다양한 수행을 강조했다면 대안과 원효의 사상이 집약되어 있는 『금강삼매경론』의 '일미관행'의 논리와 결부시킬 수 있을 법하다. 즉 혜공의 '파계행'은 다양한 수행법 중 하나로 인정되어, '일미관행'의 논리에 따라 '일심'에 도달할 수 있었을 것이다. 아마도 그의 이 같은 파계행은 '민'의 자각을 유도했을 것임이 분명하다.

또한 『금강삼매경론』과 혜공의 연관성도 배제할 수 없게 되어있다. 원효는 불경의 '疏'를 지을 때 자주 혜공에게 질문했다.[55] 그러므로 『금강삼매경론』에 혜공의 논리가 포함되었을 수 있다. 만약 『금강삼매경론』을 저술할 때 직접 그에게 질문을 하지 않았더라도, 격의 없었던 선배의 논리가 용해되었을 가능성은 매우 크다. 어쩌면 혜공은 『금강삼매경론』의 핵심사상인 '이각원통'의 논리를 인지하여 대중교화에 활용했을 것으로도 볼 수 있다.

'이각원통'은 '本覺'과 '始覺'이 결국 하나라는 의미이다. 수행으로 이룬 후천적 깨달음(始覺)과 선천적 깨달음(本覺)은 구분되지 않기 때문이다. 그렇다면 '본각'을 이루기 위한 소박한 수행이 강조될 수

---

54) 같은 책, 같은 조.
55) 『三國遺事』卷4, 의해4, 「二惠同塵」條에서 "時元曉撰諸經疏 每就師質疑"라고 하였다.

있는 대중교화를 행했을 법하다. 이 역시 원효의 '일미관행'의 논리와
결부시켜 수행을 독려할 수 있다.

'본각'은 중생의 본성인 '여래장'에 해당한다.[56] '시각'은 상층근기
중생이 체계적 수행을 통해 이룬 깨달음의 경지이다. 원효는 양자의
동질성을 주장했다. 이는 '일미'의 '관행', 즉 '여러 수행법은 결국
하나다'는 논리와 밀접하다. 원효는『金剛三昧經論』을 통해 이 같은
'일미'와 '일승'을 강조했다.[57] 아래의 자료를 통해 그의 일승사상을
거듭 확인 할 수 있다.

  파) 모두 여래의 일미의 말씀을 듣고 일심의 원천으로 돌아오지
      않는 사람이 없다. 한 마음의 근원(一心之源)으로 돌아왔을 때
      또한 아무 것도 얻는 것이 없다. 따라서 이를 일미라고 말한다.
      이것은 곧 일승이기도 하다.[58]

---

56) 元曉,『金剛三昧經論』『韓國佛敎全書』卷1, 610쪽 (가)에서 "佛智所入實法相者
直是一心本覺如來藏法 楞伽經言 寂滅者名爲一心 一心者名如來藏"이라 하였으
며, 본각의 획득이 '본래 얻어진 것(여래장)'을 얻는 것'으로 봄으로써 '본각'을
곧 '여래장'이라고 주장했다(같은 책, 674쪽 (가)에서 "得得於本得者 始覺究竟
故名得得 是能得故 始覺究竟 還同本覺 以之故言 得於本得"이라 하였다).

57) 元曉,『金剛三昧經論』『韓國佛敎全書』卷1, 660쪽 (나)에서 "三乘終無別歸 如諸
敎法同入一味"라고 하였다. 그런데 '삼승'의 교설이 곧 차별이 없는 일미의
교법이 된다는 것은, 일승의 깨달음을 염두에 둔 것으로 이해될 수 있다.

58) 元曉,『金剛三昧經論』『韓國佛敎全書』卷1, 610쪽 (가)에서 "皆從如來一味之說
無不終歸一心之源 歸心源時 皆無所得 故言一味 卽是一乘"이라 하였으며 ; 같은
책, 608쪽 (나)에서 "一諦義者 所謂一心 依一心法 有二種門 二門所依 唯是一實
故名一諦 一味道者 唯一乘故"라고 하였다 그리고 元曉,『十門和諍論』『韓國佛敎
全書』卷1, 639쪽 (가)에서 "一切衆生同有佛性 皆同一乘 一因一果 同一甘露 一切
得常樂我淨是故一味"라고 하였다 ; 원효는 '一乘'·'一味'·'一心'의 개념을 자주
사용했다. '일미'는 '일심'을 이루기 위한 '수행(一味觀行)' 또는 '교법(一味敎
說)'을 가리킬 때 주로 사용하였다. 따라서 '일미'는 '일심'으로 회귀하기 위한

위의 자료에서는 모든 중생을 '일심'으로 이끌기 위한 방법을 설명하고 있다. 그런데 '일심'으로 가기 위한 중요한 전제로 '일미'의 교설을 주장하고 있다. 이는 다양한 근기에 따라 가르침을 달리 하지만 결국 하나로 통할 수 있다는 논리이다. 그러면서 '일미'의 교법에 의해 '일심'에 이르는 것을 '일승'과 같다고 보았다. 다시 말해 '일미'는 '일심'에 도달하기 위한 방법이며, '일미'에 의해 얻은 '일심'이 곧 '일승'이라고 이해한 것이다. 따라서 원효는 다양한 교설을 모두 '일미'로 간주하면서 대중에 대한 교화를 강조했을 것이다. 이는 역시 '일승' 사상과 통할 수 있을 것이다. 모두 깨달음을 얻을 수 있다는 논리로 이해될 수 있기 때문이다. 그런데 '일승사상'으로 기층민을 교화하기 위해서는 실천행이 강조될 수 있다. 그럼으로써 가능한 많은 '민'을 교화시켜 성불의 대열로 이끌어 갈 수 있기 때문이다. 이에 아래의 자료가 참고된다.

하) 중생은 본래 마음이 상을 떠나 있음을 모르고 두루 온갖 '相'을 다 취하여 망념을 움직여 여러가지 생각을 일으킨다. 그래서 먼저 '相'을 파하고 相을 취하는 마음을 없애야 하는 것이다. 다음에는 이미 환화된 有相을 파했으나, 오히려 그 無化의 '空性'에 집착하여 그 空性을 취하므로 空에 대하여 생각(마음)을 일으킨다. 따라서 이제 '無化空性'을 버리라고 하는 것이다. 이때 공을 취하는 마음이 생기지 않으므로 반드시 無二한 中道를 만나 부처

방편에 해당할 것이다 ; 金俊烴, 「元曉의 一乘思想」『研究論集』15, 東國大 大學院, 1985, 24쪽과 115쪽에서, 중국의 불전에서는 '삼승(聲聞乘·緣覺乘·菩薩乘)'을 방편으로 여겨 새로운 '일승'을 가설했다면, 원효는 '삼승'이 곧 '일승'이라는 화쟁의 의미를 포함하고 있다고 보았다.

님이 들어가신 제법의 실상과 같게 된다. 이와 같은 교화가
바로 가장 큰 교화라고 할 수 있다.[59]

위의 자료에서는 중생에 대한 실천행을 강조하는 부분이다. 그는
중생에 대한 교화를 수행하기 위해 '相'에 대한 집착을 다스려야 한다고
주장했다. 이와 함께 '공'에 대한 관념도 떨칠 것을 아울러 주장했다.
즉 중생으로 하여금 '有相'과 '空性'을 떠나게 함으로써 그들을 깨달음
의 경지로 이끌어 크게 교화할 수 있다고 주장한 것이다. 이렇게
원효는 구체적인 수행법을 제시함으로써 중생을 크게 배려하고 있는
것이다.

그런데 자료 하)의 '相'에 집착하는 중생은 아마도 하근기 중생을
염두에 둔 것으로 보인다. 『금강삼매경』에서도 초품인 「무상법품」을
통해 '상'을 극복하고 상위 품으로 진입할 수 있기 때문이다. 또한
그는 이러한 중생도 결국 깨달음에 도달할 수 있다고 주장했다. 말하자
면 중생을 모두 성불하게 한다는 '일승사상'과도 통할 수 있다.

그런데 '空有'에 대한 극복은 그의 '화쟁'을 연상시킨다. 흥미롭게도
그는 화쟁을 대중교화와 연관시키고 있다. 즉 공유의 집착을 떨치게
함이 곧 중생을 교화하는 것이라고 이해한 것이다. 역시 그의 '화쟁'은
실천적 불교 인식의 소산으로 볼 수 있을 것이다. 이렇게 원효는
그의 학문적 성과를 대중교화와 일치·결합시킨 것이다. 이를 원효
불교학의 특징으로 이해할 수 있을 것이다.

---

59) 元曉, 『金剛三昧經論』 『韓國佛教全書』 卷1, 611쪽 (나)에서 "衆生本來 迷心離相
遍取諸相 動念生心故 先破諸相 滅取相心 雖復已破幻化有相 而猶取其無化空性
取空性故 於空生心 所以亦遣無化空性 于時不生取空之心 不得已會無二中道 同佛
所入諸法實相 如是化故 其化大焉"이라 하였다.

이전 자장으로 이어지는 학구적인 교학불교는 기층민을 외면할 소지를 지녔다. 자장은 국가정책과 일련의 관계를 유지해 왔다. 그는 황룡사 9층탑의 건립주체이자, 승관의 중추였다. 즉 기층민에 대한 관심이 자연 축소될 수밖에 없었을 것이다. 또한 그가 철저한 자리행이 강조된 계율인식을 지녔으며, 삼승의 차별을 강조하는 섭론학을 수학하기도 했다.

따라서 대중교화승들의 '일승·일미사상'과 '이타행'에 정면으로 배치된다. 즉 혜숙·혜공·대안으로 이어지는 대조되는 불교사상의 출현을 보다 쉽게 이해할 수 있을 것이다.

또한 원효의 화엄학 이해는 동시대 의상의 교학과도 비교될 수 있다. 특히 양자의 '중문(一中一切 多中一)'과 '즉문(一卽一切 多卽一)'의 해석 방식이 주목된다. 의상은 '橫盡法界觀'을 바탕으로 강한 '性起論'의 입장을 가져 제법상이 융섭됨을 강조했다.[60] 이러한 이해 방식은 '一中一切'와 '一卽一切'를 연기로 보는 인식과 다르며, 신라 중대의 전제주의에 부합할 수 있을 법하다.[61] 또한 자신의 화엄학을 대중교화에 직접 적용하기 보다는 관음신앙과 미타신앙을 강조했다. 그런데 원효의 '즉문'에 대한 이해 방식은 독특하다. 다음의 자료가 참고된다.

가) 일체가 곧 하나이기 때문에 一音이라고 말한다. 또한 하나가 일체이기 때문에 圓音이라고 부르는 것이다. 『화엄경』에 "일체 중생이 말하는 방법(語言法)을 여래가 한 말로 연설하여 다하여 남김이 없다. 모두 오묘하고 청정한(淨密) 음을 알아듣게 하고자

60) 김두진, 『義湘-그의 생애와 화엄사상』, 민음사, 1995, 218쪽.
61) 같은 책, 228쪽.

하시니 보살이 이로 인하여 초발심을 이루기 때문이다."라고 한 것과 같다. 이 같은 '佛音'은 불가사의하다. 다만 一音의 말이 一切音이며, 여러 법에도 똑같이 적용된다.[62]

위의 자료에서 확인할 수 있듯이, 원효는 '즉문'을 하나의 가르침 즉, 중생에 대한 교법을 하나로 인식함에 있어 화엄학을 이용하고 있다. 이는 『금강삼매경론』에서 추구하는 '육품'을 '일미'로 인식하는 태도와 부합할 수 있다.

의상대사 진영 원효의 평생 동지로서 원효의 색채와는 다른 단아한 구도자의 길을 걸었다. 또한 기층민 제자를 두었으며 민을 위한 관음신앙을 편 것을 근거로 든다면, 그는 원효와 함께 불교대중화를 이끌었을 것으로 볼 수 있다.

'佛'의 여러 교법이 결국 하나이듯 '一卽一切'역시 하나의 교법인

---

62) 元曉,『起信論疏』卷上『韓國佛教全書』卷1, 703쪽 (나)에서 "一切卽一 故名一音 一卽一切 故名圓音 如華嚴經言 一切衆生語言法 一言演說盡無餘 悉欲解了淨密音 菩薩因是初發心故 又此佛音不可思議 不但一音言卽一切音"이라 하였다.

'一音'으로 인식하고 있는 것이다. 그는 일체중생을 위한 갖가지 교설이 모두 '一音' 곧 '圓音'이며, '一切音'으로 이해했다. 즉 중생제도를 위한 모든 교학을 하나의 가르침으로 이해한 것으로 보인다. 말하자면 의상의 화엄학이 학구적이며, 전제주의를 추구했던 중대 왕실과 어울린다면 원효는 자신의 화엄교학을 대중교화에 직접 적용하려는 의도를 보여주고 있는 것이다. 그가 『화엄경』의 한 구절을 제도행에 활용했음도[63] 이 같은 논의와 무척 어울린다.

이렇게 원효는 대중교화와 자신의 교학을 결부시키고 기층민에 대한 관심을 바탕으로 '일승·일미·일각·이각원통 사상'을 『금강삼매경론』속에 구축하였으며, 그 구성에서부터 기층민에 대한 배려를 이행했다.

　나) 나무 속에는 '火大(四大인 火性)'가 있다고 말한다. 하지만 분석해서 구해 보면 '化相'이 없다. 그런데 사실은 나무 속에 '화성'이 없지 않다. 마찰해서 찾아보면 불이 반드시 나타나기 때문이다. 따라서 '일심'도 이와 같아서 모든 '상'을 분석할 때에 '심성'을 얻을 수 없지만, 사실은 제법 중에 마음이 없지 않으니 수도하여 이를 구하면 '일심'이 나타난다. 이와 같이 '화성'은 상을 감추고 있지만 세력이 커서 국왕과 같아 '왕'이라 부른다.[64]

---

63) 『三國遺事』義解5,「元曉不羈」條.
64) 元曉, 『金剛三昧經論』『韓國佛教全書』卷1, 671쪽 (나)~(다)에서 "木中 有火大性 分析求之 不得火相 而實不無木中火性 鑽而求之火必現故 一心亦爾 分析諸相 不得 心性 而實不無諸法中心 修道求之一心顯故 如是火性 相隱勢大 如似國主 故名王 也"라고 하였다.

자료 냐)는 나무 속의 보이지 않는 '불의 성질'을 간파해야 한다는 논리를 전개한다. 나무 속에 불의 형상은 보이지 않지만 불을 일으키는 내재적 성향이 있음을 말하고 있다. 원효는 나무 속의 '火性'을 '一心'에 비유하고 있다. 즉 나무의 '화성'이 감추어져 있듯이 중생의 마음 속에 '일심'도 드러나 있지 않다는 것이다. 그래서 중생이 지닌 '심식(相)'을 분석할 때에 '일심'은 보이지 않는다. 하지만 그들의 분별적 '상' 속에 일심을 찾아야 한다는 논리다. 이는 중생에 대한 실천행을 강하게 유도하는 언급이다. 왜냐하면 중생의 수도를 장려하여 '일심'으로의 회귀를 표방하고 있기 때문이다. 그런데 무엇보다 중요한 대목은 '장자'가 중생에 내재된 '성질(일심)'을 알고 있으므로,[65] 사실상 그에게 중생의 내재된 '일심'을 찾도록 독려하고 있다는 점이다. 특히 『금강삼매경』에 등장하는 장자는 '범행장자'로서 마음이 '일미'에 머무는 사람으로[66] 원효를 연상시키는 '대중교화승'으로 이해된다. 아마도 장자는 세속인으로서 특히 기층민을 교화하는데 주력하였을 법하다. 원효는 '일심'이 곧 '여래장'이라고 보았다.[67] 또한 '여래장'은 숨어있는 불성으로, 위의 자료에서 설명하는 숨어 있는 '일심'과 정확히 대응된다.

요컨대 원효는 중생에게 모두 '일심(여래장)'이 내재함을 전제로, 일체 중생이 깨달음을 얻을 수 있다는 '일승' 사상을 내세우고 있다고

---

65) 元曉, 『金剛三昧經論』『韓國佛敎全書』卷1, 671쪽 (나)에서 "長者知實非無 非無之義"라고 하였다.
66) 元曉, 『金剛三昧經論』『韓國佛敎全書』卷1, 659쪽 (나)에서 "名梵行者 是人形雖俗儀 心住一味"라고 하였다.
67) 元曉, 『金剛三昧經論』『韓國佛敎全書』卷1, 610쪽 (가)에서 "一心者 名如來藏"이라 하였다.

추정된다.

모두 '七品'으로 구성된 『금강삼매경』의 「무상법품」을 해설하기 위해 『금강삼매경론』의 매우 많은 분량을 할애한다. 여기에 자세한 주석도 행하고 있다. 「무상법품」은 원효의 『기신론』 저술 가운데 '(심)생멸문'에 해당한다. 그 '생멸문'에서도 가장 하층근기에 속하는 수행자가 여기에 속한다. 말하자면 사물의 '相'에 집착하는 단계이다. 자료냐)에서도 '상'에 의지하는 기층민의 일상을 떠올릴 수 있다. 아마도 '장자'의 실천행과 바로 「무상법품」을 통해 그 집착은 극복될 수 있었던 것이다.

대부분의 기층민은 바로 이 「무상법품」에 해당했을 것이다. 이는 세속의 '민'과 밀접한 장자가 그들이 가진 '상'의 다스린다는 앞서의 내용과 밀접하며, 『금강삼매경』의 최초 수행에 해당하기 때문이다. 따라서 원효는 다양한 중생의 모습과 그 수행법을 제시하면서 「무상법품」에 의해 자세한 실천수행을 강조했다.[68]

그는 또한 「총지품」의 내용을 통해 기층민을 배려하고 있다.[69] '총지(다라니)'는 모든 것을 지닌다는 의미이다. 즉 뜻이 집약되어 있는 것이다. 그는 『금강삼매경』에서 불법의 요체로서 제시한 '사구

---

68) 원효는 '我'에 집착하는 중생을 위해 '12 인연'을 관찰하게 하라는 『금강삼매경』의 내용에 동의하면서, 그 집착을 다스리기 위한 방법을 자세히 설명하고 있다(元曉, 『金剛三昧經論』 『韓國佛教全書』 卷1, 613쪽 (가)에서 "觀十二支 略有二門 一觀無作緣生 治作者執 如說是事有故是事有 二觀無常緣生 治常住執 如說是事生故是事生 存我之來 此二爲本 本旣除故 諸末隨滅也"라고 하였다).

69) 元曉, 『金剛三昧經論』 『韓國佛教全書』 卷1, 675쪽 (나)에서 "令持者得無量福 如經大乘福聚故"라고 하여 경전을 갖고 있는 것으로도 큰 복을 얻는다고 주장하였다. 이는 학적 기반이 없는 기층민에게 호응을 얻을 수 있는 부분이라고 판단된다.

게'에 크게 주목하였다.[70] 아마도 그는 이를 '다라니'로 파악한 듯하다. 이를 암송함으로써 전체를 대신하는 대담한 논리를 전개하고 있기 때문이다.[71] 이 같은 구조적 특성은 교학적 배경이 없는 기층민을 염두에 둔 것으로 보인다. 이러한 방편이 '기층민'으로 볼 수 있는 '둔근'을 위한 것이라고 주장하기 때문이다.[72] 기층민을 위한 '다라니'는 그의 『무량수경종요』에서도 드러난다. '下輩'의 '十念'이 그것이다. '아미타불'을 열 번 칭하여도 그는 이미 범부가 아니며, 왕생의 조건을 갖춘다고 보았다.[73] '십념'은 『무량수경』의 다라니로 파악해야 옳을 듯싶다. '하배' 즉 '기층민'을 위해, 가장 쉬운 '칭념불'로써 경전의 핵심을 담고자 했을 것이기 때문이다.

또한 「총지품」에서는 앞서의 의문을 다시 지적하고 해설한다. 역시 이는 대중에 대한 배려로 여겨진다.

다시 말해 원효는 「무상법품」에 비중을 두고 있다. 이를 통해 기층민의 근기를 살피고 수행의 방법을 해설하였다. 또한 「총지품」을 통하여 『금강삼매경론』의 기본구조와 사상을 재인식시킴으로써 기층민을 깨달음의 대열로 인도하고 있다.

요컨대 저술의 시작과 끝을 하근기 중생을 위한 구조로 만든 것이다. 그러면서도 원효는 그들의 실천을 일관되게 주장하고 있다. 원전인

---

70) 元曉, 『金剛三昧經論』 『韓國佛教全書』 卷1, 658쪽 (나)~(다)에서 "佛法之要 在此 四句"라고 하였다.

71) 元曉, 『金剛三昧經論』 『韓國佛教全書』 卷1, 658쪽 (나)에서 "如來辯才 無㝵自在 故 說一偈 攝諸佛法"이라 하였다.

72) 元曉, 『金剛三昧經論』 『韓國佛教全書』 卷1, 658쪽 (다)에서 "令鈍根者 誦持一偈 常念思惟 乃至遍知一切佛法 是名如來善巧方便"이라 하였다.

73) 元曉, 『無量壽經宗要』 『韓國佛教全書』 卷1, 558쪽 (다)에서 "如是十念 旣非凡夫 當知初地以上菩薩 乃能具足十念 於純淨土 爲下輩因"이라 하였다.

『금강삼매경』은 '可度衆生 皆說一味'라는 표현을 빈번히 사용한다. 그런데 '불설'인 위의 내용은 원효의 논리와 매우 밀접하다. 앞의 구절이 중생의 차별을 인정한 것이라면, 후자는 '일미'의 교법에 의한 깨달음(일승)을 나타내고 있기 때문이다. 즉 『금강삼매경』의 '일미관행'의 구조와 일치하는 것이다. 또한 이는 중생의 수행을 독려하고 있는 대목이기도 하다. 즉 '성불'을 위한 최소한의 수행을 강조하는 것이다.

이렇게 그는 모든 이의 성불을 주장하면서도, 육품 구조를 통한 중생들의 실천수행을 강조했다. 기층민에 대한 관용과 엄격성을 함께 지닌 논리로 이해할 수 있다. 이는 「원효불기」조를 통해서도 확인된다.

> 댜) 원효는 우연히 才人들이 가지는 큰 박을 얻었다. 그런데 그 모양이 이상했다. 원효는 그 형태를 따서 도구를 만들어 『화엄경』에서 말한 "一切無碍人 一道出生死('무애'를 얻은 모든 사람은 한 길로 생사를 벗어난다)"라는 문구를 따라 이를 '무애'라고 하며 노래로 전하였다.[74]

위의 자료 댜)는 전술한 그의 '일승·일미' 사상을 확인할 수 있는 부분이다. 원효는 기괴한 형상의 '박'을 '무애'로 지칭한다. 이상했던 '박'의 모양은 기층민을 비롯한 다양한 근기를 지닌 중생을 연상시킨다. '무애인'을 '무애'라는 박으로 표현했기 때문이다. 그는 이러한 '무애인'이 결국 '一道'의 깨달음을 얻을 수 있다고 이해했다.

---

[74] 『三國遺事』의해5, 「元曉不羈」條에서 "偶得優人舞弄大瓠 其狀瑰奇 因其形制爲道具 以華嚴經一切無碍人 一道出生死 命名曰無碍 仍作假流于世"라고 하였다.

그런데 이는 전술한『금강삼매경』의 구조를 떠오르게 한다. '一切無碍人'은『금강삼매경』의 '육품'에서 분석한 '중생심식'과 그 '육품'에서 제시한 수행법으로 볼 수 있다('십중법문'). 즉 다양한 중생을 모습을 가리키는 것이다. 또한 후자의 '一道'는 '一味'에 정확히 상응한다('일미관행').75) 따라서 원효의 '무애가'는『금강삼매경』의 구조와 연관되며, 모든 중생의 깨달음을 주장하는 '일승' 사상을 내포하고 있음을 확인할 수 있다.

원효는 이렇게 '六品'을 통해 분별을 인식하면서도, '一味'를 주장했다.『금강삼매경론』은『금강삼매경』의 '육품(十重法門)' 구조가 결국 '일미'로 귀결됨에 주목했다. 즉 중생의 현실적 수행의 단계를 제시하지만, 결국 모두 깨달음으로 진입할 수 있다는 것이다.

이는『송고승전』과『금강삼매경론』에서 지적한 '本覺'과 '始覺'의 합일논리이다. 말하자면 모든 수행은 깨달음을 가져온다는 것이다.

『대승기신론』에서 나타난 '시각'도 네 단계로 구분된다. 불각, 상사각, 수분각, 구경각이 그것이다. 이는 분명 차별적 인식이다. 그런데 이러한 시각의 분별성도, 본각과 다르지 않다고 보았다. 즉 차별과 원융을 모두 존중한 원효의 교학 논리는 하층근기 중생을 차별적으로 인식하지만 이들을 포용하여 깨달음으로 이끌어 준다. 이는 원효 교학의 강점으로서 '지적 배경 없는 기층민을 포함한 모든 중생(十重觀門)'이 '하나의 깨달음(一味)'으로 이행할 수 있었던 것이다. 이 같은 일미 교학과 일승논리는 아래의 설화형태로 전승된 듯하다.

---

75) 元曉,『金剛三昧經論』『韓國佛教全書』卷1, 605쪽(가)에서 "一心中一念動 順一實 修一行 入一乘 住一道 用一覺 覺一味"라고 하였다.

라) 옛날부터 전한다. 절을 주관하는 승려가 시종에게 저녁(밥)으로
밤 두 톨을 주었다. 시종이 적다고 호소했다. 관리가 이를 이상히
여겨 조사하였다. 그러자 밤 하나가 바리 안에 가득 찼다. 그래서
오히려 하나만 주는 것으로 판결했다.[76]

자료 라)는 원효의 출생지인 '불지촌'에서 전하는 설화이다. 즉
두 개의 밤을 받고 불평하던 절의 시종이, 오히려 한 개의 밤을 받게
되었다는 내용이다. 원효는 전술한 '밤나무'인 '사라수'에서 출생했다.
또한 '사라수'는 '석가'의 '열반'과 관련 깊다. '열반'은 궁극적인 '깨달음'
을 말한다. 그런데 하나로써 바리에 가득했던 그 밤을 '사라율'이라
했다. 따라서 '밤'은 '깨달음'으로 해석될 수 있다. 깨달음을 상징하는
두 개의 밤은 원효가 중시한 '二覺' 원통을 연상시킨다. 즉 '본각'과
'시각'의 합일 논리와 결부지어 생각해볼 수 있다. 왜냐하면 원효는
양자를 일각으로 보고 있기 때문이다.[77]
관리 역시 '두개의 밤'을 대신한 '하나의 밤'을 강조한다. 두 개의
밤(사라율)은 깨달음에 대한 분별적 인식으로 추정해 볼 수 있다.
이를테면 '삼승(성문·연각·보살)'의 차별이 그것이다. 근기에 따라
얻은 깨달음에도 분별이 있다는 것이다. 하지만 하나의 사라율을
강조한다는 것은 '일승'의 견지에서 '삼승의 깨달음(두 개의 밤)'을
하나로 통합할 수 있다는 의미로 비쳐질 수도 있다.

---

76) 『三國遺事』 의해5, 「元曉不羈」 條에서 "古傳 昔有主寺者 給寺奴一人 一夕饋栗二
枚 奴訟于官 官吏怪之 取栗檢之 一枚盈一鉢 乃判給一枚"라고 하였다.

77) 元曉, 『金剛三昧經論』 『韓國佛敎全書』 卷1, 610쪽 (가)에서 "一切衆生 本來一覺"
이라 하였으며, 같은 책, 631쪽 (가)에서도 "一切衆生同一本覺 故言一覺"이라
하였다.

그렇다면 이는『금강삼매경론』의 '일승' 구조가 설화로써 성립된 것으로 추정해 볼 여지가 있을 법하다. 이러한 원효의 논리는 '민'의 지지를 이끌어낼 수 있었을 것이다. 어쩌면 전술한 그의 출생설화는 '일승(일미)'의 논리를 담고 있을지 모른다. 이러한 추론이 가능하다면 이는『금강삼매경론』의 '일승(일미)' 구조가 신라중대 기층민의 호응을 얻었던 것으로 이해할 수 있다.

　　당시 신라 중대 왕실이『금강삼매경론』을 매개로 원효를 포섭하고자 했음은 그의 이러한 논리와 무관하지 않았을 것이다. 그래서『금강삼매경』의 출현에 조력했던 것으로 여겨진다. 그렇다면 신라 중대 왕실 역시 원효로 정점을 이루는 대중불교 운동의 흥기를 주목했을 것이며, 그들을 불교계의 한 축으로 인정했을 것이다.

　　이렇게『금강삼매경론』은 '일미관행'이라는 구조를 전제로 깨달음을 위한 실천행을 강조했던 것으로 보인다. 원효는 최소한의 수행으로도 동일한 깨달음을 얻을 수 있다는 논리를 전개했다. 무엇보다 그는『금강삼매경』을 지니기만 해도 모든 '번뇌(결사)'를 벗어날 수 있다고 말했던 것이다.[78] 이는 '민'에게 소박한 수행을 권장하여 보다 많은 이를 깨달음의 대열로 이끌게 하고자한 의도로 인식된다. 원효는 기층민 엄장을 교시할 때 '삽관법'을 활용했다.[79] '삽관법'은 아마도 그 명칭으로 보아 농기구와 관련되어 있을 법하다. '삽관'은 일상의 도구인 '삽'이라는 물체, 즉 '상'과 연관된 수행으로 생각된다. 엄장은

---

78) 元曉,『金剛三昧經論』『韓國佛教全書』卷1, 675쪽 (다)에서 "令持者 永斷諸結"이라 하였다.
79) 『三國遺事』感通7,「廣德 嚴莊」條에서 "莊愧赧而退 便詣元曉法師處 懇求津要 曉作鍤觀法誘之"라고 하였다.

원효를 찾기 전에 남녀의 '상'에 집착하여 광덕의 처에게 비난을 받았다. 따라서 그 해결책으로 제시된 '삽관법'은 『금강삼매경』의 「무상법품」을 연상시킨다. 이는 '상'에 대한 집착을 파하는 단계에 해당하기 때문이다.[80] 또한 『금강삼매경』의 초품으로 실행하기에 가장 수월했을 것이므로 엄장의 수행과 결부지어 생각할 수 있다. 이 같은 측면은 원효 불교의 대중성으로도 인식될 수 있을 것이다. 이와 함께 민에게 부합하는 수행을 보급하기 위해 대중교화승의 활동도 확대되었을 것으로 여겨진다.

이처럼 『금강삼매경론』은 모든 이를 깨달음으로 이끄는 '일승' 논리와 함께 그를 위한 실천행이 중시되고 있는 것으로 이해될 수 있다. 말하자면 『금강삼매경론』의 '일미'의 구조는 대중교화를 확대시켰을 것으로 보인다. 『금강삼매경론』 구조의 사회적 역할은 원효교학의 이러한 성격과 연관될 것으로 인식할 수 있을 것이다.

---

80) 元曉, 『金剛三昧經論』 『韓國佛敎全書』 卷1, 609쪽 (나)에서 "先釋品名 言無相者 謂無相觀 破諸相故"라고 하였다.

제7장 결론

　원효는 신라 불교학의 총아이며 상징적 인물이기도 하다. 그러면서 그의 '이름(元曉)'은 매우 독보적이다. 그는 출생에서부터 넘어설 수 없는 신성성을 지니고 있었다. 자신의 출신지가 '불지촌'이며, 출산과 관련된 나무가 '사라수'로서 교조인 '붓다'의 깨달음과 부합하기 때문이다. 그는 '원효'라는 명칭과 함께 '서당'이라 불리고 있었다. '서당'은 신라의 군호로서 성직자의 명칭과는 사뭇 어울리지 않는다. 그래서 이는 무척 단순하고 우연한 의미를 지닌 것으로 이해되기도 했다. 그렇지만 원효는 통일 전쟁기 김유신의 작전 참모로서 참여한 적이 있다. 원광이 고구려 정벌을 위한 '걸사표'를 작성했듯이, 원효도 긴박한 국가의 요청을 수락했던 듯하다. '서당'이라는 명칭은 아마도 그의 이러한 공적으로 인해 부여된 것으로 보아야 할 것이다. 국난기에 원효가 군직을 부여받았을 가능성도 충분하다. 진평왕대의 귀산과 추항, 그리고 취도의 분전도 원효의 행적과 같은 맥락에서 이해되어야 할 것이다.

　애장왕 재위기에 만들어진 「고선사서당화상비」에도 그가 바로 '서당'임을 명확히 지적하고 있다. 그것이 단순한 호칭이 아님을 증거하고 있는 것이다. 하지만 보다 후대에는 그를 '서당'이라고 부르지 않은 듯하다. 이를 통해 그의 호칭에도 역사성이 부여되고 있음을 짐작할 수 있다.

'서당'은 아마도 신라의 삼국통일을 전후한 시기에 발생한 명칭으로 보아야 할 것이다. 이는 원효의 '현실 참여'라는 부분에 단서를 제시하는 부분으로 이해될 수 있기 때문이다. 즉 전시의 조국에 헌신하는 원효의 청장년층 행적에 부합하는 것으로도 볼 수 있는 것이다.

신라는 삼국 중 가장 늦게 불교를 수용하였다. 자연 신라는 후발국으로서 백제와 고구려가 점차 중국과 교유하며 새로운 불교학을 수용함에 일종의 열등감을 느꼈을 것이 분명하다. '가섭불 연좌석'설화로 대표되는 '신라 불국토설'은 이러한 고민의 해결책으로 제시되었을 가능성이 크다. 삼국 항쟁기에 자국에 대한 자부심을 고취시킴으로써 보다 효율적인 전쟁수행을 도모해야 했을 것으로 보이기 때문이다.

그런데 통일 이후에는 보다 다양한 출신의 승려들이 신라에 유입되었을 것이다. 이때 원효가 신라 승려의 자부심으로서 '聖化'되었을 가능성이 매우 높다. 신라 불교학을 정점으로 사상적 통합을 이루어야 하는 과제가 현실화되었기 때문이다. 원효는 다양한 경전 주석을 통해 신라의 학적 수준을 향상시켰으며, 대중교화로 명성을 축적해 가고 있었다. '원효'라는 명칭은 이러한 시대상 속에서 나타났을 것으로 보인다. 이는 석가모니에 비견되는 호칭으로서 다른 승려와 차별성을 지닌다.

말하자면 석가모니와 동일한 출생담을 지닌 그가 '원효'라는 명칭을 통해 신라불교의 대표자로서 고구려·백제 출신의 승려들을 제어했을 것으로 이해된다. 즉 통일전 존재했던 '신라 불국토설'이 절대적 위세를 지닌 '원효'라는 명칭을 활용하면서 확대되었던 것이다. 따라서 통일 전쟁 이후에는 그가 '서당'보다는 '원효'라는 명칭으로 불렸을 것으로 이해된다.

이때 등장한 『금강삼매경론』은 원효의 명성을 더욱 수식할 수 있었던 것으로 보인다. 이는 원효 교학의 원숙기에 성립된 그의 불교학 결정판이기도 하다. 전술한 그의 시대적 역할에 부합하도록 여기에는 다양한 경전의 내용이 수용되어 있는 것이다. 이를 통해 그는 자신의 계율과 교학관, 그리고 대중교화 논리를 종합하였다. 따라서 원효가 처한 시대상과 그가 의도한 불교학의 지향점을 탐구할 수 있다.

『금강삼매경론』을 크게 부각시킨 『송고승전』의 연기 설화에는 신라 중대 왕실과 원효와의 친연 관계가 설정되어 있다. 따라서 양자의 상호관계를 추측할 수 있다. 왜냐하면, 왕실의 환우가 생겼을 때, 이를 불식시켰던 인물이 바로 원효였기 때문이다. 아마도 당대 왕실은 원효를 정책적으로 절실히 원하였던 듯하며, 원효도 이에 기여를 했던 것으로 보인다. 어쩌면 『금강삼매경』의 성립배경에는 신라 사회가 희망하는 불교학적 지표가 담겨 있었던 것으로 추정할 수 있다. 그러므로 사회성이 짙은 저술임을 추론할 수 있는 것이다. 이를 확인할 수 있는 부분이 '경'과 '경론'의 중심 이론인 '이각원통' 사상이다. 이는 '이타행'에 중점을 둔 논리로서, 대중교화에 매우 유용하다.

『송고승전』에 전하는 『금강삼매경』의 연기설화에는 '보살행'과 아울러 이 논리를 표방했다. 이와 함께 '불설'임을 특히 강조한 것이 흥미롭다. '불설'을 유독 강조한다는 것은 '경'이 위작의 가능성이 짙다는 것이며, 신라 사회에서 성립되었음을 암시하는 것이다. 또한 '이각원통'은 새로운 권위를 수식할 수 있는 교학이다. 이를 통해 원효와 신라 왕실이 밀접하게 연루되어 있음을 알 수 있게 하는 대목이기도 하다. 말하자면 『금강삼매경론』에는 신라 사회가 원하는 교학이 포함되었을 개연성이 무척 큰 것이다.

중대 왕실 역시 원효의 저술을 전폭 지원함으로써 든든한 정치적 배경이 되었다. 양자는 일정한 상호 소통에 의해 결합되었을 것으로 보인다. 이는 새로운 권위의 등장에 따른 양자의 협력으로 이해되어야 할 것이다. 말하자면 불교계의 비주류로서 대중교화에 전념하던 원효는 김춘추에 의해 정치적으로 포섭된 것으로 보이며, 자신도 대중교화를 추진하기 위해 협조에 동의하였을 것으로 판단된다. 이는 자신의 파격적인 교화행에 정당성과 힘을 부여받기 위함일 것이다. 그러한 의도의 결실이 바로 설총의 탄생이다.

당시 불교계는 원효와 중대 왕실의 현실적 타협에 비판적 태도를 보였을 것이다. 따라서 왕실은 스스로 탄생시킨 설총을 보호해야 할 필요성을 절감했을 것이며, 원효의 활동도 보장하려했을 것이다. 이는 그들의 정치적 위상과 관련될 수 있을 것이기 때문이다. 『금강삼매경론』의 완성은 이러한 정치적 역학관계에서도 파악될 수 있다.

『금강삼매경론』은 역시 시대적 소산으로 이해될 수 있다. 그 성립과정에서 중대 왕실의 신성화 작업과 함께, 주류에서 이탈한 교화승들이 크게 활동하기 때문이다. 이는 경전발생의 요인을 추적할 수 있는 단서가 된다. 또한 목록에서 사라진 『금강삼매경』이 신라의 대중교화승에 의해 도출되었다는 것도 그 시대적 방증으로 보아도 좋을 것이다.

이러한 『금강삼매경』과 '경론'은 당시 유포되는 거의 모든 대승경전을 포함하고 있다. 말하자면 원효의 저술성향과 통할 수 있는 것이다. 원효의 종합적인 경전주석에 의해 신라의 교학수준이 진일보했기

설총의 묘   설총은 원효의 아들로서 신라의 유학 발전에 기여하였다. 문학작품으로 국왕이 통치자로서 근신할 것을 강조한 『화왕계』가 있다. 원효는 요석궁 공주의 소생인 설총을 통해 중대 왕실과 연결되었을 것으로 보인다.

때문이다. 따라서 원효의 다작 경향은 그가 『금강삼매경』의 저자라는 또 다른 증거로 작용할 수 있다.

원효는 『기신론』의 '일심·이문'에 의해 거의 대부분의 불교학을 정리하였다. 그 총서에 해당하는 것이 바로 『금강삼매경론』이며, 그의 사상이 경전화한 것이 바로 『금강삼매경』이다. 특히 그는 불교 교학의 근본개념으로 '일심'·'일미'에 주목하였다. 이는 제 논리를 높은 차원에서 통합할 수 있는 개념으로 상정된 것이다. 그러므로 그는 『대승기신론』의 기제를 크게 환영했을 것으로 이해된다. 『기신론』은 대부분의 불교 교학을 수용할 수 있는 유용한 구조를 지녔다. 이를 바탕으로 원효가 추구하는 대중교화에 다양한 교학을 부단히 적용시킬 수 있었던 것이다. 마침내 원효는 이에 만족하지 않고 자신의 논리를 공고히 하고 영향력을 확대하기 위해 경전인 『금강삼매경』을 저술했던 것으로 파악된다. 이러한 분석을 토대로 밝혀진 내용을 요약하면 다음과 같다.

우선『금강삼매경』과『금강삼매경론』의 연기설화를 시대상과 연관지어 추구해 보았다. 신라 사회와『금강삼매경』의 발생을 연결시켜 이해한 것이다.『금강삼매경』설화에는 신라 전통신앙의 사제인 '巫覡'이 등장한다. 직면한 문제에 관해, 단서를 제공하고 있으므로, 경전의 성립배경에 일익을 담당하고 있는 것이다. 따라서 신라의 무속과『금강삼매경』의 긴밀함을 알 수 있었다.

『금강삼매경』설화와 원효의 '悟道說話'에도 신라 사회의 색채가 다분하다. 근본적 해결이 본국인 신라에서 이루어지는 공통점을 지니고 있기 때문이다. 이는 원효와『금강삼매경』의 권위 부여에 부합한다. 양자는 역시 '신라 중심적'인 결론을 도출하고 있으므로 신라와의 깊은 관련성이 있음을 밝혀냈다. 또한 원효가 경전을 '소' 위에서 주석하였음을 크게 주목하였다. 이는『삼국유사』안에서 '불경의 전래'를 암시하는 것이다. 따라서 원효가 경전인『금강삼매경』의 저자일 수 있음을 강하게 피력한 것으로 볼 수 있다.

무엇보다 원효는『대승기신론』의 기제인 '二覺圓通' 사상에 역시 주시하였다. 이를 기반으로 가장 실천적인 '보살행'에 충실하고자 했던 것이다. 원효의 '二覺圓通' 사상과 '菩薩行'은 백고좌회 참석승려로 대표되는 기존 불교계와 큰 마찰을 빚었다. 하지만 원효는 이를 극복하고 오히려 그들을 제압했다. 이러한 논리는 당시 흥기하고 있던 대중교화승의 활동에 사상적 기반이 되었을 것이다. 왕실은 이에 승관제를 확대함으로써 이들을 자신의 정치적 기반으로 흡수하려했던 것으로 보인다. 그 핵심인물이 바로 원효였던 것이다.

다음으로 원효의『금강삼매경』찬술설을 타진해 보았다. 그러면서
『금강삼매경론』의 중심 구조와 내용을 시대상과 결부지어 규명해
보고자 했다

우선『금강삼매경』과『금강삼매경론』의 명칭 및 '설주'인 보살의
이름은 원효의 영향이 반영된 것으로 보았으며, '경'과 '경론'의 유기적
관계와『금강삼매경』의 주석이 원효 이후 거의 나타나지 않고 있으므
로 원효가『금강삼매경』을 찬술했을 가능성이 있다고 이해했다.

『금강삼매경론』의 구조는『기신론』의 '一心·二門' 논리를 기반으로
한다.『금강삼매경론』의 '一味'는『기신론』의 '一心'에 도달하는 수행
법에 해당하며 '六品'은 그 '二門'에 대응된다. 세분화된 '육품 구조'는
결국 '일미'이며 모두 '일심'을 지향하고 있는 것이다. 따라서『기신론』
의 실천적 변용이『금강삼매경론』임을 확인하였다.

원효는『금강삼매경론』의 구조 속에서 '일승(일미)' 사상을 강조하
기도 했다. '육품'의 차별적 수행을 강조하지만,「여래장품」으로의
'평등한 회귀'를 지향하고 있는 것이다. 즉 '방편적 차별'과 '하나의
깨달음'을 모두 지향하고 있으므로 신라중대 '민'의 호응을 얻었을
것으로 보았다.

『금강삼매경론』은 '一味'와 '十重法門'의 양대 구조로 구성되어 있다.
'십중법문'의 다양한 수행은 결국 '일미'로 회귀한다. 따라서 '일미'의
측면에서 모든 수행법은 통일될 수 있었다.『기신론』이 중생의 심식구
조에 대한 일관된 인식(일심)을 추구했다면,『금강삼매경론』은 실천
행의 궁극적 합일(일미)를 표방한 것이다. 즉 '일미'는 '일심'의 실천적·
발전적 변용임을 지적하였다. 원효의 일승(일미)사상은 기층민의
성불은 전제함으로써, 대중교화를 독려할 수 있었을 것이다. 그리고

'원효의 출생지, 불지촌의 '사라율' 설화는『금강삼매경론』의 구조인 '일미'를 반영하고 있음을 밝혀냈다.

이와 함께 원효의 '이각원통 사상'의 특성을 도출해 보았다. 이는 신흥세력에게 어울릴 수 있는 논리임을 설명하였다.

『금강삼매경론』은『기신론』가운데 '본각'·'시각'설을 크게 원용했다. 깨달음의 차별을 엄격히 구분하지 않았으며, 각자의 수행법을 통해 하나의 '깨달음(일각)'에 귀착할 수 있다고 주장했다. 원효는 본각의 역할과 내재된 평등성을 강조함으로써 양자를 통합할 수 있었던 것이다. 원효는『기신론』의 논리에서 나아가 중생을 획기적으로 배려하는 수행법을 권장했다. '생멸문'에서의 차별상을 '십중법문'으로 보았지만, '일미관행'이라는 수행의 평등을 강조하면서 평등론을 주장했다. '일각'과 '일미관행'은 기층민을 포섭하여 성불의 대열로 이끌려는 원효의 구상이다.

'이각원통 사상'은 신라 사회에 등장한 새로운 권위의 수식과 결부된다. 사륜계의 등장과 신진 불교세력은 본각의 평등성에 의한 시각의 통합이라는 논리를 환영했을 법하다. 이를 통해 기존 권위에 대한 저항의식이 표출될 수 있었기 때문이다.

또한 원효는 자신의 저술을 중생제도에 적용하기 위해 전념했다. 그는 기층민과 친밀한 도구를 사용하여 강의에 적용했다. 소의 두 뿔을 활용한 '각승'설화는 학구적 저술활동과 대중교화를 아우르려는 그의 실천성을 나타내는 대목이다. 일연이 원효를 '시단(始旦)'으로 칭했던 것은 교학과 실천의 최초 결합을 상징한 것으로 볼 수 있다. 요컨대 '이각원통'은 새로운 정치세력의 권위와 대중교화 모두를 수식할 수 있음을 알 수 있다.

분황사탑   원효가 저술활동을 했던 곳으로 원효와 인연이 무척 깊다. 아마도 분황사에서 집필을 중단한 것으로 보아, 이곳은 대중교화의 전환점이 된 장소로 짐작된다.

또한 『금강삼매경』과 『경론』에 나타난 '육품' 구조의 실천성과 시대성을 탐색해 보았다. 『금강삼매경』과 『경론』의 육품 구조는, 지적 기반이 없는 최하층 '민'을 포괄하는 실천적 구조가 내재되어 있다. 그의 '육품원융 논리'는 통일전쟁기 신라의 기층민은 물론 백제와 고구려 유민들을 수렴할 수 있는 획기적 기제였을 것으로 보았다. 더불어 『금강삼매경』에 나타난 보살들의 명칭은 『대승기신론』에 나타난 개념들과 부합된다. 따라서 원효가 『금강삼매경』과 밀접함을 보여준다.

『금강삼매경론』은 원효의 사회적·정치적 입신을 위한 저술로 이해될 수 있다. 원효는 입당좌절 후 겪게 되는 방황을 극복하기 위해 '민'과 왕실을 주목했을 가능성이 있다. 전자를 위해 아미타 신앙과 '육품' 구조를 이용했으며, 후자를 위해 요석궁과의 혼인이 추진되었을 것이다. 어쩌면 신분적 제약을 극복하기 위해 『금강삼매경론』은 작성되었을 가능성이 있다. 이와 함께 『금강삼매경론』은 저술을 통한 제자 육성방식의 전형을 나타낸 것으로 보인다. 그는 적극적 교화행으로 지속적인 후진양성에 곤란을 느꼈을 것이다. 『금강삼매경론』은 '수행자'와 '諸佛'과의 사례·문답형식을 취하며 실천행을 강조하였다. 이를 통해 간접 사승관계를 형성했을 가능성이 있다.

일본의 '진인(담해상선)'도 원효의 실질적 제자로 여겨진다. 이는 그 단적인 예로서, 그의 저술을 매개로 한 제자양성은 가능했던 것으로 인식된다.

원효는 『기신론』의 핵심구조를 『금강삼매경론』에 적용했으며, 나아가 모든 경전에 결합함으로써 대중교화를 적극화 하였다. 특히 원효가 『법화경』에 나타난 다양한 방편을 '육품' 구조에 적용시켜 실천성을 더욱 부각시켰다. 이는 불경을 『금강삼매경론』으로 풀이한 것으로 새로운 불교사적 지평을 마련한 것으로 인식된다. 한편으로 원효는 자신의 불교학을 적극적으로 표방하여 교학논쟁을 야기시키면서 상대적으로 자신의 영역을 확대하려했던 것으로 이해된다.

또한 원효의 전체 저술을 조망하면서 『금강삼매경론』의 사상사적 위치를 추구해 보고자 했다. 원효는 이타적 제도행을 수행하기 위해 다양한 교학논리를 활용하였으며, 이를 하나의 체계로 정리하고자 하였다. 원효는 『기신론』을 통해 다양한 경전을 주석하는 작업을 수행했으며, 여러 교학을 융합시켜 실천적 대중교화를 추진할 수 있었음을 알 수 있었다.

원효는 당시 삼국통일 과정에서 발생한 새로운 민의 유입과 계층분화로 발생한 민의 다양성을 감안하여 『기신론』적인 논리를 중시했을 것이다. 『기신론』은 상·하층 모든 중생을 배려하는 실천적 논리를 지니고 있기 때문이다. 또한 삼국통일 과정에서 포함된 고구려와 백제의 불교학을 아우르는 과정에서도 『기신론』은 절실히 요구되었을 것으로 보인다. 왜냐하면 백제 고구려 지역에서 다양한 교학을 수학한 승려들이 제불교학과 『기신론』의 교리가 담긴 원효의 핵심 저술을 거부감 없이 수용했을 가능성이 크기 때문이다. 따라서 삼국통일기 원효의 『기신론』체계가 담긴 『금강삼매경론』이 주목되었을 가능성이 높다.

말하자면 원효는 대부분의 경전을 『기신론』에 입각해 정리했으며, 더 나아가 이를 바탕으로 『금강삼매경론』을 완성하였다. 원효는 『기신론』체계에 깊이 호응하면서 『기신론』 논리를 충족시킬 수 있는 경전을 찾으려 했을 것이다. 하지만 그러한 경전은 나타나지 않았을 것이므로 원효가 『금강삼매경』을 창안하고 『기신론』적 논리를 대폭 반영했을 것이다.

『금강삼매경』을 주석한 『금강삼매경론』의 교학적 포용성은 통일기 여러 계층과 승려들에게 주목받았을 것으로 이해된다. 『금강삼매경론』의 특성과 그 역할은 여기에 있는 것이다.

참고문헌

1. 資料

『三國史記』, 『三國遺事』

黃壽永 編, 『韓國金石遺文』, 一志社, 1985.

韓國古代社會硏究所 編, 『譯註 韓國古代金石文』, 駕洛國史蹟開發硏究院,
          1994.

李能和, 『朝鮮佛敎通史』.

『大方廣佛華嚴經』(『大正新修大藏經』 卷10)

馬鳴菩薩造, 『大乘起信論』(『大正新修大藏經』 卷32)

『梵網經盧舍那佛說菩薩心地戒品』(『大正新修大藏經』 卷24)

『法華經』(『大正新修大藏經』 卷9)

『四分律』(『大正新修大藏經』 卷22)

『宋高僧傳』(『大正新修大藏經』 卷50)

『維摩經』(『大正新修大藏經』 卷14)

『海東高僧傳』(『大正新修大藏經』 卷50)

元曉, 『金剛三昧經論』(『韓國佛敎全書』 卷1 ; 白性郁 발행, 東國大學校 本,
          1958)

元曉, 『起信論疏』(『韓國佛敎全書』 卷1)

元曉, 『大乘起信論別記』(『韓國佛敎全書』 卷1)

元曉, 『大乘起信論疏記會本』(『韓國佛敎全書』 卷1)

元曉, 『大慧度經宗要』(『韓國佛教全書』 卷1)

元曉, 『無量壽經宗要』(『韓國佛教全書』 卷1)

元曉, 『彌勒上生經宗要』(『韓國佛教全書』 卷1)

元曉, 『梵網經菩薩戒本私記』(『韓國佛教全書』 卷1)

元曉, 『法華宗要』(『韓國佛教全書』 卷1)

元曉, 『菩薩戒本持犯要記』(『韓國佛教全書』 卷1)

元曉, 『本業經疏』(『韓國佛教全書』 卷1)

元曉, 『佛說阿彌陀經疏』(『韓國佛教全書』 卷1)

元曉, 『十門和諍論』(『韓國佛教全書』 卷1)

元曉, 『涅槃宗要』(『韓國佛教全書』 卷1)

元曉, 『遊心安樂道』(『韓國佛教全書』 卷1)

元曉, 『二障義』(『韓國佛教全書』 卷1)

元曉, 『中邊分別論疏』(『韓國佛教全書』 卷1)

元曉 『判比量論』(『韓國佛教全書』 卷1)

元曉, 『解深密經疏序』(『韓國佛教全書』 卷1)

元曉, 『花嚴經疏』(『韓國佛教全書』 卷1)

義湘, 『華嚴一乘法界圖』(『韓國佛教全書』 卷1)

表員, 『華嚴經文義要決問答』(『韓國佛教全書』 卷1)

2. 研究書와 論文

姜鳳龍, 「울진 신라 거벌모라비의 재검토」『역사와 현실』창간호, 1989.

강봉룡, 「6~7세기 신라의 병제와 지방통치조직의 재편」『역사와 현실』
　　　　4, 1990.

鎌田武雄, 「破格의 佛教學者－元曉」『大法輪』47-12, 大法輪閣(東京), 1980.

鎌田茂雄, 『中國佛教史』(鄭舜日 譯), 經書院, 1985.

鎌田茂雄, 「七世紀東アシア世界における元曉の位置」『元曉研究論叢』, 國土統一

256

院, 1987.

鎌田茂雄·申賢淑, 『한국불교사』, 民族社, 1988.

高翊晋, 「元曉思想의 實踐原理 － 金剛三昧經論의 一味觀行을 중심으로」 『숭
　　　산 박길진 박사 화갑기념 한국불교사상사』, 1975.

高翊晋, 「元曉思想의 史的 意義」 『東國思想』 14, 東國大, 1981.

高翊晋, 『韓國古代佛教思想史』, 동국대 출판부, 1989.

곽승훈, 「애장왕대 『서당화상비』의 건립과 그 의의」 『신라 금석문연구』,
　　　2006.

권기종, 「원효의 정토사상연구」 『佛教研究』 11·12, 1995.

權奇悰, 「元曉傳記 研究에 나타난 문제점에 대하여」 『元曉學研究』 1, 元曉學
　　　會, 1996.

權悳永, 「新羅 外位制의 成立과 그 機能」 『韓國史研究』 50·51, 1985.

金基興, 「韓國 殉葬制의 역사적 성격」 『建大史學』 8, 1993.

金南允, 「新羅中代 法相宗의 성립과 信仰」 『韓國史論』 11, 서울대 국사학과,
　　　1984.

金南允, 『新羅法相宗研究』, 서울대 박사학위논문, 1995.

金杜珍, 「均如의 '性相融會' 思想」 『歷史學報』 90, 1981.

金杜珍, 「慈藏의 文殊信仰과 戒律」 『韓國學論叢』 12, 國民大 韓國學研究所,
　　　1989.

金杜珍, 『均如華嚴思想研究』, 一潮閣, 1983.

金杜珍, 「諦觀의 天台思想」 『韓國學論叢』 6, 1984.

金杜珍, 「新羅 中古時代의 彌勒信仰」 『韓國學論叢』 9, 國民大 韓國學研究所,
　　　1987.

金杜珍, 「新羅 眞平王代의 釋迦佛信仰」 『韓國學論叢』 10, 國民大 韓國學研究
　　　所, 1987.

金杜珍, 「불교의 수용과 고대사회의 변화」 『韓國古代史論』, 한길역사강좌
　　　12, 한길사, 1988.

金杜珍, 「新羅 建國神話의 神聖族觀念」 『韓國學論叢』 11, 國民大 韓國學研究

所, 1988.

金杜珍, 「新羅 眞平王代 初期의 政治改革」『震檀學報』69, 1990.

金杜珍, 「新羅 義湘系 華嚴宗의 '孝善雙美'信仰」『韓國學論叢』15, 國民大 韓國學研究所, 1992.

金杜珍, 「百濟의 彌勒信仰과 戒律」『百濟史의 比較研究』, 忠南大學校 百濟研究所, 1993.

金杜珍, 「法界圖의 中·卽門과 그 理解 方向」『新羅文化祭學術發表會論文集』14, 1993.

金杜珍, 「義湘의 門徒」『韓國學論叢』16, 國民大 韓國學研究所, 1993.

金杜珍, 「義湘의 中道實際思想」『歷史學報』139, 1993.

金杜珍, 「義湘 華嚴思想의 社會的 性格」『韓國學論叢』17, 國民大 韓國學研究所, 1994.

김두진, 『義湘-그의 생애와 화엄사상』, 민음사, 1995.

김두진, 『신라 화엄사상사 연구』, 서울대 출판부, 2002.

김두진, 『고려전기 교종과 선종의 교섭사상사 연구』, 일조각, 2006.

金文經, 「儀式을 통한 佛敎의 大衆化 運動-唐·羅關係를 중심으로」『史學志』4, 1970.

金三龍, 「彌勒信仰의 源流와 展開」『韓國思想史學』6, 서문문화사, 1994.

金相鉉, 「萬波息笛說話의 形成과 意義」『韓國史研究』34, 1981.

金相鉉, 「사복설화의 불교적 의미」『史學志-朴武成博士華甲紀念論叢』16, 1982.

金相鉉, 「新羅中代 專制王權과 華嚴宗」『東方學志』44, 1984.

金相鉉, 「新羅三寶의 成立과 그 意義」『東國史學』14, 1988.

金相鉉, 『新羅華嚴思想史研究』, 民族社, 1991.

金相鉉, 「高麗時代의 元曉 認識」『정신문화연구』54, 정신문화연구원, 1994.

金壽泰, 『新羅中代 專制王權과 眞骨貴族』, 서강대 박사학위논문, 1991.

金壽泰, 『新羅中代政治史研究』, 一潮閣, 1996.

金英美, 「慈藏의 佛國土思想」『韓國史市民講座』10, 1992.

金英美, 『新羅阿彌陀信仰研究』, 이화여대 박사학위논문, 1992.

金英美, 『新羅佛教思想史研究』, 民族社, 1994.

김영미, 「신라통일기 불교계의 동향과 추이」『역사와 현실』14, 1994.

金英美, 「新羅社會의 변동과 佛教思想」『韓國思想史方法論』, 小花, 1997.

金英珠, 「高句麗 故國原王代의 對前燕關係」『北岳史論』4, 國民大 文科大學
　　　國史學科, 1997.

金煐泰, 「傳記와 說話를 통한 元曉研究」『佛教學報』17, 1980.

金煐泰, 「元曉의 小名 誓幢에 대하여」『新羅思想史論』, 民族社, 1992.

金煐泰, 『韓國佛教 古典名著의 世界』, 民族社, 1994.

金煐泰, 「芬皇寺와 元曉의 관계 史的 考察」『元曉學研究』1, 元曉學會, 1996.

金雲學 譯(元曉 著), 『遊心安樂道』(三星文化文庫124), 삼성미술문화재단,
　　　1979.

金俊熒, 「元曉의 一乘思想」『研究論集』15, 東國大 大學院, 1985.

南東信, 「元曉의 教判論과 그 佛教史的 位置」『韓國史論』, 서울대 국사학과,
　　　1988.

南東信, 『元曉의 大衆教化와 思想體系』, 서울대 박사학위논문, 1995.

南東信, 『新羅 中代 佛教의 成立에 관한 研究－『금강삼매경』과『금강삼매경
　　　론』의 분석을 중심으로』, 서울대 한국문화연구소, 1998.

남동신, 『영원한 새벽－원효』, 새누리, 1999.

南武熙, 「高句麗 僧朗의 生涯와 그의 新三論思想」『北岳史論』4, 國民大
　　　文科大學 國史學科, 1997.

盧鏞弼, 「新羅時代『孝經』의 受容과 그 社會的 意義」『李基白先生古稀紀念
　　　韓國史學論叢』, 一潮閣, 1994.

동경대 중국철학 연구실, 『중국철학사』(조경란 옮김), 동녘, 1992.

목정배, 『불교교리사』, 지양사, 1987.

木村清孝, 『中國佛教思想史』(朴太源 譯, 『中國佛教思想史』, 경서원, 1988).

文明大, 「新羅 法相宗(瑜伽宗)의 成立問題와 그 美術』上·下『歷史學報』62·
　　　63, 1974.

文昌魯, 『三韓時代 邑落社會硏究』, 국민대 박사학위논문, 1996.

梶山雄一・上山春平, 『空の論理－中觀』, 角川書店, 1969(정호영 옮김, 『공의 논리』, 민족사, 1989).

閔泳珪, 「新羅章疏錄長編」『白性郁博士頌壽記念 佛敎學論文集』, 1959.

閔泳珪, 「新羅 佛敎의 定立과 三階敎」『東方學志』77·78·79, 연세대, 1993.

閔錫弘, 『西洋史槪論』, 三英社, 1984.

박광연, 『신라 법화사상사 연구』, 혜안, 2013.

박미선, 『신라 점찰법회 연구』, 연세대 박사학위 논문, 2007.

박미선, 「新羅僧侶들의 衆生觀에 대한 一考察」『河炫綱敎授定年紀念論叢－韓國史의 構造와 展開』, 2000.

朴鎔辰, 「高麗後期 仁王道場 硏究」, 中央大 敎育大學院 碩士學位論文, 1997.

박종홍, 「원효의 철학사상」『한국사상사』, 서문당, 1972.

朴太源, 「『大乘起信論』思想을 評價하는 元曉의 觀點」『韓國思想史：釋山 韓鍾萬 博士 華甲紀念 論文集』, 圓光大, 1991.

朴太源, 『大乘起信論思想硏究』(1), 民族社, 1994.

박태원, 『원효사상(1)－『金剛三昧經(금강삼매경)』·『金剛三昧經論(금강삼매경론)』과 원효사상』, 울산대 출판부(UUP), 2005.

박태원, 『원효사상(2)－원효의 화쟁(和諍)사상』, 울산대 출판부(UUP), 2005.

福士慈稔, 『新羅元曉硏究』, 大東出版社, 2004.

本覺, 「華嚴經類의 戒學에 관한 연구」『論文集』6, 중앙승가대, 1997.

불교신문사 편, 『한국불교 인물사상사』, 民族社, 1990.

徐閏吉, 「元曉時代의 新羅社會硏究」『元曉學硏究』1, 元曉學會, 1996.

서영애, 『원효의 금강삼매경론 연구』, 민족사, 2007.

석길암, 『원효의 보법화엄사상 연구』, 동국대 박사학위논문, 2006.

水野弘元·中村 元·平川 彰·玉城康四郞, 『仏典解題事典』, 春秋社, 1966.

水野弘元, 『佛敎の基礎知識』(無盡藏 譯), 弘法院, 1978.

申瀅植, 「武烈王系의 成立과 活動」『韓國史論叢』2, 1977.

申瀅植, 「金庾信家門의 成立과 活動」『梨花史學研究』 13·14합집, 1983.

申瀅植, 『韓國古代史의 新研究』, 一潮閣, 1984.

申瀅植, 『新羅史』, 이화여대 출판부, 1985.

申瀅植, 『統一新羅史研究』, 三知院, 1990.

沈載烈, 『元曉思想』 2 倫理觀, 弘法院, 1991.

安啓賢, 「元曉-한국불교의 횃불」『人物韓國史』 1, 박우사, 1965.

안지원, 「新羅 眞平王代 帝釋信仰과 왕권」『歷史敎育』 63, 1997.

呂聖九, 『新羅中代의 入唐求法僧 研究』, 국민대 박사학위논문, 1997.

은정희, 『원효의 대승기신론 소·별기』, 一志社, 1991.

殷貞姬, 「元曉의 不住涅槃思想-大乘起信論疏·別記」『민족불교』 2, 청년사, 1992 ;『多寶』 2, 대한불교진흥원, 1992.

은정희·송진현, 『원효의 금강삼매경론』, 一志社, 2000.

이광수, 『원효대사』, 일신서적출판사, 1942.

李基東, 『新羅骨品制社會와 花郎徒』, 韓國研究院, 1980.

李基白, 『新羅政治社會社研究』, 一潮閣, 1974.

李基白·李基東, 『韓國史講座』古代篇, 一潮閣, 1982.

李基白, 『新羅思想史研究』, 一潮閣, 1986.

李箕永, 「元曉의 菩薩戒觀(續)」『佛敎學報』 5, 1967.

李箕永, 『元曉思想』 1 世界觀, 弘法院, 1967.

李箕永, 「元曉의 菩薩戒觀-菩薩戒本持犯要記를 중심으로」『東國大學校論文集』 3·4合輯, 1967.

李箕永 譯(元曉 著), 『金剛三昧經論』, 大洋書籍, 1973.

李箕永, 『한국사의 재조명』, 독서신문사, 1975.

李箕永, 「元曉의 實相般若觀」『精神文化』, 韓國精神文化研究院, 1980.

李箕永, 「元曉의 實相般若觀」『韓國佛敎研究』, 韓國佛敎研究院, 1982.

李箕永, 「元曉 聖師의 길을 따라서-金剛三昧經의 經宗에 대한 그의 考察을 中心으로」『釋林』 16, 東國大 釋林會, 1982.

李箕永, 「法華宗要에 나타난 元曉의 法華經觀」『韓國天台思想研究』, 동국대 출판

부, 1983.

李箕永, 「元曉의 法華思想－金剛三昧經論과의 관계」『新羅文化』 1, 1983.

李箕永, 「元曉의 倫理觀－菩薩瓔珞本業經疏를 중심으로」『東園金興培博士 古稀記念論文集』, 1984.

李箕永, 「統一新羅時代의 佛教思想」韓國哲學會(編)『韓國哲學史』上, 東明社, 1987.

李 萬, 『唯識學槪論』, 民族社, 1999.

이만열, 「단재사학의 배경」『단재 신채호의 역사학 연구』, 1990.

李梵弘, 「元曉行狀新考」『馬山大學校論文集』 4, 1982.

李炳學, 「元曉의 大乘菩薩戒思想과 그 意味」, 국민대 석사학위논문, 1998.

李炳學, 「元曉의 大乘菩薩戒思想과 그 意味」『韓國古代史研究』 24, 2001.

李炳學, 「『金剛三昧經論』 설화의 사회적 의미－『宋高僧傳』의 「元曉傳」을 중심으로」『北岳史論』 9, 北岳史學會, 2002.

李炳學, 「元曉의 ‘二覺圓通’思想과 그 사회적 意味」『韓國古代史研究』 44, 2006.

李炳薰 譯(覺德 撰), 『海東高僧傳』(乙酉文庫161), 乙酉文化史, 1975.

李永子, 「韓國 天台思想의 展開－日本에서의 天台四敎儀 研究」『日本學』 2, 1982.

李永子, 「元曉의 止觀」『韓國天台思想의 展開』, 民族社, 1988.

李永子, 「元曉의 天台會通思想研究」『韓國天台思想의 展開』, 民族社, 1988.

李晶淑, 『新羅 眞平王代의 王權研究』, 이화여대 박사학위논문, 1995.

李鍾泰, 『三國時代「始祖」認識과 그 變遷』, 국민대 박사학위논문, 1996.

李賢惠, 「韓國古代社會의 國家와 農民」『韓國史市民講座』 6, 1990.

李賢惠, 「三國時代의 농업기술과 사회발전 : 4~5세기 新羅社會를 중심으로」『韓國上古史學報』 8, 1991.

張道斌, 『偉人元曉』, 新文館, 1917.

張日圭, 「新羅末 慶州崔氏 儒學者와 그 活動」『史學研究』 45, 1992.

장지훈, 『한국고대 미륵신앙연구』, 집문당, 1997.

章輝玉, 「元曉의 傳記－再檢討」『東國思想』 21, 1988.

전덕재, 「4~6세기 농업생산력의 발달과 사회변동」『역사와 현실』 4, 역사비
평사, 1990.

田美姬, 「元曉의 身分과 그의 活動」『韓國史研究』 63, 1988.

鄭璟喜, 『韓國古代社會文化研究』, 一志社, 1990.

정병삼, 『의상 화엄사상 연구』, 서울대 출판부, 1998.

鄭柄朝, 「圓光의 菩薩戒思想」『哲學思想의 諸問題』 2, 韓國精神文化研究院,
1983.

鄭舜日, 「元曉의 一味觀行 研究 :『金剛三昧經論』을 중심으로」『如山柳炳德
博士華甲紀念論叢』, 1990.

鄭舜日, 『인도불교사상사』, 운주사, 2005.

조경철, 『백제불교사 연구』, 지식산업사, 2015.

曹吉泰, 『인도사』, 民音社, 1994.

趙明基, 『新羅佛教의 理念과 歷史』, 新太陽社, 1962.

趙明基, 「新羅佛教의 教學－統和理念의 存立」『박길진박사 화갑기념 한국불
교사상사』, 1975.

趙翊鉉, 「元曉의 行蹟에 關한 再檢討」『史學志』 26, 1993.

佐藤密雄, 『佛教教團의 成立과 展開－原始佛教 教團과 戒律』(金浩星 譯, 『초기
불교교단과 계율』), 민족사, 1991.

佐藤繁樹(사토 시게키), 「元曉에 있어서 和諍의 論理」『佛教研究』 11·12,
1995.

竹村牧男, 『唯識の構造』, 春秋社, 1985(정승석 옮김, 『유식의 구조』, 민족사,
1989).

車河淳, 『西洋史總論』, 探求堂, 1986.

蔡洙翰, 「元曉의 一味概念의 意味探究」『元曉研究論叢』, 국토통일원, 1987.

蔡印幻, 「元曉의 戒律思想」『新羅佛教戒律思想研究』, 國書刊行會, 1977, 東京.

최봉익, 『조선철학사개요』, 사회과학출판사, 1986.

崔源植, 『新羅菩薩戒思想史研究』, 동국대 박사학위논문, 1992.

최유진,『원효사상연구－화쟁을 중심으로』, 경남대 출판부, 1998.

韓國古代史研究會,『韓國史의 時代區分』, 신서원, 1995.

韓準洙,「新羅 景德王代 郡縣制의 改編과 그 目的」, 국민대 석사학위논문, 1996.

한준수,『신라중대 율령정치사 연구』, 서경문화사, 2012.

許興植,『高麗佛教史研究』, 一潮閣, 1986.

玄相允,『朝鮮思想史』, 民族文化社, 1942.

Max Weber,『Soziologie der Herrshaft』(琴鍾友·全南錫 공역,『支配의 社會學』, 한길사, 1981).

Robert Buswell Jr.,「문화적 종교적 원형으로서의 원효」『佛教研究』11·12, 1995.

Robert E. Buswell Jr.,『The Formation of Cha'n Ideology in China and Korea』：The Vajrasamadhi-Sutra, a Buddhist Apocryphon, Princeton University Press, New Jersey, 1989.

A study of Wonhyo's(元曉) Geumgang-sammaegyeong-ron(金剛三昧經論) and it's thought (social significance)

by Lee, Byoung Hak

Wonhyo(617~686) comes of a noble family that is called "Head rank six(六頭品)" in the middle age unified Silla(統一新羅). Silla has had the traditional school character on Buddhism, which was "Harmonious Doctrine(總和佛教)". Wonhyo is the founder of this theory, and originated unique academic Buddhism which was named "Harmonization of different views(和諍)", then he overcame the aristocratic and scholarly Buddhism, while devoted himself to population of Buddhism.

It is seen in most of his literary work ; his impressive logic of the Buddha-nature is like this, as it were, "all men are equal" in his ideology. these theory is connected with an aspect of society at that time. the reason is that the people of Silla rendered distinguishing service to the state during unity-war. consequently, the religious fraternity might think much of the people.

For all that, Royal House of Silla took advantage of the people as his moral duty, for a clean up their political opponent.

Wonhyo's creative thought, "Harmonization of different views (Hwajeang 和諍)" might have contributed to extension of evangelism. in a standingpoint of religious excuting and ascetic doing, diverse textual studies from the

Sutras are almost same.

Moreover he is famous for the "Unhindered conduct(great freedom無碍行)" that is for the enlightenment to painful people. this behavior of him, as a bonze, derived from his firm conviction, "hwajeang" as well. Wonhyo also transgressed the Buddhist Commendment which is written "monk must not marry", and he tied the nuptial knot with 'Yosoekgung princess' of Royal House. he provoked a matter of great ripple, had free acess to pleasure resort.

These thing is result from his tendency of studying perception, and he thought that a holy man can be made by experience of secular life. Wonhyo's cognizance of Sila is like that.

Above all thing's, Wonhyo's remarkable and great performance, which is based on his writing, is edification to the poor people in the unified Silla ; his word and acting do corresponding exactly.

Royal House of Silla is indebted to the people for unification of three countries(Silla, Peakjea, koguryo), because they bravely fought for their mother land. the goverment of Silla have mercy on this people, in a mode ; King Teajong took a grant of reward after war to their service. so that, King's benefaction for the people would not give satisfactory result. real intention of King's grace was not all for the people but for the cleaning political rival. the reason was that 'the people'is only justification of strengthening royal authority. this fact is proved by people's Amitabha faith(阿彌陀信仰), it is pessimistic faith, in Silla society.

In those day a bitter slave, poor peasant want to go Amitabha Buddha's Pure Land(paradise 阿彌陀淨土). That is to say, people's life was much agonizing.

Wonhyo utilized the 'Sila(戒律)' for them. he made use of the Sila by means of awakening-expedient. Sila was one of the valuable practical thing to the poor people in the Silla.

He probably made a considerable point of excuting and suitable Sila for them(easy and simple Sila for the people). on that ground, people believed that they would come to life again in the Pure Land as a Sila-practicer.

in this place, historical meaning of Wonhyo's Sila thought is in existence.

Wonhyo's authorship, 『Geumgangsammaegyeongron(金剛三昧經論)』 and the Sutra 『Geumgangsammaegyeong(金剛三昧經)』 are closely connected with society of Silla in Middle age(新羅中代社會). According to the origination-legendary of the Sutra(『金剛三昧經』), in the Buddhist monk's biograraphy of Song dynasty(『宋高僧傳』), a traditional priest of Silla(Shaman) got into action to cure the Queen of the nation. The fact gave one evidence that the Sutra(『金剛三昧經』) was written by Buddhist priest of Silla.

Besides, Wonhyo had annotation to the Sutra(『金剛三昧經』) got on a cattle. The cattle cart signified transmission of Sutra in contents of 『Samguk-yusa(三國遺事)』. For that reason, probably it is possible to be written out the Sutra(『金剛三昧經』) by Wonhyo of Silla society. the commentary of the Sutra(『金剛三昧經論』) advocated same awakening toward to all social stratum. this logic that had an influence on the rising priest was positively received by the Kingdom of Middle age Silla. so Wonhyo made best use of the logical organization, which was two religious awakening is equal, in other words, the native perception(本覺) and the obtained awakening(始覺) by discipline are completely same categories. this theory had a usefulness for political and religious rising-man ; they are new leader of power. one is the royal family of unified silla(新羅 中代王室), the other is the Buddhist priest who had concentrated on pious enlightenment for the populace(大衆教化僧). both parties had a sense of inferiority about a time honored tradition of authority. wonhyo's theory, the above-mentioned, made a great contribution to surmount their vulnerrable points ; that is to say, weakness of legitimacy. the reason is that wonhyo's doctrine of awakening put a empasis on equality of ascetic practices.

And yet, some strange Bodhisattvas(菩薩) are in the Sutra(『金剛三昧經』). They are Bodhisattva Simwang(心王菩薩), Monk-Agatha(阿伽陀比丘), Bumhan-gjangja(梵行長者), and Bodhisattva Muju(無住菩薩). Wonhyo remarkably had made a preference to that words which are 'Muju(無住)' and 'Simwang(心王)'. their designation are derived from 『Daeseunggisinron(大乘起信論)』 evidently.

Wonhyo had hold dear to the 『Daeseunggisinron(大乘起信論)』as well. for that reason Wonhyo got composition that the Sutra(『金剛三昧經』). His 『Geumgangsammaegyeongron(金剛三昧經論)』 emphatically asserted that all man are able to have awakening samely. so he paid attention to equal position, and the Integration of Six Chapter in the Sutra(六品圓融論理).

Maybe These structure of 『Geumgangsammaegyeong(金剛三昧經)』 gave the consolation to the populace at that time. It means that all man are equal in spiritual awakening. and then, Wonhyo had a adjustment numerous Sutras grounded on 『Daeseunggisinron(大乘起信論)』 because this Satra(論 : the book of commentary in all Mahayana Sutras) got a possibility of inclusion in various doctrines of Buddhism.

Consequently on the strength of theory of integration which was called in 『Daeseunggisinron(大乘起信論)』, The people of three nations(Goguryo 高句麗 · Baekje 百濟 · Silla 新羅) are considered as a one nationality. It is a reflection of spirit of the unification period obviously.

So that, Wonhyo made all his endeavors to find the sutra which is similar to 『Daeseunggisinron(大乘起信論)』 and yet, he could not seek for such Sutra like 『Daeseunggisinron(大乘起信論)』. Therefore he wrote out that Sutra(『金剛三昧經』) to put emphasis on his Buddhist doctrines.

Accordingly Wonhyo only can interpreted the 『Geumgangsammae-gyeong(金剛三昧經)』 abundantly until now.

key word　　Wonhyo(元曉), the 『Geumgang-sammaegyeong-ron(金剛三昧經論)』, the native perception(本覺), the obtained awakening(始覺), the Royal family of unified silla(新羅 中代王室), Buddhist preist who had concentrated on pious enlightenment for the populace(大衆教化僧), 『Daeseunggisinron(大乘起信論)』, the integration of Six Chapter in the Sutra(六品圓融論理)

270

지은이 **이 병 학**

1972년 서울에서 출생했으며, 본적은 충남 청양이다. 국민대학교 문과대학 국사학과를 졸업하고, 같은 학교 대학원에서 문학석사와 문학박사 학위를 받았다. 금석문연구소 연구원을 지냈으며, 서대전고, 우송고등학교 역사 교사로 재직 중이다. 국민대, 배재대, 공주대에 출강하여 한국사개설, 불교사, 한국고대사를 강의하였다. 역사 연구자는 자신의 학적 자산을 통해 인류 사회의 발전에 기여하여야 한다는 커다란 소신을 지니고 있으며, 이를 실현하기 위해 지속적으로 자기연찬에 힘쓰고 있다. 학문의 학구적 순수성과 원칙을 존중하지만, 학문을 위한 학문에서 벗어나 역사학이 결국 인간의 문화 발전과 경제적 풍요, 내적 행복에 관심을 갖는 세상을 꿈꾸고 있다. 대표 논문으로는 「원효의 대승보살계사상과 그 의미」(『한국고대사연구』 24, 2001) 등이 있다.

역사 속의 원효와 『금강삼매경론』

이 병 학 지음

초판 1쇄 발행 2017년 6월 15일

펴낸이 오일주
펴낸곳 도서출판 혜안

등록번호 제22-471호
등록일자 1993년 7월 30일

주소 ⓦ 04052 서울시 마포구 와우산로 35길3(서교동) 102호
전화 3141-3711~2
팩스 3141-3710
이메일 hyeanpub@hanmail.net

ISBN 978-89-8494-579-1 93220

값 24,000 원